AF536510

Oskar Negt

Politische Philosophie des Gemeinsinns
Band 1

OSKAR NEGT

POLITISCHE PHILOSOPHIE DES GEMEINSINNS

Band 1

Ursprünge europäischen Denkens:
Die griechische Antike

Herausgegeben von der Hans-Böckler-Stiftung

Steidl

Inhalt

Vorbemerkung

Über drei Jahrzehnte lang habe ich an der Universität Hannover umfangreiche Großvorlesungen gehalten; der Dauer wie auch der Hörerschaft nach. Diese Vorlesungen waren jener zentrale Bestandteil meiner akademischen Tätigkeit, der mir am meisten Freude bereitete. Zusammenhänge herzustellen, große Bögen zu spannen, das war mein eigentliches Anliegen. Ein Anliegen, das entsprechende Zeithorizonte des Lernens voraussetzt, die zunehmend bedroht sind. An Disziplingrenzen habe ich mich hierbei nie starr gehalten. Angestellt am Institut für Soziologie, habe ich häufig philosophische Themen und Fragen behandelt, die für mich von soziologischer Theorie gar nicht zu trennen sind. Mir ging es auch nicht um reine Wissensvermittlung, sondern primär um das produktive Rückgängigmachen von an sich sinnvoller wissenschaftlicher Arbeitsteilung, deren Verselbstständigung jedoch meinem Verständnis von Erkenntnis widerspricht. In diesem Sinne habe ich meine Vorlesungen immer als eine Art öffentliches Denken verstanden, als intellektuelle Praxis, die zum Selbst- und Weiterdenken anleiten sollte und nicht bloß die Studierenden mit einem gesicherten und abgeschlossenen Wissensbestand versorgt. Die Vorlesungen sollten größere Zusammenhänge herstellen und gleichsam die politische Dimension des Menschseins durch die Aneignung von Theorie darstellen. Ich war dabei stets darum bemüht, die Autonomie der Theoriebildung gegenüber politischem Aktionismus, der in den 1970er Jahren im studentischen Milieu virulent war, zu verteidigen wie auch den Zuhörern nahezubringen, dass Theorie nicht nur Voraussetzung bewusster emanzipatorischer Praxis ist, sondern selbst auch eine spezifische Form politischer Praxis darstellt. Für diese bedarf es anderer Zeitmaße als für direkte politische Aktionen. Mit diesen ist Theorie zwar im besten Fall überaus komplex vermittelt, sie ist deswegen aber keineswegs eine bloße Ersatzhandlung oder ein Hilfsmittel für die vermeintlich »echte« Praxis.

Es war es für mich ein großes Glück, dass Ingbert Schmidt als Hörer meiner Vorlesungen diese kontinuierlich über Jahre hinweg akribisch auf Tonband aufzeichnete. Nachdem diese Vorlesungsmitschnitte über Jahrzehnte ungenutzt in meinem Keller lagen, wurden sie 2010 in meinem Vorlass im Archiv der Frankfurter Universitätsbibliothek J.C. Senckenberg aufgenommen. Dort wurden sie unter der Leitung von Dr. Mathias Jehn digitalisiert und so für eine zeitgemäße Bearbeitung zugänglich gemacht. Dem gilt mein Dank genauso wie der Hans-Böckler-Stiftung, die es ermöglichte, die Vorlesungen angemessen aufzuarbeiten. Seit 2016 fördert die Hans-Böckler-Stiftung das Projekt »Politische Philosophie«, in dem Dr. Hendrik Wallat die Vorlesungen für ein lesendes Publikum kenntnisreich aufbereitet und mit ein- und weiterführenden Nachworten versehen hat. Es werden am Ende des Projekts verschiedene Vorlesungen als Reihe »Politische Philosophie des Gemeinsinns« in Buchform vorliegen, die Fragen von der Ästhetik bis zur Wissenschaftstheorie behandeln und Denker von Platon bis Popper umfassen. Bis auf eine Vorlesung stammt das gesamte Material aus den 1970er Jahren, deren politisierter Charakter auch in den Vorlesungen nachhallt.

Die eine zeitliche Ausnahme hiervon bildet diejenige Vorlesung, die dem vorliegenden Buch zugrunde liegt. Es handelt sich um eine Vorlesung über die Anfänge des europäischen Denkens in der griechischen Antike, die ich im Sommersemester 2001 hielt. Diese Vorlesung, die in das Ende meiner Lehrtätigkeit fällt, nimmt sich einer Epoche an, die nicht eben zur Domäne der akademischen Linken zählt und auch keinen Schwerpunkt meiner Forschungen bildet. Obgleich auch ich Max Webers berühmte Fragestellung nach den spezifisch okzidentalen Rationalisierungsprozessen und ihren Ursprüngen aufgreife – man kann sie als Soziologe schlicht nicht übergehen, und ich habe sie bereits in meiner Deutung der Modernisierung in China aufgegriffen[1] –, ging es mir doch primär darum, die politischen Wurzeln der europäischen Vernunfttradition herauszustellen und als ein Erbe zu würdigen, das nicht verjubelt gehört, sondern sich aus der Perspektive der Gegenwart angeeignet werden muss. Mein Anspruch war es dabei, weder in einen philhellenischen Traditionalismus zu verfallen, noch eine entfernte Epoche unhistorisch zu aktualisieren; zwei beliebte Verfahren, die weder der Gegenwart noch der Geschichte gerecht werden, aber die dialektische Vermittlung beider zugunsten jeweils eines Pols abstrakt stillstellen. Weit mehr scheint mir die griechische Erfahrung des Politischen, die der Althistoriker Christian Meier so emphatisch herausgestellt hat, ein paradigmatisches Beispiel für die immanente Verbindung praktisch-politischer Emanzipationsprozesse mit jenen der (Selbst-)Aufklärung des Geistes abzugeben. Diese Erfahrung ist überaus aktuell und lädt ein zu einem (Rück-) Blick auf eine vergangene Epoche, deren geschichtliche Erfahrung Unabgegoltenes transportiert. Dieses betrifft gleichermaßen die praktische Erfahrung der politischen Freiheit wie die autonome Reflexion der Vernunft: eine Tradition, an der auch die humane Zukunft Europas hängt.

Wenn ich hiervon etwas einst meiner studentischen Hörerschaft und jetzt dem lesenden Publikum zu vermitteln vermag, wäre die primäre Intention meiner Ausführungen erfüllt.

Oskar Negt, im Juni 2019

Max Weber und die Frage nach den Ursprüngen okzidentaler Rationalität

Vorlesung vom 10. April 2001

Es erscheint zunächst anmaßend, dem europäischen Denken auf den Grund gehen zu wollen. Auch ist es keineswegs das erste Mal, dass jemand darüber nachzudenken unternimmt, warum es in den Denkformen, etwa in den verschiedenen Hochreligionen, erhebliche Unterschiede gibt. Blickt man auf den Konfuzianismus, auf taoistische Praktiken, auf den Islam, auf die jüdische Religion, dann erscheinen diese Geistesgebilde als ganz verschiedene Formen des Denkens. Die Genesis solch unterschiedlicher Denkkategorien zu bestimmen und die gesellschaftlichen Ursachen zu benennen, ohne in eine Wertung zu verfallen, ist dabei ein zentrales Problem. Was ich hier an europäischem, okzidentalem Denken vorstelle, ist also nicht als Modell des Denkens schlechthin aufzunehmen, selbst wenn gelegentlich ein anderer Eindruck entsteht, weil ich eben aufgewachsen bin in einem mitteleuropäischen Rationalitätsmilieu und auch gar nicht anders denken kann.

So mag es bisweilen erscheinen, als ob die europäisch-okzidentale Denkungsart ein Modell von Denkformen und von Kategorien wäre, das sich über die ganze Welt mit *Legitimität* ausbreitet. Dass es sich *tatsächlich* ausbreitet, das können wir alltäglich beobachten. Aber ob es sich legitimerweise ausbreitet, das heißt, ob es also begründet universalistischen Anspruch hat oder nur aufgrund bestimmter ökonomischer und politischer Konstellationen bis in die letzten Winkel der Welt hineingetragen wird – diese Entscheidung möchte ich zunächst offenlassen.

Es gibt so etwas wie einen chronischen *Begriffsimperialismus,* der vom europäischen Denken ausgeht. Auch das ist nichts Neues. Die Welt hat eine Kolonialperiode über mehrere Jahrhunderte erlebt, in der sich mit der Sprache selbstverständlich auch englisches, französisches oder holländisches Gedankengut etwa bis nach Indonesien verbreitet hat, und fast alle afrikanischen Länder sind noch heute bestimmt von diesen europäischen Sprachformen. Die Dekolonisierung hat nicht bewirkt, dass autochthone Sprachen jene der Kolonisatoren wieder aus all ihren Wirkungsbereichen verdrängen, was häufig auch gar nicht möglich ist. So ist beispielsweise die Hochsprache Algeriens Französisch geblieben, weil nur diese Sprache eine stammesübergreifende Verständigung möglich macht. Selbstverständlich spielen hier auch Elemente eine Rolle, die schon im Römischen Imperium Bedeutung hatten. Natürlich konnten sich die Kelten mit den Phöniziern nicht verständigen, aber in der Periode des Römischen Reiches waren sie über das Lateinische, über die Sprache des Herrschaftszentrums, dazu sehr wohl in der Lage. Ein kultureller Austausch zwischen den Völkern wurde also häufig erst möglich und auch erforderlich durch die imperiale Sprache und die jeweiligen imperialen Denksysteme.

Max Weber kam in seinen intensiven Studien zu den Hochreligionen immer wieder darauf zurück, nach den spezifischen Vernunftvermögen und der Zweckrationalität zu suchen, die in ihnen gesellschaftswirksam inkorporiert sind. Dabei deckte er viele verschiedene Entwicklungslinien auf, die mit den Hochreligionen verknüpft sind, und seine Analysen über den Konfuzianismus und die hinduistischen Religionen werden heute immer noch als besonders intensive, seinen Prinzipien der verstehenden Soziologie verpflichtete Auseinandersetzung mit dem Denken einer fremden Kultur gelesen. Und es war auch Max Weber, der um die Jahrhundertwende die uns noch heute erregende Frage stellte: Warum entstand gerade in Mitteleuropa ausgehend vom Mittelmeer so etwas wie eine Form des Denkens, die wir als Rationalität bezeichnen? Nicht Vernunft im Sinne der Aufklärung, nicht dezidierte, entscheidungsfähige Vernunft ist damit zwingend gemeint; das gewiss auch. Vor allem aber Zweckrationalität, also eine Rationalitätsform, die sich dadurch auszeichnet, dass für definierte, vorgegebene Ziele die kostengünstigsten Mittel verwendet werden. Diese Form der Rationalität meint Max Weber primär, wenn er vom okzidentalen Rationalismus spricht. Warum geschieht das gerade unter (west-)europäischen Bedingungen? Max Weber exponiert diese Leitfrage seines soziologischen Werkes im ersten Band seiner religionssoziologischen Studien, wo auch die große Arbeit »Protestantismus und der Geist des Kapitalismus« enthalten ist. Er sagt in seiner berühmten Vorbemerkung:

> Universalgeschichtliche Probleme wird der Sohn der modernen europäischen Kulturwelt unvermeidlicher- und berechtigterweise unter der Fragestellung behandeln: welche Verkettung von Umständen hat dazu geführt, daß gerade auf dem Boden des Okzident, und nur hier, Kulturerscheinungen auftraten, welche doch – wie wenigstens wir uns gern vorstellen – in einer Entwicklungsrichtung von *universeller* Bedeutung und Gültigkeit lagen.[2]

Damit ist, das sei gleich betont, eine Verkettung von *historischen* Konstellationen gemeint, nicht etwa von »rassischen«. Denn dort, wo Rationalität in einem uns verständlichen Sinne entstand, etwa in den ionischen Gebieten zwischen Griechenland und Vorderasien, war das kulturelle Milieu durch Vermischung und Austausch von Völkern und Volksgruppen charakterisiert.

Ein weitsichtiger Denker und Sozialforscher, Karl Polanyi, der bis heute in seiner Bedeutung unterschätzt ist, hat in einem Buch, das auch auf Deutsch mit dem englischen Titel »The Great Transformation« erschienen ist,[3] einmal gesagt, das westliche Denken gründe sich auf drei Formen des Wissens: erstens das Wissen um den Tod, also die *Endlichkeit*, die Diesseitigkeit des Menschen, zweitens das Wissen um die *Freiheit* und drittens das Wissen um die *Gesellschaft*, als ein Wissen darüber, dass die Menschen die Bedingungen ihres

Lebens immer selbst erzeugen müssen. So ist etwa die Herstellung einer haltbaren Stadt ein wesentlicher Baustein für die Entwicklung dessen, was man westliches Denken nennen kann. Demnach ist Verfassungsdenken, politisches Denken im emphatischen Sinne, von okzidentaler Rationalität nie ganz abtrennbar.

Seit den Vorsokratikern ist die Frage nach der Freiheit ein bohrendes Thema. Was ist ein freies Leben, was ist ein befreites Leben, was ist überhaupt Freiheit? Was ist Autonomie, was autarkes Wirtschaften eines Gemeinwesens? Mit Sokrates und Antigone existieren sehr frühe und berühmte Beispiele für die Autonomie des Eigensinns, der so weit reicht, sich von der Gesellschaft töten zu lassen. Dabei sind beide nicht gefangen: Sokrates kämpft vielmehr mit der Macht des inneren Daimonion, mit dem (autonomen) Gewissen, um es modern auszudrücken. Und Antigone klagt unnachgiebig ein archaisches Recht der Beerdigung ihres Bruders ein, gegen Kreon, gegen den Nomos, gegen die Gesetze der Stadt; eine Rechtskollision, wie Hegel das nennt. Stoßen bei Antigone noch archaische Sitte und das neue Recht der Polis aufeinander, so haben wir spätestens bei Sokrates wenigstens so etwas wie den Vorschein eines Individualraums von Freiheit und Freiheitsbewusstsein.

Ich will nicht ausführlich darüber reden, was diese Aussage von Polanyi mit dem Wissen um den Tod bedeutet. Gemeint ist augenscheinlich das Wissen um die Endlichkeit des Menschen, dem immer das Bedürfnis nach Unsterblichkeit korrespondierte. Aber wie Kant gesagt hat: Das Bedürfnis nach Gott ist kein Beweis seiner Existenz. Deshalb ist die Arbeit an der Endlichkeit ein Element westlicher Rationalität. Man kann es auch so ausdrücken, das Wissen um die Endlichkeit führt dazu, dass die Menschen darangehen, so etwas wie eine diesseitige Unendlichkeit herzustellen, das heißt etwas zu begründen, was bleibt, was den Wandel der Zeiten überdauert. Man kann die europäische Stadt als solch ein Phänomen betrachten. Die Stadt ist eine der großen Gründungen mit *politischer* Substanz – die bewusst gestaltete Stadt, nicht Babylon, als ein sich ausweitender Aufenthaltsort von Flüchtenden, Menschen, die aus aller Welt kommen, nicht die mesopotamischen Städte, sondern konstituierte Staaten, die durch Verfassungen gefestigt sind, was in Griechenland erst 600, 500 v. Chr. beginnt.

Es gibt verschiedene Facetten, die darauf hindeuten, dass sich hier sehr früh Entwicklungen im Mittelmeerraum vollziehen, die einen wesentlichen sozialen Hintergrund der Genesis westlicher Rationalität darstellen. Die antike europäische Kultur ist gleichermaßen eine Küstenkultur und eine Stadtkultur. Vieles, was an Denkkategorien entsteht und sich über Jahrhunderte weiterentwickelt, hat mit der Stadt zu tun als eine der großen abendländischen, überaus politischen Erfindungen, die fundamental in den Prozess der Rationalisierung involviert sind. Fraglos hat es große Städte in anderen Bereichen außerhalb des Mittelmeerraums gegeben, hier aber geht es, wie wir noch sehen werden, um eine bestimmte Form der Stadt: um die *konstitutionalisierte Stadt,* die durch bewusste Gesetze und bewusste Regeln zusammengeführte, lebensfähig gehaltene und gleichsam ideell ummauerte Stadt.

Max Weber genügt die Entwicklung solcher Städte jedoch nicht als Antwort auf seine übergeordnete Frage, warum sich gerade im Mittelmeerraum eine spezifische Form des Denkens herausgebildet hat. Er geht vielmehr noch weiter und stellt die Anschlussfrage, warum sich diese spezifische Stadtentwicklung nur im Okzident ereignete. Nur in diesem Kulturraum gibt es Wissenschaft in einem Entwicklungsstadium, das wir heute als gültig anerkennen, nämlich eine empirische Wissenschaft, die sich auf Beobachtung und Experiment gründet. Diese ermöglicht einen weltgestaltenden und -verändernden Zugriff auf die äußere Natur, der als zentral für das europäische Projekt der Naturbeherrschung anzusehen ist – wie auch immer man diesem gegenüberstehen mag. Beobachtung und Experiment sind die zwei Methoden, die das westeuropäische Denken seit der Renaissance und dann mit aller Macht in modernen bürgerlich-kapitalistischen Gesellschaften ausmachen.

Nicht weniger bedeutend ist für Max Weber die Entstehung des Fachbeamten, also der Rationalisierung der politischen Sphäre, von

Herrschaft und Verwaltung. Nun kann man sich darüber streiten, ob das wirklich so eine riesige Errungenschaft ist – das hat ja bekanntlich auch zweifelhafte Züge –, aber Weber will beschreiben, was einen Fachbeamten von einem Hochbeamten unterscheidet. Das Fachbeamtentum beruht darauf, dass allmählich so etwas wie ein rationaler Staatsapparat entsteht, der eine historische Konstanz aufweist, die über die schnelleren Wechselspiele an der politischen Oberfläche weit hinausgeht. Niemand überlebt gesellschaftliche Katastrophen so unbeschadet wie der Fachbeamte, wie sich etwa an den Kontinuitäten des deutschen Verwaltungsapparats veranschaulichen lässt, der vom Kaiserreich bis in die Bundesrepublik existiert und Revolution, Faschismus und die sogenannte »Stunde Null« überstand. Im Fachbeamten entsteht also so etwas wie eine Verwaltungsschicht, die eine entsprechende Verwaltungsrationalität verkörpert. Neben einer Wissenschaft mit bestimmten Merkmalen, die wir noch genauer nachzeichnen wollen, ist es ein Fachbeamtentum, das wesentlich auf Verwaltung, also Verwaltung unter Gesichtspunkten der Rationalität, der Zweckrationalität, gerichtet ist, was die Neutralisierung der verfolgten politischen Ziele bedingt. Die entpolitisierte Erziehung des Fachbeamten ist die besondere Qualität und die habituelle Voraussetzung der Verwaltungsrationalität. Dieser soll sich nicht darum kümmern, wer die Befehle gibt, sondern prüfen, wie sie möglichst ökonomisch umzusetzen sind. Die Entstehung eines solchen Fachbeamtentums findet sich in keiner anderen Kultur. Im kaiserzeitlichen China waren die Beamten alle Hofbeamte. Sie sind selbstverständlich Hofbeamte und verstehen sich auch nicht anders. Sie sind im Herrschaftsgefüge ausführende Organe. Das wird hier in Europa mit Friedrich dem Großen anders, wodurch das Fachbeamtentum in der Verwaltung, aber vor allem auch in der Entstehung einer Gerichtsbarkeit mit dem Fachbeamten als Richter ein gewisses Maß an Unabhängigkeit gewinnen kann. Ob man dafür Colbert in Frankreich unter Ludwig XIV. oder die Fachbeamten in der Verwaltung von Friedrich dem Großen anführt, sie alle wahrten stets eine bestimmte Unabhängigkeit gegenüber dem Fürsten.

Die absolut unentrinnbare Gebanntheit unserer ganzen Existenz – da wird Max Weber geschichtsphilosophisch –, der politischen, technischen und wirtschaftlichen Grundbedingungen unseres Daseins in das Gehäuse einer fachgeschulten Beamtenorganisation, den technischen, kaufmännischen, vor allem aber den juristisch geschulten staatlichen Beamten als Träger der wichtigsten Alltagsfunktionen des sozialen Lebens hat kein Land und keine Zeit in dem Sinne gekannt wie der bürgerliche Staat und der moderne Fortschritt, dessen Dialektik Weber an keiner Stelle unterschlägt. Mit diesem Fachbeamten ist auch das »stählerne Gehäuse der Hörigkeit«, sind die Versteinerungen des lebendigen Gemeinwesens verknüpft. Diese Verkörperung von Rationalität durch Verfahrensrationalität sieht Max Weber als eingehendes Merkmal des okzidentalen Denkens (und Handelns). Dieses Fachbeamtentum hat etwas mit dem Lebensbeamtentum zu tun, ist der Wahlbeamte doch weitestgehend aus dem europäischen Zentrum verschwunden. Hier, und darin liegt ein Unterschied zu den Vereinigten Staaten, werden Richter und andere Beamte nicht gewählt. Das gilt auch heute noch in Deutschland bis hinauf zum Bundesverfassungsgericht, selbst wenn dieses durch die Parteiopposition vordefiniert ist. Also die hochgeschulten Beamtenorganisationen erfahren ihre spezifische (Verfahrens-) Rationalität durch die hierarchische Ernennung.

Historisch reicht diese Entwicklung abermals in die Antike zurück, in die antike römische Gesellschaft als eine juristische Gesellschaft, die ihr soziales Leben mit ungeheuer entwickelten gerichtlichen Verfahren formte. Natürlich war das Römische Reich eine Klassengesellschaft, aber es war auch eine seit frühester Zeit durchorganisierte Gesellschaft mittels Verfahrensregeln, deren Anfang in den Zwölf Tafeln gesetzt ist. »Wenn du zu Gericht gerufen wirst, musst du kommen«, schreibt das Zwölftafelgesetz vor. Erscheint der Angeklagte nicht, kann er gerufen werden. Ist er nicht in der Lage, aus eigener Kraft zu kommen, weil er zu alt ist, muss der Ankläger ihm einen Planwagen zur Verfügung stellen. Damit haben wir schon 450 v. Chr. ein Gesetz, das eindeutige Verfahrensregeln beinhaltet. Das heißt, bereits hier liegt eine Form der Verfahrensrationalität vor, die sich spezifisch auf die juristische Verwaltung des Gemeinwesens bezieht. Der Prätor ist dabei jener Beamte, der dem Gericht vorsitzt, ein Privileg, das der ihm übergeordnete Konsul nicht genießt. Die Organisation der Beamten ist also mit Kompetenzhierarchien und Abgrenzungen verknüpft. Selbst der Souverän kann nicht willkürlich bestimmen und sich über die Verfahrensregeln hinwegsetzen.

Ein berühmtes Beispiel stammt aus anderer Zeit, von Friedrich dem Großen: Als Müller Arnold im Rechtsstreit um die Nutzungsrechte seiner Mühle vor Gericht unterlag, konnte er Friedrich II. dazu bewegen, für ihn Partei zu ergreifen. Er bewirkte eine Wiederaufnahme des Verfahrens, welches allerdings auch in zweiter Instanz mit einem Urteilsspruch zuungunsten des Müllers endete. Daraufhin ließ Friedrich II. die verantwortlichen Richter verhaften und selbst vor Gericht stellen. Dieses verweigerte jedoch die Verurteilung von Kollegen, worauf dem König nur noch die Möglichkeit blieb, selbst dem Müller Schadensersatz zuzusprechen und die Richter zu verurteilen. Die Unabhängigkeit des Justizapparats war also schon derart fortgeschritten, dass Friedrich II. nichts anderes übrigblieb, als mittels offener Machtanmaßung seinen Willen durchzusetzen. Um 1740 hatte sich in Preußen so etwas herausgebildet wie ein selbstständiges Bürgertum, auch mit dem Bewusstsein solcher Kompetenzabgrenzungen und Souveränitätseinschränkungen. Das meint Max Weber mit dem Fachbeamtentum und der Verfahrensrationalität als einem Element der okzidentalen Rationalität, wie sie etwa im China der Kaiserzeit undenkbar war: Die Mandarine entschieden selbstverständlich völlig selbstherrlich und ohne konstitutionelle Begrenzungen über solche Dinge.

Das dritte zentrale Element im okzidentalen Prozess der Rationalisierung ist der moderne Kapitalismus. Max Weber sagt, dieser könne erlernt werden, und – so heißt es in der Schrift über den Konfuzianismus – den Japanern als fleißigen Menschen falle das relativ leicht, aber entstanden ist der Kapitalismus in Japan nicht.[4] Gerade die gegenwärtige Krise der japanischen Gesellschaft besteht darin, dass die alten Strukturen, von denen dieser Kapitalismus gelebt hat, also Formen der Familienselbstausbeutung und der feudalen Gefolgschaften, nicht zuletzt durch eine gewisse Unabhängigkeitsbewegung von Frauen in Auflösung begriffen sind und ökonomisch in Schwierigkeiten geraten. Lernfähige Menschen haben sich einen entsprechenden Erwerbsgeist auch in Japan angeeignet, wo der Kapitalismus auf eine überdauernde Feudalstruktur gesetzt wurde. Diese Strukturen stellen aber nicht den genuinen Boden dar, auf dem der Kapitalismus entstanden ist.

Was ist Kapitalismus für Max Weber? Es ist *nicht* Geldgewinn. Erwerben, streben nach Gewinn, nach Geldgewinn, nach möglichst hohem Geldgewinn, ist nicht genuin kapitalistisch. Dieses Streben ist viel älter und universeller. Dieses Gewinnstreben ist bei Kellnern, Ärzten, Kutschern, Künstlern, Kokotten, bestechlichen Beamten, Soldaten, Räubern, Kreuzfahrern, Spielhöllenbesuchern, Bettlern gleichermaßen zu finden, aber es ist nicht Kapitalismus. Schrankenlose Erwerbsgier ist nicht im Mindesten gleich Kapitalismus, noch weniger gleich dessen Geist. Doch wenn er nicht auf Geldgier und Habsucht zu reduzieren ist, alles Eigenschaften, die wir schon in der archaischen Literatur bis hin zum Gilgamesch-Epos finden, was ist dann das historisch Spezifische am Kapitalismus? Was ist die Essenz dieser Produktionsform? Industrialisierung ist sicherlich ein Element davon, Marktwirtschaft ein weiteres. Akkumulation, erweiterte Akkumulation, Arbeitsteilung wären die nächsten Stichworte. Aber wie wird produziert? Machtausübung, Akkumulation, das finden wir auch in römischen oder mittelalterlichen Zusammenhängen.

Wesentliche Voraussetzung ist das Privateigentum an Produktionsmitteln! Von entsprechender Bedeutung ist für Weber daher die Betriebsförmigkeit beziehungsweise die betriebsförmige Organisation der kapitalistischen Produktion, die deren ununterbrochene, rastlose Kontinuität gewährleistet. Der zweite wesentliche Punkt ist das Aufbringen formal freier Arbeitskraft über den Markt, was Marx unter ökonomischen Gesichtspunkten als Ausbeutung bezeichnet. Der Markt muss nicht nur die Güter, die Produktionsmittel, sondern auch die Arbeitskraft selbst als Ware erfassen. Die Zwiespältigkeit der Ware Arbeitskraft ist eine wesentliche Voraussetzung für den betriebsförmigen Kapitalismus. Die Arbeiter sind nicht mehr persönlich abhängige Gefolgschaften und können nicht mehr gehalten werden, sondern sie werden für bestimmte Zeiten für eine betriebsförmige Produktion angeworben und können auch wieder abbestellt werden. Der Verkauf der Ware Arbeitskraft ist ein wesentliches Element möglicher kapitalistischer Kalkulationen. Den Großspekulanten-, Kolonial-, Finanzierungskapitalismus und auch den Handelskapitalismus hat es bereits vor 1600 gegeben, schon im Frieden, vor allem jedoch als spezifisch kriegsorientierten Protokapitalismus. Aber der Okzident kennt in der Neuzeit auch eine ganz andere und nirgends sonst auf der Erde entwickelte Art des Kapitalismus: die rational-kapitalistische Organisation von formell freier Arbeit. Entwickelter Kapitalismus entsteht erst, wenn der Arbeiter selbst Eigentümer seiner Arbeitskraft ist. Dass wir es mit formal freien Menschen zu tun haben, ist für Weber wie für Marx ein Spezifikum der kapitalistischen Gesellschaftsordnung und bedingt eine ganz andere Produktionsweise.

Wie war es in der römischen Gesellschaft? Dort existierte Sklaverei, und der Sklave war als ganze Person, nicht nur mit seiner Arbeitskraft, eine Ware. Die großen Latifundien und die großen Bergwerksgesellschaften sind kapitalistische Unternehmen, aber nicht mit freier Lohnarbeit. Kapitalismus hat es also zu tun mit über den Markt vermittelter Ausbeutung, mit der Verwendung formell freier Arbeitskraft. Max Weber sagt bewusst *formell* frei, er sagt nicht, dass sie frei sei.

Das ist Kapitalismus, wie er im Westen entstanden ist. Wie wir gesehen haben, ist er auch andernorts schnell zu erlernen, und niemand hat das so eindrücklich bewiesen wie die Japaner, die zunächst einmal viel stärker in der Kriegsproduktion tätig waren. Die ganzen Samurai-Traditionen, die ganzen feudalen Traditionen sind eher auf Krieg aus, und solche aggressiven Kräfte, das hat sich auch im Nachkriegsdeutschland gezeigt, sind offenbar gut auf die Produktion zu übertragen. Man kann sie in die kapitalistische Produktion umlenken, aber sie sind nicht in ihr entstanden.

In diesem Zusammenhang ist Marx sehr zwiespältig. Auf der einen Seite polemisiert er entschieden gegen Utopisten, die sich gleichsam ein Reich neben diesem geschichtsmächtigen Projekt Kapitalismus aufbauen und Freiheit herstellen wollen, ohne die Freiheit der Märkte zu beseitigen, die Ideen ohne ein materielles historisches Korrelat realisieren wollen. Marx hofft natürlich, dass die lebendige Arbeitskraft in ihren kollektiven Bindungen durch die Arbeiterbewegung den Kapitalismus zum Kippen bringt und nicht einfach etwas daneben aufbaut. Das war ja die Tragödie der Sowjetunion, dass gleichsam der prosperierende Kapitalismus weiterlief und man daneben das Reich der Freiheit aufzubauen gedachte. Das hat Marx nie so gesehen, sondern nur auf der Grundlage der entwickelten kapitalistischen Produktion lässt sich so etwas machen. Das Wort Kapitalismus ist bei Marx nicht ein Substanzbegriff. Er spricht von kapitalistischen Produktionsweisen, von kapitalistischer Ausbeutung, das heißt also, Kapitalismus gibt es nur in adjektivischer Form. Das Wort Kapitalismus stammt im Grunde in der Breitenwirkung von Werner Sombart, der 1902 ein Buch veröffentlicht hat: »Der moderne Kapitalismus«. Erst mit diesem Werk ist Kapitalismus zu einer Art Substanzbegriff und zu einem (politischen) Agitationsbegriff geworden. Im Grunde war er zu Anfang des Jahrhunderts zunächst ein Denunziationsbegriff der Sozialdemokratie, den Marx, der ein sehr vorsichtiger Denker war, mit Bedacht vermied. Wie häufig er Formulierungen ausprobierte, bevor er sie niederschrieb, zeigen die Überlieferungen.

Zurück zu Weber: Mit der Betriebsförmigkeit der Produktion ist die Trennung von Haushalt und Betrieb verknüpft. Eine strikte Durchführung getrennter Bilanzen, also die Trennung der Betriebsgewinne und gleichsam dessen, was der Kapitalbesitzer für sich privat abziehen kann. Natürlich sind diese Grenzen nie eingehalten worden. Für Weber ist das nicht zuletzt sehr wichtig, weil diese Dinge zunächst in der Staatsorganisation entwickelt wurden, nämlich in der preußischen Domänenverwaltung. Die Hohenzollern haben in der Domänenverwaltung, das heißt in der Verwaltung von Staatsgütern, ein striktes Regime geführt, wobei sie Management und das, was an Gewinnen erwirtschaftet wurde, streng trennten.

Es soll hier noch auf einen Bereich hingewiesen werden, der in seiner Wirksamkeit nicht so offensichtlich zeigt, was Rationalität ist. Weber sagt, dass die Rationalisierung auch in der Kultur allmählich eine Form annimmt, die sich sehr gut an der Entstehung der okzidentalen Musikalität studieren lässt. Es gibt eine hochinteressante Schrift von Max Weber über die rationalen Grundlagen der Entstehung von Musik,[5] wo er zeigt, dass in allen Völkern gesungen wurde, ihre Musikalität sehr verschieden war und keineswegs die mitteleuropäische Musikalität, das Deutsche oder so, besonders ausgeprägt war, und sich trotzdem im Zentrum Europas so etwas wie eine hochdifferenzierte, an der Fuge orientierte Form der Musik entwickelte. Es entsteht ähnlich wie in der Kunst eine differenzierte Musikalität, die jetzt auch etwas wie ein Modell der Rationalität abgibt. Das musikalische Gehör war bei anderen Völkern eher feiner entwickelt, als es das unsere heute ist, jedenfalls nicht minder fein. Polyphonie verschiedener Art war weithin auf der Erde verbreitet. Auch das Zusammenwirken einer Vielzahl von Instrumenten findet sich anderswo, und alle unsere rationalen Tonintervalle waren anderwärts ebenfalls bekannt. Aber rationale harmonische Musik, sowohl Kontrapunktik wie Akkordharmonik, die Bildung des Tonmaterials auf der Basis der Dreiklänge, unser Orchestermodell mit dem Streichquartett als Kern, die Organisation des Bläser-Ensembles und der Notenschrift, entwickelt in Europa ein entfaltetes, rationales Musikwesen *sui generis*. Doch so offensichtlich das erscheint, so schwierig bleibt die Frage nach dem Warum.

Der Widerspruch zwischen der Musikalität im Alltag und dem Kunstlied, dem Schubert-Lied, also auch die Liedtradition, die romantische Liedtradition, hat sich gewaltig geändert. Das sind, sagt Weber, abgesehen von der Kunst der Fuge oder dem wohltemperierten Klavier, völlig durchorganisierte rationale und doch sehr kunstfertige Experimente mit Tönen. Die Erweiterung der Orchester, wie er sagt, mit dem Modell des Streichquartetts, in das Modell der Sinfonie entfaltet eine musikalische Tradition höchster Rationalität. Das geht nicht nur von Bach, sondern auch von den Italienern seiner Zeit aus, von denen Bach sehr viel übernommen hat. Diese Form rational durchorganisierter Kontrapunktik ist ein Produkt der Mittelmeerkultur. Man kann diese ästhetischen Phänomene auf einen durchrationalisierten kapitalistischen Betrieb und eine durchrationalisierte Verwaltung beziehen, weil das Prinzip der Kalkulation in all diesen Bereichen zentral ist, und natürlich auf das Prinzip, auf das es Max Weber hier ankommt, die Zweckrationalität. Wobei dennoch viele Elemente freigesetzt werden, die zur Differenzierung von Gefühlen und Gefühlsqualitäten führen.

Wenden wir uns wieder der Antike zu. Im Folgenden geht es um Texte, die keine Urtexte sind, wie Heidegger sie manchmal behandelt, als ob da das Sein selbst rede und sich entberge. Es geht vielmehr um das Aufspüren von Ansätzen, in denen sich der moderne Begriff von Rationalität allmählich herauskristallisiert. Zuerst wird zurückgegangen auf die sogenannten Vorsokratiker, also jene Naturphilosophen, die am Ionischen Meer ansässig waren und sich über Gott und die Welt Gedanken gemacht haben. Von ihnen sind, wenn auch nicht sehr zahlreich, ganz verschiedene Fragmente überliefert. Von manchen, etwa von Heraklit, einem der berühmtesten, gibt es nur wenige Sätze, die überliefert sind. Andere sind später kommentiert worden, das heißt sekundäre Überlieferungen.

Die Leitfrage dabei ist, wie sich allmählich aus dem Mythos das rationale Denken herausschälte. Natürlich waren sie alle noch darum bemüht, den Mythos zu respektieren, wäre alles andere doch zu gefährlich gewesen. Sie beziehen sich auf Homer oder Hesiod, ihre großen Vorläufer, die sich mit der Stadt, mit der Entstehung der Erde, mit dem Prinzip des Weltalls, mit Denken und dem Denken des Denkens beschäftigten. An solchen Texten gilt es zunächst, den sogenannten Übergang vom Mythos zum Logos zu entschlüsseln.

Die Geografie der antiken Philosophie: Küstenstädte und Kolonien

Vorlesung vom 11. April 2001

Mit Max Weber haben wir zunächst die Frage nach historischen Konstellationen gestellt, die es ermöglichen, dass in einer bestimmten Kultur etwas geschieht, eine Entwicklung einsetzt, die sich von jenen in anderen Hochkulturen deutlich unterscheidet. Dabei geht es nicht darum, einzelne Kulturen zu bewerten, sondern ausschließlich um geschichtliche Bedingungen, unter denen eine Hochkultur einen charakteristischen Zug annimmt, der etwas wie eine Überlieferungstradition nach sich zieht. Denn das ist ein zweiter Aspekt, ob irgendetwas an irgendeinem Punkt der Welt entsteht und wieder zugrunde geht oder ob hier Überlieferungen stattfinden, die über Jahrtausende gehen, wobei – für Weber vielleicht weniger als für spätere Forscher – das Mittelalter wichtig ist.

Das Mittelalter selbst enthält in seinen Konstellationen vieles von dem, was später in der bürgerlich-kapitalistischen Gesellschaft zum Tragen kommt. Das sogenannte »dunkle Mittelalter«, das so dunkel nicht war, wie es das Verdikt der Aufklärung gemacht hat, lässt sich nicht auf eine ereignisarme Zeit reduzieren, selbst abgesehen von ewig währenden Kriegen und der jahrhundertelangen Auseinandersetzung zwischen Kaiser und Adel. Die moderne Forschung ist weiter und unterstreicht, die architektonischen und technischen Entwicklungen des Mittelalters seien wichtige Voraussetzungen der Moderne gewesen, immerhin entstand die Drei-Felder-Wirtschaft und vieles andere, nicht zuletzt die Antizipation modernen Denkens im Universalienstreit.

Es geht Max Weber um die Frage, warum jetzt und gerade hier? Er stellt diese Frage *post festum,* vom Resultat her, von der Entwicklung, wie sie geschehen ist. Er will nicht nach einzelnen Ursachen forschen, sondern betont immer wieder, entscheidend seien Konstellationen, folglich sehr viele Faktoren, die zusammen betrachtet werden müssen. Denn viele Dinge, subjektive, objektive, auch geologische, geografische Faktoren der Raumausdehnung, der Aufteilung, müssen zusammenkommen, damit etwas entsteht, was eine gewisse, wie man heute sagen würde, Nachhaltigkeit entfaltet, also eine Erbschaft hinterlässt, von der wir heute ausgehen, mit der wir heute arbeiten, in der wir heute denken.

Die antike griechisch-römische Kultur ist eine Küstenkultur. Das heißt, sie hat eine spezifische geografische Lage. Alle großen Städte sind in Küstennähe angesiedelt, was schon gleichsam in sich eine bestimmte Aufforderung technischer Art enthält, nämlich einen entwickelten Schiffsbau, gilt es doch die Werkzeuge selbst zu produzieren, mit denen man sich bewegt. Gleichermaßen ist ein Drang zum Handeln und zur Piraterie, zur Räuberei festzustellen; die Schiffsräuberei im Mittelmeer ist wenigstens so gut dokumentiert wie der Handel. Warum die Menschen sich an den Küsten niedergelassen haben, ist entweder sehr einfach oder gar nicht zu erklären. Wer sich auf das Meer einlässt und die Werkzeuge produziert, sich zu schützen, der wird dies naheliegenderweise in Meeres- oder Flussnähe tun. Entsprechend war es für Athen ein großes Problem, dass es nicht direkt am Meer lag und deshalb diese berühmte lange Mauer zum Hafen Piräus erbauen musste, was wiederum Anlass zum Krieg mit anderen Städten bot.

Des Weiteren ist die antike griechisch-römische Kultur eine Stadtkultur, wie bedeutend auch immer der Grundbesitz auf dem Lande gewesen sein mag. Letzterer war nicht bestimmend für das Leben in dieser antiken Welt, sondern die Mühe um *Eudaimonia,* das Wohl und Wehe der Stadt, was über Jahrhunderte viel Energie und sehr viel Denkkraft in Anspruch nahm. Dabei ging es nicht nur darum, dass man sich in der Stadt versammelte und aufhielt, sondern wie die Stadt überhaupt aussah. Die politische Struktur der Stadt in Griechenland ist in einer Weise Gegenstand des Denkens wie sonst nirgendwo in der damaligen Welt.

Und schließlich ist es eine Sklavenkultur. Die griechisch-römische Gesellschaft beruht auf Sklaverei, weshalb die Ressourcen wiederum verknüpft sind mit kriegerischen Unternehmen; der Mittelmeerraum war ein kriegerischer Raum. Es geht nicht nur darum, zu verteidigen, sondern wer sich wohlfühlte, ging auf Raubzug. Wer glaubte, besonders viel rauben zu können, ging auch große Risiken ein, und immer wieder sind ganze Städte zerstört worden. Mit anderen Worten: Eine primäre Ressource dieser Wirtschaftsform ist der Krieg. Eine der Bedingungen, wieso sich diese Ressource allmählich erschöpfte, ist nach Weber übrigens das Eindringen des Christentums in den römischen Seelenhaushalt. Am Ende waren nicht mehr genügend Arbeitskräfte, also Sklaven da, sodass sich ein Wandel vollziehen musste hin zu Gefolgschaften, die auf gegenseitiger Abhängigkeit beruhten, auf Fürsorglichkeit gegenüber dem arbeitenden Untergebenen.

Diese drei Faktoren, Küstennähe, Stadtkultur und Sklaverei, sind zunächst einmal im Mittelmeerraum lokalisiert. Natürlich hat es Sklaverei und Küstenstädte auch in anderen Regionen gegeben. Deshalb ist es ja eben eine Frage der Gesamtkonstellationen, die dazu führen, einen bestimmten Zuschnitt der Kultur zu erzeugen. Wenn man davon ausgeht, dass es sehr verschiedene Bedingungen für die Mittelmeerkultur gibt, dann spielt auch die geografische und geologische Struktur eine Rolle. Gerade die französische Annales-Schule hat sich darum bemüht, den Mittelmeerraum unter dem Gesichtspunkt verschiedener Konstellationen zu untersuchen, wobei auch das Wetter eine signifikante Rolle spielte. Wie sich das kulturell umsetzt, dazu kann man sehr verschiedene Gedanken entwickeln, und die Annales behaupten auch nicht, Wetter, Geologie oder Geografie seien die einzig wirksamen Faktoren. Und doch sei es nicht unbedeutend, dass zum Beispiel Friedrich II., der große Stauferkaisers der über ein riesiges Reich verfügte bis hin nach

England und Ostfriesland, einstmals die Grenzen des Römischen Reiches, ausgerechnet in Sizilien residierte und nicht irgendwo in Mitteleuropa. Er sprach Arabisch, las und schrieb Griechisch und Lateinisch. Mit anderen Worten: Friedrich II. repräsentierte eine sehr kompakte Mischung von Kulturen.

Diese Forscher gehen davon aus, dass hier eine besonders zerklüftete und extrem gestaltete geologische Landschaft existierte, die tektonisch recht aktiv war. Es ist nicht klar, wie Menschen darauf reagierten, sicherlich mit Ängsten, vermutlich aber auch mit einer gewissen Sorgfalt im Umgang mit Bauten. Möglicherweise haben die Athener um 400 v. Chr. sicherer gebaut als die Griechen heute. Immerhin führt die Wahrnehmung der Naturgegebenheiten zu einem anderen Umgang auch mit den gesellschaftlichen Institutionen, die man für sich sichert, nicht nur durch Mauern gegen den Feind von außen, sondern auch durch einen sorgfältigen Umgang mit Strukturen, die man für das eigene Leben, aber auch für nachfolgende Generationen als wichtig erachtet. Das wäre ein Feld, in dem sich etwas wie eine gleichzeitig auf Abdichtung und auf Kommunikation gesetzte Zivilisation gründen könnte. Ich sage auch auf Abdichtung, denn häufig sind es unwegsame Gebirge wie in Griechenland, die eigentlich die Abdichtung befördern könnten, während gleichzeitig die Meeresnähe die Neugierde und das Interesse, sich zu vergrößern und auf Reisen zu gehen, hervorruft. Entsprechend ist die Zeit zwischen Homer und den Vorsokratikern, 800 bis 600 v. Chr. – die Lokalisierung ist sehr grob –, eine der sehr intensiven Perioden des Kulturaustausches.

Geologisch haben wir es also mit einer zerklüfteten und extrem gestalteten Landschaft zu tun, in der ein Klima herrscht, das von heiß bis kalt variiert. Hohe Berge und tiefe Täler, mit Flächen dazwischen. Die französischen Forscher gehen davon aus, und das ist jetzt meine Folgerung, dass es eigentlich eine geologische Konstellation, eine Landschaft ist, die sich vorzüglich für Mythenbildung eignet. Zum einen stellt sich, wer unter einem Berg lebt und nicht drüber kommt, vor, was hinter diesem Berg sein mag.

Zum anderen sorgen tektonische Aktivitäten für vulkanologische Mythen. Offenbar ist deshalb gerade im Mittelmeerraum eine Mythologie mit einer derart ausdifferenzierten Gestaltungskraft entstanden, wie es sie sonst nirgendwo gibt, in nahezu keiner Hochreligion und in keinem Gebiet von Hochreligionen, die wir aus der Geschichte kennen. Man stelle sich einmal vor, was das für einen Griechen der Zeit nach Homer bedeutete, was der alles wissen musste, um als gebildeter Grieche zu gelten.

Die Erregung dieser kontrastreichen Landschaft wirkt hinein in das mythologische Geschehen, das eben nicht bezogen ist auf eine lineare Kausalität eines Gottes, wie es der jüdischen Religion entspricht. Wie diese Vielfalt die Menschen jahrtausendelang erregt hat, begreift, wer sich vor Augen führt, was in der griechischen Mythologie an legitimen und illegitimen Beziehungsgeflechten in den Himmel gesetzt ist. Und bis in die heutige Zeit hinein erscheinen Umgestaltungen der griechischen Mythen. Diese sind überwiegend bevölkert von fiktiven Figuren oder von Gestalten und Gestaltungen, die allenfalls Partikel realer Personen enthalten. Ob Odysseus wirklich existiert hat, wissen wir nicht. Dies sind Gestaltungen nicht eines einzelnen Menschen, sondern es sind Gestaltungen eines Volkes, das Lust am Fantasieren hat.

Meine These ist: Diese Mythologie ist die Grundlage eines differenzierten philosophischen Denkens. Menschen, die in dieser Weise Dinge mythologisch gestalten, vermenschlichen die Gegenstände der Natur. Demeter ist Natur, eine Göttin, die Naturqualitäten übernimmt, wie auch Poseidon der Gott des Meeres ist. Das heißt, diese Götter und Halbgötter haben alle ihre jeweilige Kompetenz und ihre Grenzen. Da ist ein ungeheurer Kompetenzhimmel und ein Kompetenzgerangel unter den Göttern, denn der Kampf spielt sich jetzt auch zwischen ihnen ab. Das ist unvergleichlich anders als zum Beispiel das biblische Geschehen, wo alles sehr einfach abläuft. Dort steht am Anfang der Urvater, Abraham, und dann geht es über Isaak, Jakob und die Generationen, 13, 14 Geschlechter bis zum Ende, worauf auch schon der neue Teil folgt. Da zeigten

Griechen und Römer eine ganz andere Bildfähigkeit, und wir müssen davon ausgehen, dass diese so stark in ihrer Alltagsreligion verankert gewesen ist, dass es nicht nur eine Angelegenheit der Priester war, entsprechende religiöse Rituale zu praktizieren. Natürlich haben Priester eine zentrale Rolle gespielt, aber in den ursprünglich griechischen Staaten wie Athen oder Sparta haben sie nicht dieselbe Bedeutung gehabt wie in der Römischen Republik und in der späteren römischen Kaiserzeit.

Wenn Adorno und Horkheimer in ihrer »Dialektik der Aufklärung«[6] sagen, der Mythos sei Aufklärung, und Aufklärung schlage am Ende in Mythos zurück, dann müssen wir fragen, was ist Aufklärung bei einer solchen Mythologie? Jedenfalls ist es die Reflexion darauf, dass Natur nicht chaotische Mannigfaltigkeit ist, weshalb eben Kompetenzen verliehen und Grenzen gesetzt werden; Denken hat etwas mit Grenzsetzung zu tun. Und wenn gesagt wird, Hera habe diese eine Funktion und keine andere oder Athene sei die Gerechte, Abwägende, dann liegt darin eine ungeheure kollektive Denkkraft. Zeus ist immer der Rabauke unter den Göttern gewesen; er ist ja auch durch eine Revolte gegen Kronos zur Macht gekommen. Überhaupt spielen Revolten eine Rolle, und auch Prometheus ist ein Rebell. Ein vergleichbares mythisches Geflecht von unzähligen kompetenten Halbgöttern und Göttern ist in dieser spezifischen, protorationalistischen Ausgestaltung nirgendwo bekannt.

Ich möchte hier von einer in den Himmel gesetzten Polis sprechen. Götter und Halbgötter gleichen handelnden Menschen, die ihre Kompetenzen haben und diese nicht überschreiten dürfen. Auch die Titanen, Halbgötter, dürfen nicht alles. Das heißt, es ist ein Handlungszusammenhang, der in der griechischen Tragödie noch einmal fassbar wird. So ist zum Beispiel im »Prometheus« des Aischylos, des ältesten dieser Tragödiendichter, ein ins Mythische versetzter Klassenkampf zu beobachten. Und wenn man Homer nimmt, hat man im Grunde handelnde Gestalten, die sich alle auf etwas Jenseitiges beziehen, dabei aber absolut diesseitig sind. Zeus etwa mit seinen Neigungen, zu betrügen, ist ein ganz gewöhnlicher Mensch.

In diesem Zusammenhang spielt es eine Rolle, dass die Menschen jetzt anfangen, die Welt nicht mehr ursächlich auf das zu beziehen, was von draußen kommt, von oben, von den Göttern. Diese Genealogie hat das Chaos als Grundlage, dann aber entstehen Gaia, die Erde, und Uranos, die Zyklopen, die Halbgötter, dann kommt Kronos und dann der Sturz des alten Titanengeschlechts durch Zeus. Das ist ein allmähliches Lösen aus dem Chaos, und wenn man hier von Aufklärung sprechen kann, ist es der Versuch, die Gegenstände, mit denen wir es zu tun haben, durch Wörter, Namen, zunächst Götternamen, zu bannen. Es geht weiter darum, bestimmte Kausalitäten in diese Gegenstände einzubringen und mit Namen zu verbinden. Zeus hat nicht die Möglichkeit, das Meer zu bewegen, obwohl er als einer der Obergötter gilt, sondern diese Möglichkeit hat Poseidon. Wenn Zeus eingreifen würde, würde Poseidon sich rächen, indem er irgendetwas an einer Stadt zerstört. Da sind Kausalitäten in den einzelnen Kompetenzen, Energien und Kräften, die aus dem Chaos etwas wie ein gegliedertes Ganzes machen. Der Begriff des Kosmos bezeichnet im Griechischen zweierlei: Es ist einmal der geordnete Zusammenhang und zweitens Schmuck. Der geschmückte Zusammenhang. Es muss auch gut aussehen, es muss harmonisch aussehen, denn es ist nicht nur Einheit, sondern geordnete Einheit. Deshalb lässt sich vorsichtig sagen, der Mythos sei etwas wie eine Vorform der Philosophie im Sinne eines ordnenden Denkens.

Schließlich fangen Philosophen wie Thales an zu sagen, woraus die Welt bestehe, was das Prinzip, *archē,* was der Ursprung der Welt sei. Er stellt fest, alles komme aus dem Wasser. Aber natürlich bleibt bei einer solchen Bestimmung nichts dauerhaft unbestritten. Schon folgt Anaximander: Nein, das Wasser sei es nicht, sondern das Feuer, denn man sehe ja wohl die Vulkane; man spricht vom Vulkanismus. Diese beiden Positionen von Thales und Anaximander mit Feuer und Wasser findet man übrigens im zweiten Teil des

»Faust« noch einmal als Antwort auf die zentrale Frage: Was ist das Prinzip der Welt?

Hier artikulieren sich also Fragen, die sich aus dem Bedürfnis ergeben, das im Mythos bereits Zusammenhängende nun auch zu begründen und die mythologische Erklärung einer rationalen Kritik zu unterziehen. Der erste Akt dieser vorsokratischen Philosophen besteht darin, zu sagen, dass es sich dabei um Fantasien der Menschen handele. Weil sie aber den Mythos angreifen, sind die vorsokratischen Protoaufklärer bedroht und verschwinden aus ihren Ursprungsstädten. Und deshalb sind spätere Philosophen, die wissen, wie stark der Mythos in die bestehenden Herrschaftsverhältnisse eingebunden ist, immer zu sagen bemüht: Wir sind auch Freunde des Mythos. Daher rührt die Formulierung vom *philosophos philomythos,* der Philosoph ist ein Freund des Mythos, die nicht wahr ist: Er ist kein Freund des Mythos, er behauptet es nur als eine Absicherung gegenüber denjenigen, die ihm vorwerfen wollen, er sei wie schon Sokrates ein Verderber der Menschen und Sitten. Wenn man dem nachgeht, wie das abendländische Denken im antiken Griechenland entstanden ist und was die Konstellationen sind, in denen eine solche Art des Denkens, zum Beispiel disponierendes Denken und katalogisierendes Denken, verortet ist, dann ist die Vielgestaltigkeit der Mythen gegenüber dem Monotheismus eine komplexere Form der Wirklichkeitserfassung. Das ist doch sehr stark mit dem Begriff der okzidentalen, also westeuropäischen Rationalität verknüpft, in einem durchaus nicht linear besseren oder werthaltigeren Sinne, aber doch in einem charakteristischen Unterschied zu Denkformen anderer Hochreligionen.

Wenn man bedenkt, was Karl Polanyi über das Wissen um den Tod, das Wissen um die Freiheit und das Wissen um die Gesellschaft sagt, so spielt die Konstitution der Gesellschaft schon im Mythos eine zentrale Rolle. Dies lässt sich nachverfolgen in den großen Tragödien, die ganze Menschenmassen besucht haben. Tausende von Menschen haben diese Tragödien, auf die Bühne gebrachte Lebensgeschichten, inszenierten Mythos, gesehen. In der »Antigone« etwa geht es um nicht weniger als ein Prinzip der Gesellschaft, um die Polis: Ist sie imstande, sind die Gesetze Kreons imstande, altes archaisches Recht zu verletzen? Eine gestalterische Theatertradition in dieser Form, bei der gleichsam die Gesellschaft auf die Theaterbühne gebracht wird, ist aus anderen Regionen und Religionen nicht bekannt.

Mythos heißt erzählen. *Mythopoios,* der Fabeldichter, *mythologos,* der Fabelerzähler – eine ganze Vielzahl von Wortverbindungen ist mit dem Mythos verbunden –, *mythoma,* gesagte Erzählung, *mythos,* erste Regel, Wort, Äußerung, Ausspruch, ausgesprochener Gedanke, auch Spruch und Sprichwort, insbesondere öffentliche Rede ... Mythos ist also auch, und das ist bemerkenswert, die öffentliche Rede, gerade keine Geheimsache, nichts Magisch-Praktisches. Der Rhetor, der Staatsmann und Redner, erreicht nichts im Volk, wenn er den Mythos nicht beherrscht und nicht mit ihm arbeitet. Also ist der Mythos eine öffentliche Angelegenheit. Wie überhaupt gesellschaftliche Öffentlichkeit, öffentliche Rede ein wesentliches Merkmal dieser griechisch-römischen Kultur ist. Dort wo Tyrannis entsteht, wird Öffentlichkeit beiseitegeschafft, was in der Regel zur Rebellion führt. Mythos: Rede, Wort, a) öffentliche Rede, b) Erzählung, Mitteilung, Bericht, Nachricht, Botschaft, Meldung, Kunde, Gespräch, Unterredung, Überlegung, Gedanke, Meinung, Willensbekundung, Beschluss, Abschlag, Plan, Rat, Vorschlag, Befehl, Bescheid im Auftrag, Gerücht, Gerede, verdichtete und sagenhafte Erzählung, alte Sage, Götter-, Heldensage, Legende, Erzählung und so weiter und so weiter. So ist sie, die griechische Sprache: Schon allein an diesem Wort Mythos lässt sich die Lust am Fabulieren wahrnehmen.

Die Frage, was der Mythos mit der Philosophie und ihren Denkformen zu tun hat, stellt sich in dem Augenblick, wo nicht mehr Chaos, Uranos, Zeus als Gründer der Welt auftreten und ihre Geschicke lenken, sondern Ursachenforschung betrieben wird. Politik ist bei den Vorsokratikern eine Art Naturalisierung des

Mythos, das heißt, man fragt nach der Natur, nach den Naturkräften, nach Feuer und Wasser. Wer einen Blick auf die Heimatstädte vorsokratischer Philosophen wirft, erkennt eine sehr merkwürdige Konstellation: Da sind sehr bedeutende Denker, deren Fragmente man gefunden hat, an Schnittstellen von Kulturen. Man kann sie sich als Immigranten vorstellen. Es gibt keinen Vorsokratiker in Athen; in Sparta hat es überhaupt keine Philosophen gegeben. Die Vorsokratiker lebten auf Inseln und an den Rändern, also dort, wo Handel getrieben wurde. Zugespitzt: Wo Handel getrieben wurde, wurde auch gedacht. Hier tauchen die ersten Philosophen in unserem modernen Sinne auf: Sie bedienen sich bereits der Mittel der Logik, der Argumentation, der Kausalität, die dann bei Plato und Aristoteles ihre systematisierten Formen bekommen, aber hier zum ersten Mal in ihrer diesseitigen Gestalt auftauchen.

Griechischer Mythos und Polis

Vorlesung vom 17. April 2001

Wer darzustellen versucht, wie in einer spezifischen Konstellation geschichtlicher Umstände und geografischer wie geologischer Bedingungen bestimmte Denkformen entstehen, die sich über Jahrhunderte, vielleicht über Jahrtausende festigen und überliefert werden, wird mit dem Zufall rechnen müssen. Das Zufallsprinzip spielt bei der Entstehung von Hochkulturen eine große Rolle, allerdings nicht, was Grundbedingungen betrifft. So ist Wasser bei der Entstehung der Hochkulturen immer wesentlich, müssen bestimmte materielle Elemente offenbar vorhanden sein. Aber ob sich eine Entwicklung geschichtlich festigt und wie lange, hängt von sehr vielen Randbedingungen ab, die so voraussehbar nicht sind und die sich selbstverständlich auch verändern. Natürlich ist die Nil-Kultur, die ägyptische Hochkultur, abhängig auch von der Berechenbarkeit der Nilüberschwemmungen, von der daraus resultierenden Fruchtbarkeit. Aber warum diese Kultur, die etwa 2000 bis 3000 Jahre besteht, schließlich zugrunde geht und heute nur noch in den sichtbaren Überresten einer religiös, einer theokratisch bestimmten Kultur greifbar ist, das ist schwer zu sagen.

Es stellt sich also eine Frage, der man sich nur tastend nähern kann: Warum gibt es in der Mittelmeerkultur etwas, was man heute noch mit rationaler Erkenntnis verbindet, mit vielen Dingen, die uns selbstverständlich sind, die zwar immer in Frage gestellt werden, aber doch mit beispiellosem Erfolg durchhalten und sich ausbreiten? Drei Elemente sind es, die sich in der Mittelmeerkultur ausbilden, und zwar in einer sehr differenzierten, sehr gründlichen Gestalt: *erstens der Mythos, zweitens die Stadt und drittens die Philosophie*. Mythos, Stadt und Philosophie sind drei wesentliche

Elemente, die in dieser Kombination nur hier entstehen. Es gibt keine andere Hochreligion, weder den Buddhismus noch den Hinduismus, noch die jüdische Religion, keine andere Hochreligion, die während ihrer Entfaltung mit diesen drei Elementen verknüpft war.

Theorie, *theos*, der Gott, das Schauen des Ganzen, bildet sich sehr früh aus, als ein Schauen des Gesamten. Bei der späteren Annäherung an die Vorsokratiker wird noch zu zeigen sein, wie einzigartig hier versucht wird, Erkenntnis von den praktischen und von den religiösen Erfordernissen abzukoppeln. So lässt sich feststellen, dass in der Zeit zwischen 800 und 500 v. Chr. etwas wie ein Theoriebewusstsein entsteht, das es sonst nirgendwo gibt. Kausal zu erklären, woher das kommt, dürfte angesichts der Masse an wirksamen Faktoren und ihres komplexen Zusammenhangs kaum möglich sein. Daher geht es um ein bescheideneres Vorhaben: zu zeigen, wie sich kleine Veränderungen zu einer Art Quantensprung verdichten.

Der Zeitraum der griechischen Kolonisation ist auch der Zeitpunkt, zu dem sich Philosophie allmählich bildet. Wie wir bereits gesehen haben, findet das auf einem Gebiet statt, das zum einen von zerklüfteter Landschaft und zum anderen von Vulkanismus geprägt ist. Natürlich spielt in einer Gegend, wo Ätna, Vesuv und Stromboli immer wieder aktiv sind, die Vulkanologie seit frühester Zeit eine zentrale Rolle. Die Mythologie ist als ein erstes Nachdenken über Ursachen, Kompetenzen von Göttern und Halbgöttern eine Reaktion auf diese spezifische Umwelt. Entworfen wird darin ein Fantasiegeschlecht, in dem Handeln stattfindet, das menschenähnlich ist und mit bestimmten Kompetenzen und Zuständigkeitsbereichen ausgestattet ist: Nicht alle dürfen alles überall. Kennzeichnend für diesen Mittelmeerraum ist es nun, dass es zwei große literarische Gebilde gibt, die den gesamten Vorrat der Mythen ordnen und zusammenfügen, in ein Epos bringen. Das eine sind die zwei Epen von Homer, »Ilias« und »Odyssee«, etwa um 900 entstanden, und das zweite sind die beiden Bücher von Hesiod, einmal »Theogonie« und dann »Werke und Tage«. »Theogonie« schildert die Genealogie der Götter, »Werke und Tage« aber ist noch wichtiger, weil hier gleichsam die ganze Landwirtschaft geordnet und die Welt nach landwirtschaftlichen Prinzipien organisiert wird, wobei Götter und Taten eine Rolle spielen. Arbeit ist hier eine wesentliche diesseitige Tätigkeit. Wir haben es hier mit einer Mythenbildung zu tun, die gegenüber den monotheistischen Religionen, auch gegenüber den schamanischen Religionen oder konfuzianischen religiösen Systemen etwas an sich hat, was die Fantasie und die Neugierde erhöht und vor allen Dingen das Denken erforderlich macht. Man hat es hier nicht mit Praktiken zur besseren Lebensgestaltung, sondern mit einer Art wohlgefälligen Anschauens einer sehr vielfältigen Welt zu tun.

Diese Mythen sind voller Gestalten, und ein Beispiel kann verdeutlichen, wie diese Verbindung von Gestalt und Denken aussieht. Nimmt man einmal solch einen Begriff wie *Tyche*. »Tyche ist eine Tochter des Zeus. Zeus verlieh ihr die Macht, über das Schicksal der Sterblichen zu entscheiden«,[7] das heißt eine beliehene Macht. Der in der Rangfolge höhere Gott beleiht, stattet mit Kompetenz aus. »Manche beschenkt sie reich mit Gaben aus ihrem Füllhorn; anderen raubt sie alles, was sie besitzen«, eben so, wie das Glück gerade läuft. Tyche ist mit ihrem Tun völlig unberechenbar. »Ihr Spielzeug ist ein Ball, der die Zufälligkeit des Glücks darstellt.« Man muss sich vorstellen, dass jeder Angehörige dieser hellenistischen Kultur in jahrhundertelanger Übung bei der bloßen Nennung ihres Namens weiß, dass er es bei Tyche mit einer Figur, einer Gestalt, einer Göttin zu tun hat, die ganz bestimmte Aufgaben hat, mit der er sich ins Benehmen setzen muss, auf jeden Fall aber: von der er abhängig ist. »Aber sollte ein Sterblicher, dem sie ihre Gunst erwiesen hatte, sich seiner Reichtümer brüsten und nicht den Göttern einen Teil davon opfern oder damit die Armut seiner Mitbürger lindern, dann greift die alte Göttin Nemesis ein und erniedrigt ihn.« Zu bestrafen, ist nicht mehr die Aufgabe der Tyche, sondern da tritt eine andere, nämlich Nemesis, in Funktion und greift ein.

Erneut sehen wir, wie arbeitsteilig und hierarchisch der Mythos funktioniert. »Die Heimat der Nemesis ist das attische Rhamnos. Sie hält in der einen Hand einen Apfelzweig, in der anderen ein Rad«, wobei beide spezifische symbolische Bedeutung haben. »Auf dem Kopf trägt sie eine silberne, mit Hirschen verzierte Krone. An ihrem Gürtel hängt eine Geißel. Sie ist eine Tochter des Okeanos und steht Aphrodite an Schönheit nur wenig nach. Es heißt, dass Zeus sich einst in Nemesis verliebte und ihr über Land und Meer nachstellte. Obwohl sie unaufhörlich ihre Erscheinung änderte, überlistete er sie zu guter Letzt in Gestalt eines Schwanes. Dem Ei, das sie gebar, entschlüpfte Helena, die Ursache des Trojanischen Krieges wurde.«

Anschließend werden ihre differenzierten und vielfältigen Kompetenzen und natürlich deren Variationen beschrieben. Selbstverständlich sind das kombinierte Überlieferungsstücke und Fragmente, und manchmal ist eine Variation gar das absolute Gegenteil der Ursprungsbedeutung. Aber dennoch stellt Nemesis eine Grundform dar, die Grundfigur der späteren Fortuna, die bei Machiavelli eine große Rolle für den Politiker spielt. Fortuna ist eben das Glück, was die Griechen, wenn es den Einzelnen bevorteilt, als *kairos* bezeichneten. Hier haben wir eine Form der Kompetenzabgrenzung vorgebildet, als ginge es beispielsweise darum, die Kompetenz des Richters von jener des Feldherrn zu unterscheiden.

Man muss sich das eigentlich sehr naiv vorstellen: Die Gesellschaft lebte davon, dass diese Form von Mythos und diese mythischen Gestalten das waren, woran ein Freund wiederzuerkennen, der Grieche vom Barbaren, der nicht dazugehört, zu unterscheiden war. Denn der Grieche weiß Bescheid über die Götter und kann ihre Kompetenzen nennen. Der Mythos ist ein Bildungszusammenhang und stiftet erstmals Zusammenhalt in der griechischen Welt. Weil sich in den großen Epen Homers eine Art Ordnung findet, können Adorno und Horkheimer zudem auch davon sprechen, der Mythos sei Aufklärung. Das ist er, insofern er bestimmte Kräfte bestimmten Gestalten zuordnet und sie kausal damit verknüpft, aber auch deren Grenzen benennt. Es gibt keinen allmächtigen Gott in der griechischen Mythologie und auch keine gesicherte Rangfolge. Zeus hat mit seinen ganzen Schweinereien und Ehebrüchen diesen Mythos mitgeprägt, aber er ist auch selbst immer wieder hintergangen und betrogen worden. Er hat sich als ein listiger Gott erwiesen, aber ein listiger Gott ist kein allmächtiger. Es gibt Ränge unter den Göttern, die aber alle ihre eigenen Grenzen haben: Zeus hat nicht über Poseidon, den Gott des Meeres, die Allmacht.

Der Mythos bildet sich als eine Form der Sozialisation, der Bildung und der Wiedererkennung in der Sprache aus. Deshalb können die Griechen sagen, Barbaren seien diejenigen, die den griechischen Mythos und die griechische Sprache nicht kennen. Nur das ist das Entscheidende: der Unterschied, dass sie als Barbaren der griechischen Sprache nicht mächtig sind. Sie können so entwickelt sein, wie sie wollen, auch höher als die griechischen Staaten, aber sie sind der griechischen Sprache, das heißt der Verständigung über den Mythos, nicht mächtig.

Ich komme jetzt noch einmal auf die Frage zurück, warum dieser Mythos in dieser Mittelmeerregion entsteht. In diesem Zusammenhang spielt die Kolonisation eine wichtige Rolle, für die es natürlich Ursachen gibt. Menschen ziehen nie freiwillig weg von ihren angestammten Orten, so auch nicht in dieser Zeit, in der offenkundig in bestimmten Bereichen ein Bevölkerungswachstum stattfand. Gleichzeitig existierten wohl alte Agrargesetze, in denen Erbteilung eine große Rolle spielte. Das heißt, ein Hof, ein landwirtschaftlicher Betrieb, musste immer weiter geteilt werden, sodass, wenn die Fruchtbarkeit des Bodens schwand oder etwas anderes in der Produktion sich veränderte, die Nahrungsgrundlage immer schmaler wurde und Teile der Bevölkerung einen Ausweg suchten. Ein Ausweg ist immer der Krieg, und offenbar spielte die Überbevölkerung eine Rolle für diese Bewegung.

Und es zeigt sich, dass bei den Griechen die Neugier und Lust, irgendwo anders hinzugehen, besonders ausgeprägt war. Es gibt Stadtgründungen in einem Ausmaß wie weder davor noch danach. Man spricht davon, dass zum Beispiel von Milet, selbst eine Pflanzstadt, zahlreiche Stadtgründungen ausgingen. Diese Städte entwickeln sich zum Teil zu wirklich sehr lukrativen, sehr potenten und sehr geistreichen Plätzen. Geistreich unter anderem dadurch, dass häufig diejenigen migrieren, die am intelligentesten sind und die sich vorstellen können, anderswo davon zu profitieren. Junge Männer machen sich in riesigen Scharen auf den Weg, Kolonien zu gründen. Sie gründen immer Städte, und zwar immer an den Rändern, also am Meer. Erst wenn sie eine feste Basis haben, beginnen sie im Hinterland zu kolonisieren, was häufig nicht gelingt, weil dort auch die Feinde sind. Es sind also lebhafte, junge Leute, unternehmungslustige Leute würde man heute sagen, die etwas von einer Risikogesellschaft haben, etwas, das man einsetzen kann und womit man viel verlieren, aber auch viel gewinnen kann. Weil es überwiegend junge Männer sind, die ihre Herkunftsorte verlassen, findet eine Form der Vermischung statt, das heißt Heiraten und Verbindungen, auch Geschlechterverbindungen mit den autonomen Stammesgesellschaften. Diese Stammesgesellschaften werden dadurch gleichsam verstädtert. Genügend Untersuchungen belegen, dass diese Vermischungen von Stammesgesellschaften mit Zugewanderten, die etwas Neues suchen und einheiraten, eine ungeheure Bewegung, Aufklärungsbewegung in die Dörfer brachten. Auch wenn es nicht immer glückt, liegt darin durchaus eine Möglichkeit der Aufklärung, und in der griechischen Kolonisation repräsentieren diejenigen, die kolonisieren, auf breiter Ebene eine besondere Neugierde und einen besonderen Fleiß. Im Allgemeinen ging diese Kolonisation so vonstatten, dass zunächst ein Abgesandter das Delphische Orakel aufsuchte, das eine Art Verteilungsregelung darstellte, wobei nicht bekannt ist, wie das funktionierte und wer da beraten hat. Wo soll ich die Stadt gründen?, fragte der Abgesandte, und das Orakel teilte ihm den Ort mit. Ausgestattet mit dem Orakelauftrag, begab sich der Abgesandte dorthin und wurde als Gründer meist der Oberpriester dieses Ortes, der Stadt, die damit den Segen des Delphischen Orakels genoss. Eine ungeheure Zahl von Städten und Pflanzstädten entstand auf diese Weise, in denen sich die Menschen dann – und das ist der weitere Punkt – ihre Gesellschaft aufbauten.

Ich habe gesagt, der Mythos sei ein entscheidender Punkt in der Entwicklung der Mittelmeerkultur und zweitens die Stadt. Es gab in der Geschichte zwar bereits zuvor riesige Städte, aber weder vorher noch gleichzeitig eine andere Stadt, die mit einer Verfassung ausgestattet war. Das heißt, das Denken in Verfassungen ist mit dieser Kolonisierung verknüpft. So etwas wie Mitbestimmung ist in den Koloniegründungen immer mitgedacht. Wie aber reift ein solcher Gedanke, alle Menschen zu beteiligen, um das Wohlergehen der eigenen Stadt zu gründen? Natürlich gibt es auch in Griechenland Könige und autokratische Herrschaftssysteme. Wie konnte die Stadt sich aber in einem solchen Maß verknüpfen mit der Frage, welche Institutionen es in ihr gibt? Welche Fähigkeiten und Möglichkeiten hat die Volksversammlung, die Beteiligung des Volkes am Stadtaufbau? In der Koloniegründung ist das von vornherein festgelegt. Es gibt keine Stadtgründung, in der sich die Menschen *einem* fügen, und die Vielzahl dieser Stadtgründungen ist ein Hinweis darauf, dass es so etwas wie eine Idee von der Stadt als lebensfähige Einheit gab. Wir werden später noch bei Aristoteles und Plato sehen, dass die Reflexion auf das, was eine Stadt ist, immer wieder auftritt.

Doch was genau entwickelt sich da? Wer hat denn Zeit, über Gott und die Welt nachzudenken, gerade am Wasser, und warum ist das notwendig? Man kann nicht etwa sagen, es habe sich ausnahmslos um reiche Kolonien gehandelt, und weil es den Menschen gut ging, hätten sie zu denken angefangen. Und auch kein anderer, vergleichbar einfacher Grund ist zu nennen, aber die Häufung von Philosophen in dieser Gegend ist nicht nur typisch, sondern für die Weiterentwicklung der Mittelmeerkultur essenziell.

Halten wir ein Element fest: Es sind Grenzstädte, und gleichsam ist offenkundig der Warenverkehr, aber vielleicht auch der Gedankenverkehr besonders brisant. Man weiß, dass es keine geschlossenen Städte und auch keine Kampfstädte wie Sparta oder Athen sind. Ihre niedrigen Mauern halten keinem Perserkönig stand. Das sind Handelsstädte und Manufakturstädte, die offensichtlich Handel mit Gedanken und Waren treiben. Das bedeutet, dass sie im Grunde besonders geeignet sind, fremdes Denken, fremde Bräuche und Religionen aufzunehmen. Doch warum sind sie nicht anfällig für andere Religionen? Wenn sie nach Orientierung suchten, könnten sie ja auch zu Fundamentalisten werden.

Die Menschen bemühten sich um die Wohlgefälligkeit bei Gott, waren also religiös. Wer sich mit den Göttern versöhnen mochte, brachte ihnen Opfer. Jetzt aber tauchen Menschen auf, die haben Mythos nicht nötig und begründen die Welt anders. So, dass sie einen Gott-Schöpfer oder einen, der uns leitet, nicht brauchen, sondern das Urprinzip des Seins oder nach den Prinzipien der Welt suchen. Das ist das Neue, das nicht leicht zu begründen ist und von dem nicht leicht zu sagen ist, woher es kommt und warum es so wirkt. Natürlich hat es in dieser Zeit in China, zur Zeit des Konfuzius, auch große Denker gegeben. Die Intellektuellen, die Mandarine, waren geradezu mit ungeheurer Macht und großem Wissen ausgestattet, aber dieses Wissen ist im konfuzianischen Praxiszusammenhang eingerichtet, also durch die kaiserliche Macht in China, unter anderem auf bestimmte Geschlechterfolgen und mit möglichst wenig Veränderung.

Hier in Griechenland wird Veränderung aber zum Prinzip, prominent bei Heraklit, und mit den neuen Tönen ist ein Scheidepunkt markiert, an dem diese Philosophen zwar in der Mythologie leben, aber gleichsam aus diesem mythischen Zusammenhang heraustreten. Für sie hat Zeus keine Bedeutungsfunktion mehr, für gar nichts; vielleicht noch in ihrem praktischen Verhalten, man weiß ja nicht, wie sie privat gelebt haben. Ihren Kindern haben sie vielleicht noch die Märchen von Zeus erzählt wie wir Schneewittchen, aber sie selbst sind Rationalisten in dem Sinne, dass Argument, Gegenargument und Begründungen die entscheidenden Neuerungen sind. Sie sind also innerweltlich. Das ist der Ursprung der Philosophie.

Halten wir fest: Diese kolonisierten Städte lebten offenkundig vom Austausch der Kulturen. Die Menschen zogen kreuz und quer bis in die phönizischen Gebiete und in den Bereich Karthago, nach Spanien, Südfrankreich, wo sie Kolonien gegründet, ihre Sprache und auch ihre Mythen hinterlassen haben. Sie sind meist in freundschaftlichen Beziehungen zu ihren Ursprungsstädten geblieben, aber nicht immer. Zum Teil haben sie auch Krieg geführt gegen die Mutterstädte. Abhängige Städte waren es aber niemals, sondern folglich selbstständige Gebilde, häufig in ihrer inneren Konstitution der Mutterstadt nachgebildet. Das Berühren anderer Kulturen, die kulturelle Mischung, das Multikulturelle spielt hier eine zentrale Rolle; das Reinlassen von Kulturerfahrung. Ebenso bedeutsam waren die Messtechnik und die Mathematik, die in vorderasiatischen Regionen bereits entwickelt waren. Doch auch die Weiterentwicklung der Schrift ist ein entscheidender Rationalisierungsschub, den die Griechen bringen. Das sind erst ganz kleine Veränderungen, die dann aber in die gesamte Sprachwelt eingehen. Zum Beispiel vollzieht sich die Trennung von Konsonanten und Vokalen als Buchstaben in der griechischen Schriftsprache wie auch die Begrenzung der Buchstaben auf 24 bis 26. Zum ersten Mal konnte der Mensch ein Alphabet aus 26 Zeichen leicht erlernen. Die Japaner haben versucht, ihre Grundausstattung von 1800 bis 3000 Zeichen auf 800 zu reduzieren, was nicht richtig geglückt ist. In China gilt jemand als gebildet, wenn er zwischen 7000 und 10 000 eigenständige Zeichen beherrscht. Bei meinem Chinabesuch vor 20 Jahren wurden die damit einhergehenden Probleme im Zusammenhang mit der Entwicklung einer Schreibmaschine deutlich. Ich weiß nicht, wie das im digitalisierten Zusammenhang gelöst wurde, daran jedenfalls, dass schon damals, 1980, die Doppelsprachlichkeit eingeführt wurde, besteht kein Zweifel. In Shanghai waren praktisch alle Straßennamen latinisiert, was für China eine ungeheure Bedeutung hat. Man kann nicht einfach die lateinische Sprache einführen, negiert man damit doch praktisch eine mehrtausendjährige Kultur, die nicht zu übersetzen ist. Daherzukommen und eine Reduktion auf 26 Zeichen, etwa zugunsten der WTO, zu fordern, ist undenkbar. Es wird kaum anders gehen als mit einer völligen Parallelität, einer Doppelsprachlichkeit, zum Beispiel mit Englisch als notwendiger Zweitsprache. Aber es bleibt ein Problem.

Der Anfangsbuchstabe verschiedener Alphabete, die heute benutzt werden, sind das arabische *alet,* das griechische *alpha,* das hebräische *aleph,* das lateinische a. Alle vier haben sich aus einem gemeinsamen Vorfahren entwickelt: In sinaitischen Inschriften von etwa 1000 bis 1500 v. Chr. erscheint ein Ochsenkopf: Das ist vielleicht das ursprüngliche *aleph,* worauf das kanaanäische Wort für Ochse verweist. Das Bildzeichen bedeutete nicht das ganze Wort, sondern nur den ersten Laut, also a. Nicht für den Ochsenkopf, sondern für den Anfangsbuchstaben steht es.

War die ursprüngliche Schrift in der zweiten Hälfte des zweiten vorchristlichen Jahrtausends im Phönizischen entstanden, beginnen die Griechen nun damit, diese ein klein bisschen zu verändern, zu rationalisieren, zu vereinfachen. Der Punkt, das Auge, kann entfallen, weil das Zeichen ja keinen Ochsenkopf, sondern nur den Anfangslaut des Wortes bezeichnet, und es wird ein Strich eingezogen. In allen griechischen Inschriften aus dem 8. und 7. vorchristlichen Jahrhundert sind drei verschiedene Formen dieses Zeichens zu finden, wobei eine davon *alpha* ähnelt. Doch warum setzt sich nach Jahrhunderten, in denen mit verschiedenen Varianten experimentiert wird, ausgerechnet *alpha* durch? Das ist nicht bekannt. Jedenfalls wird es aber, und das ist ein entscheidender Schritt, der erste Buchstabe des lateinischen Alphabets. Es ist ein reiner Vokal, und auch diese Trennung von Konsonanten und Vokalen ist ein wesentlicher Punkt.

Schriftentwicklung ist sehr kompliziert, kleine Drehungen führen dazu, dass sich etwas verändert und dauerhaft seine Form behält. Seit dem 9. / 8. Jahrhundert v. Chr. liefert das griechische

Alphabet, eine radikal vereinfachte Schrift, die im Wesentlichen Bestand hat, das Modell für die modernen Sprachen. Das führt jedoch nicht dazu, dass sich die Germanisierung auflöst. Im Gegenteil, die Latinisierung erfasst auch die germanischen und gallischen Sprachzusammenhänge und macht eine weitreichende Verständigung möglich. Darin wie auch in einem geschlossenen Alphabet, das jahrtausendelang Bestand hat, liegt eine Art Quantensprung. Ich kann nicht beurteilen, wie es sich im Arabischen oder im Persischen verhält; dass aber von der Sprache ein Rationalisierungsschub ausgeht, ist unzweifelhaft. Dabei ist es nicht zwingend nötig, dass sich die Sprache immer weiter vereinfacht und nur noch eine Restsprache übrig bleibt. Aber das Griechische ist nicht zuletzt dadurch eine hochdifferenzierte, bedeutungsreiche Sprache geworden, dass es eben diese vereinfachte Grundlage hat. Weil es nicht erforderlich ist, Tausende von Teilchen zu erlernen, um überhaupt eine Basis zu haben, war Austausch mithilfe der griechischen Schrift sehr schnell möglich und bestimmend.

Die Anfänge der Philosophie: die Vorsokratiker

Vorlesung vom 18. April 2001

Max Weber, der große Soziologe der Jahrhundertwende, stellte fest, dass bestimmte Rationalitätskriterien auf der Gesellschaft lasten wie ein Schicksal, also unvermeidlich sind. Er fragte sich daher, woher es kommt, dass nichts so konstant in der modernen Entwicklung ist wie das, was man Rationalisierungsschübe nennen könnte. Und er stellt diese Frage im Sinne einer Ausdifferenzierung des Begriffs von Rationalität. Ausdifferenzierung deshalb, weil er sich nicht einfach auf den aufklärerischen Begriff der Vernunft verlässt, der ja etwas anderes meint als die bloße ökonomisierte Mittelverwendung beziehungsweise die Zweck-Mittel-Rationalität.

Im Begriff der Aufklärung und der aufklärerischen Vernunft steckt immer ein Moment von Moral. Der Vernunftbegriff der Aufklärung ist zwar kein bloßer Grundbegriff des rationalen Umgangs mit den Mitteln, sondern hat immer auch Elemente des Zwecks in sich. Max Weber will diesen Vernunftbegriff jedoch, soweit er eben werthaltig ist, trennen von jener Form von Rationalität, die er zweckrational nennt. Zweckrationalität besteht darin, dass die *ökonomisch* passendsten Mittel verwendet werden, um gegebene Zwecke zu verfolgen und zu erreichen. Max Weber sagt, in Anbetracht der transepochalen, womöglich sogar universellen Bedeutung könne es sich bei einer solchen Zweck-Mittel-Rationalität nicht nur um einen Prozess der modernen kapitalistischen Gesellschaft handeln. Dass Rationalität in alle Formen der Gesellschaft und der Menschen eindringt, muss vielmehr einen kulturgeschichtlichen Hintergrund haben, der weiter reicht.

Weber untersucht diese Rationalitätsfragen bezeichnenderweise immer im Zusammenhang mit den Hochreligionen, oder genauer: mit ihrer Wirtschaftsethik, womit sein eigentliches geschichtswissenschaftliches Untersuchungsgebiet benannt ist. Um festzustellen, wie es zu einer Konstellation in Mitteleuropa kommt, in der ein bestimmter Rationalitätsbegriff, der Begriff von Zweckrationalität, sich verschärft, sich durchsetzt, also etwas wie eine schicksalhafte Entwicklung annimmt, aus der nicht einfach auszubrechen ist, erlernte er Fremdsprachen.

Weber fragt, warum die Kategorien, die sich da entwickeln, universalistischen Anspruch haben, gleich in welcher Region, in welchem Gebiet. Wir sehen heute, dass diese Rationalitätskriterien auch in die Produktions- und Austauschprozesse jener herkömmlichen traditionellen Wirtschaftsformen hineinwirken und Gesellschaftsformen erfassen, ob diese es wollen oder nicht, die ganz andere kulturelle und religiöse Traditionen aufweisen. Max Weber stellte die Frage nach den Voraussetzungen. Eine seiner Antworten lautet, wie wir bereits gesehen haben, nur im Mittelmeerraum habe es »Wissenschaft« in einem Entwicklungsstadium gegeben, das wir heute als gültig anerkennen. Empirische Forschung, Nachdenken über Welt- und Lebensprobleme, philosophische Reflexion, die systematische Theologie, eine rationale Theologie. Und diese griechisch-römische Rationalität dringt ins Christentum vor, sodass wir etwa im Mittelalter über tausend Jahre ein System vor uns haben, das wesentlich von der aristotelischen Philosophie geprägt ist: Die »Summe der Theologie« von Thomas von Aquin ist gleichsam die Assimilation von christlichem und aristotelischem Denken. Weber unterstreicht zudem, es habe dabei nicht irgendeine Wissenschaft stattgefunden, sondern eine empirische mit Beobachtung und rationalem Experiment. Entscheidend seien nicht allein die Berechenbarkeit und die Mathematik; die ist älter und nicht rein europäisch. Max Weber meint vielmehr den Zusammenhang, das Systematische, Wissenschaft im systematischen Sinne, wo das eine das andere mitbegründet. Und eine solche Wissenschaft entsteht nicht im kulturellen Zusammenhang der Phönizier, der Babylonier oder der Ägypter.

Weber betont bei der Suche nach Gründen für das Herausbilden einer okzidentalen Rationalität die spezifische Art im griechisch-europäisch-christlichen Zusammenhang, den Fachbeamten auszubilden. Das wird auch durch das Christentum nicht völlig unterbrochen. Fachbeamte heißt bei Weber derjenige Beamte, der nicht einfach Hofschranze, hofabhängig ist, sondern der einer eigenen Rationalität folgt – in einer sehr ambivalenten Bedeutung für die Gesellschaft, nicht nur der Negativbedeutung, sondern durchaus auch einer Bedeutung, die Rationalisierung in anderen Bereichen zur Folge hat, ein gewisses Ethos von nicht grundsätzlicher Bestechlichkeit et cetera.

Des Weiteren macht Weber auch die schicksalsvollste Macht unseres modernen Lebens, den Kapitalismus, als betriebsförmige Organisation der Produktion und der Verwendung formal freier Arbeitsformen verantwortlich. Der Doppelcharakter der Ware, Gebrauchswert und Tauschwert zu sein, ist hier in die Arbeitskraft mitintegriert. Ich bin als Besitzer meiner Arbeitskraft eben auch Besitzer, auch Eigentümer, was ja etwas anderes ist als Sklaverei, wo der Mensch selbst Ware ist. Im Kapitalismus besitze ich als Arbeiter eine Ware, nämlich Arbeitskraft, deren Gebrauchswert ich veräußere und deren Tauschwert ich realisiere. Das heißt, ich bekomme ein Salär, einen Lohn in Form des Tauschwerts und überlasse dem Unternehmer nur für eine bestimmte Zeit, und das ist spezifisch kapitalistisch, mein Arbeitsvermögen. Der hat im Auge, dass das vorgeschossene Geld in Form des variablen Kapitals, also meines Lohns, und des konstanten Kapitals in Anlagen und anderem geringer ist als das, was am Ende im Produktionsprozess herauskommt. Das ist Mehrwert, das ist noch nicht Profit, weil von dem Mehrwert noch bestimmte Abgaben abgehen, an den Staat als Steuern und so weiter.

Bis zu diesem Punkt ist Max Weber orthodoxer Marxist. Aber er geht noch einen Schritt weiter, indem er in der protestantischen

Ethik etwas erkennt, was es dem Kapitalismus historisch ermöglicht, sich zu formieren. Dies geht nur, wenn die Arbeiter nicht fortwährend durch Gewalt in die Fabriken getrieben werden, sondern wenn eine innere Motivation besteht, und Weber erläutert das am Puritanismus beziehungsweise an den puritanischen Sekten, die jetzt noch einmal eine Rationalität entwickeln, die mit Zeitökonomie verknüpft ist und zum Innen-Bestandteil der Menschen wird. Wie internalisiert man die kapitalistischen Arbeitsimperative? Das ist ein wesentliches Argumentationsfeld von Max Weber in seinen Überlegungen zum Protestantismus. Offenbar müssen dafür subjektive und objektive Faktoren zusammenkommen, die mit Rationalisierung im Sinne von Effizienz und Zeitersparnis zu tun haben. Nicht nur die Mittelverwendung äußerlicher Art, sondern auch eine Art Lebensgeschichte, Rationalität der Lebensführung, wie Max Weber das nennt, ist für die Konstitution des Kapitalismus zentral. Diese Rationalität ist wesentlich dafür, dass eine Art Selbstdisziplin der Menschen entsteht.

Mit Weber haben wir also gesehen, dass Kapitalismus, Kapitalrecht, Bilanzen, der Umgang mit Bilanzen etwas ist, was sich nur hier in der okzidentalen Landschaft entwickelt. Darüber hinaus aber vollziehen sich fundamentale Trennungs- oder besser Entmischungsprozesse. Die bürgerliche Gesellschaft gründet eigentlich darauf, einen fundamentalen Entmischungsprozess geleistet zu haben. Sie wird zwar immer wieder rückfällig in diesem Punkt, aber das Prinzip ist in der Geschichte verankert: der zentrale Entmischungsvorgang zwischen Moralität und Legalität, der das ganze Rechtssystem verändert. Damit entsteht etwas wie eine Akkusationsgerichtsbarkeit, eine Anklagegerichtsbarkeit, im Unterschied zu einer Inquisitionsgerichtsbarkeit, also Gesinnungsgerichtsbarkeit. Der Kampf um ein von Religion und Moral unabhängiges Recht währte jahrhundertelang auf europäischem Boden, bis schließlich Kant sagt: Moralität und Legalität haben gar nichts miteinander zu tun. Das eine hat mit den Motiven innerer Handlungen, das andere mit der Wirkung äußerlicher

Handlungen zu tun. Der Schuldbeweis des Gerichts ist erst die wirkliche Trennung des Rechtswesens von der Religion und Moral: der Schuldbeweis, der aber das Beweisverfahren auf die wirklich empirisch feststellbaren Handlungen richtet, nicht auf die Motive des Handelns, das Gewissen. Das ist ein fundamentaler sozialer Entmischungsprozess.

Der zweite ist natürlich genauso wichtig: die Entmischung von Staat und Religion. Toleranz ist dem Ursprung nach eine Form des Zusammenlebens von Menschen unterschiedlicher religiöser Gesinnung. Es geht darum, den Staat und die Gewalt des Staates aus den Gesinnungskämpfen herauszuhalten. Auch hier hat es bis in die Gegenwart immer wieder Rückschläge gegeben, und trotzdem würde niemand mit Verstand sagen, das Prinzip selbst sei falsch. Nein, das ist ein universalistischer Anspruch. Eine Gesellschaft, in der Religion, Recht und Theologie miteinander vermischt sind, ist auf Dauer als menschliche Gesellschaft nicht haltbar, sondern hat Zersetzungstendenzen, das heißt hat keine wirkliche, schon gar nicht demokratische Stabilität, aber auch keinen Zusammenhalt. Sie ist auf Unterdrückung, auf Gewalt, auf Abkopplung und Fragmentierung gegründet.

Nun ist unter dem Wort »Rationalität« höchst Verschiedenes zu verstehen. So gibt es die Rationalisierung der Wirtschaft, der Technik, des wissenschaftlichen Arbeitens, der Erziehung, des Krieges, der Rechtspflege und Verwaltung und so weiter. Das heißt, es gibt partikulare Zweckrationalisierung in dem Sinne, dass für bestimmte Zwecke die angemessenen Mittel organisiert und angewendet werden. Die Partikularität solcher Rationalisierung wird von Max Weber nicht bestritten. Es geht ihm immer darum, dass eine Art System entsteht, ein systematisches Denken. Natürlich gibt es neben Zweckrationalität auch andere Rationalitätsformen. Für einen Menschen, der eine bestimmte Sache für wichtig hält, ist keineswegs immer der direkte Weg das rationale Mittel, um sie zu erreichen, sondern vielleicht sind Umwege durchaus wichtig. Natürlich gibt es auch im Okzident viele Dinge, die mit wertrationalen oder traditionellen Werten zu tun haben, die nicht in dieses Rationalitätsschema eingehen, was auch Weber anerkennt. Trotzdem verhält es sich gerade in unserer Welt mit dieser betriebswirtschaftlichen Rationalität so, dass diese noch einmal einen ganzen Bereich von Ökonomisierung in Schichten und Gruppen bewirkt, die vorher eher geschützt waren gegen eine solche Rationalisierung; Habermas nennt dies die Kolonisierung der Lebenswelt durch die Systeme.

Weber betont, dass er keine Wertverhältnisse bezeichnen, keine Kultur bewerten wolle. Aber natürlich liegt im Beschriebenen eine Wertung. Es ist eine Wertung in dem Sinne, dass geschichtlich eben doch Maßstäbe geschaffen werden. Maßstäbe, das sind nicht arrogante oder imperiale Maßstäbe, die sich Einzelne ausdenken, sondern es werden Emanzipationsstufen erreicht, vielleicht nur in kleinen Bereichen, die dann aber als Maßstab dienen. Wenn einmal eine Stufe erreicht ist, in der Moralität und Legalität getrennt sind und das über Jahrzehnte oder Jahrhunderte auch im Prinzip praktiziert wird, wird jede erneute Vermischung als Rückschritt betrachtet werden können. Wird plötzlich wieder einer, weil er Katholik oder Muslim oder Buddhist ist, im Gerichtssaal verurteilt, so wird diese Entscheidung am Maßstab der Trennung gemessen und verlangt, was er getan habe und nicht seine Gesinnung müsse die Grundlage des Urteils sein.

Man kann diesen Sachverhalt – ich werde darauf zurückkommen – anhand der Heidegger-Vorlesung über die Vorsokratiker erläutern. Heidegger macht die Vorsokratiker so dunkel, wie sie gar nicht waren, trennten sie sich doch vom Mythos. Es lässt sich bei Heidegger sehr gut studieren, wie eine historisch spätere Denkweise transportiert wird in einen Anfang, der gerade Licht hereinbringen möchte in die Welt, der das Chaos organisieren möchte. Auch hier gilt: Was einmal entstanden ist, wird zum geschichtlichen Maßstab, kann aber verdunkelt werden für eine gewisse Zeit. Das »Dritte Reich« beispielsweise machte ja auf allen Ebenen diese Rationalität rückgängig und archaisierte das Denken und die Wissenschaft; da war dann plötzlich von einer »deutschen Physik« und anderem Unfug die Rede. Solche Rückschläge gibt es immer wieder, aber es bleibt etwas wie ein Maßverhältnis, an dem zu messen ist, was richtig und was falsch ist. Sosehr Weber auch hervorhebt, er fälle keine Werturteile, gibt es doch im kategorialen Zusammenhang bei ihm implizite Werturteile, die sich auf den universalistischen Anspruch beziehen. Und ich gehe so weit wie Horkheimer und Adorno in ihrer »Dialektik der Aufklärung«, die sagen, diese Zerstörung der Aufklärung und der vernunftbestimmten Rationalität sei ein Prozess, der weit in die Ursprünge des Denkens zurückreiche, und nicht einfach ein Zufallsprodukt. Deshalb sagen sie, Mythos sei Aufklärung.

Dieser Mythos ist einmal bei Homer überliefert in der Erzählgestalt von Lebensgeschichten, von Heldengeschichten über eine berühmte Stadt, Troja, die um 1400 oder 1300 v. Chr. zerstört wurde, eine sehr alte Stadt, 2000 bis 3000 Jahre alt. Man kennt diese Gestalt »Homer« nicht wirklich. Französische Forscher haben nachzuzeichnen versucht, die Schilderungen insbesondere in der »Odyssee« könnten nur von jemandem kommen, der die Orte auch besucht habe, der sie kenne, und deshalb bestimmte Höhen und so weiter darstellen könne. Es ist eindrucksvoll, zu sehen, wie dieser Homer im Mittelmeer herumgereist ist und lokale Mythen wahrscheinlich aufgerafft hat, wie die Brüder Grimm ihre Märchen niedergeschrieben und dadurch etwas wie eine Märchenlandschaft für Bildungszwecke geschaffen haben. Die homerischen Epen sind einmal von allergrößter Bedeutung, weil sie die griechische Schriftsprache begründen, zwar in Versform, aber doch so, dass wir bestimmte Rationalitätskriterien in der Schriftform erkennen, die schon ein Auflösungsmoment des Mythos enthalten. Denn an sich ist der Mythos eine mündliche Erfindung. Ein aufgeschriebener Mythos trägt schon den Stachel der Selbstauflösung in sich und hat ein Bildungselement. Aber diese homerischen Epen haben eben eine ungeheure Verbreitung und sind die ersten Zeugnisse eines hellenistischen Selbstbewusstseins und Selbstverständnisses durch

Sprache und durch Figuren, die eine bestimmte Bedeutung haben und mit besonderen Kompetenzen ausgestatten sind. Nemesis heißt ursprünglich nur »beglückte Vollendung«, eine rationale Umsetzung von Zielen, wird dann aber doch zu einer Art Rachegöttin aufgewertet und mit dieser Kompetenz ausgestattet.

Schliemann ist ja einfach davon ausgegangen, dass Texte buchstäblich zu nehmen seien, und hat gegraben und gegraben und natürlich etwas gefunden, nicht alle Schichten Trojas, nur die siebente, die eben jenes Troja betrifft, das in der »Ilias« beschrieben ist. Materielle Elemente stehen jedoch im Hintergrund bei diesen Texten, die ein Weltbild ausgestalten, das dann zum Identitätsmerkmal von Menschen wird, die sehr weit auseinander leben. Aber die Griechen in Massalia, Marseille, und die Griechen von Milet sprechen dieselbe Sprache und kommunizieren eher über den Mythos als direkt durch Schiffsverkehr. Es bildet sich also mit anderen Worten: eine kulturelle Identität.

Die zweite wichtige Überlieferung des Mythos stammt von Hesiod, der wenig später lebte und über den man mehr weiß. Er hat die »Theogonie« verfasst, die Genealogie der Götter, die Entstehung der Götterwelt. Es beginnt mit dem Chaos, dann entstehen daraus Gaia und Eros, wobei Hesiod das nicht weiter begründet, sodass der Eindruck entsteht, es handele sich um eine Auftragsarbeit, die sich mit aufwändigen Begründungen nicht aufhalte. Aber die »Theogonie« ist schon eine Systematisierung der Götterwelt, an deren Anfang kein Schöpfergott steht, sondern das Chaos, die gähnende Leere, die Leere als das, was unbestimmt ist. Zeus, die mächtigen Götter haben sich selbst aus dem Chaos herausgearbeitet.

Hesiod stellt sich das Chaos als eine brodelnde Angelegenheit vor, als eine Bewegung, in der keine Gegenstände sind, als eine Leere, so ist es auch übersetzt, als eine gähnende Leere. Aber wie daraus Dinge entstehen, kann und will er sich nicht erklären. Jeder Gott, den er aufführt, ist gegenüber dem nächsten höherrangig. Damit begründet Hesiod eine Rangordnung dieser Götter, erklärt aber nicht, warum sie auseinander hervorgehen. Eros und Gaia, die ersten zwei großen Götter, sind sehr früh präsent, aber Eros erscheint in einem späteren Werk von Hesiod überhaupt nicht mehr. Nun kann man sich vorstellen, dass diese Idee der Zeugung irgendwie im Spiel sein muss, redet er doch dauernd von Zeugung, aber welche Rolle der Gott da spielt, ist nicht wirklich erkennbar.

Von Hesiod und Homer, die über Jahrhunderte den Bildungskanon der Griechen ausmachen, ist bei den vorsokratischen Philosophen merkwürdigerweise kaum etwas zu finden. Das ist bezeichnend für eine Entwicklungsstufe, in der offenkundig etwas wie Aufklärung, ein Aufklärungsschub stattfindet, insofern man auf alle außerweltlichen Gründe verzichten will, um die Existenz der Welt zu begründen. Selbst wenn man einen Urgrund annimmt, liegt er nicht außerhalb, sondern innerweltlich. Chaos als Urgrund taucht deshalb nicht mehr auf.

Die Vorsokratiker haben keine oder nur ganz wenige Schriftdokumente überliefert. Aber sehr viele Leute aus ihrer und aus späterer Zeit zitieren sie, zum Teil aus mündlicher Überlieferung oder weil sie tatsächlich noch Schriftdokumente gelesen haben, die mittlerweile verschollen sind. Diese ordnen bibliografisch und haben womöglich auch noch Zugriff auf Texte aus der großen Bibliothek von Alexandria, die später zerstört wurden. In dieser Tradition hat man sich angewöhnt, Einzelne einfach unter der Rubrik Vorsokratiker zusammenzufassen, was so systematisch keine vernünftige begründete Einordnung darstellt, wenn es auch den Einschnitt betont, den Sokrates in der philosophischen Entwicklung darstellt. Einer dieser Einzelnen, die wir als Vorsokratiker bezeichnen, war Thales von Milet.

Thales ist eine Figur, die sich dazu eignet, einen philosophischen Mythos zu beginnen, weil die Geschichten, die über ihn erzählt werden, sehr vielfältig, sehr ungenau und sehr verehrend sind, obwohl schon zu seiner Zeit nur wenig über ihn bekannt war. Thales' Persönlichkeit ist in der Literatur entsprechend durch eine gewisse Widersprüchlichkeit gekennzeichnet. Er ist offenkundig eine Figur, ein Denker, der sehr viel gereist ist und der in Milet lebt, in dieser vorderasiatischen Handelsstadt. Er hat sich in Ägypten aufgehalten, wo so etwas wie der Mythos eines begabten Mathematikers, Geometers und Philosophen beginnt. So soll er nämlich die Höhe der Pyramiden ausgemessen haben. Dabei soll er sich selbst als Referenzgröße genommen haben, aber jeder andere Gegenstand wäre ebenso denkbar gewesen. Seine Vorüberlegung war, dass in dem Moment, da sein eigener Schatten exakt so groß ist wie er selbst, auch der Pyramidenschatten so groß wie die Pyramide sein muss. Ein einfaches Prinzip, das ihm ungeheuer viel Anerkennung eingebracht hat, hatten doch die Ägypter das nicht auszurechnen vermocht.

Die zweite Legende über Thales besagt, dass er imstande gewesen sei, einen Krieg zu beenden: Er hatte für den 28. Mai 585 v. Chr. eine Sonnenfinsternis vorausgesagt und vorausgesehen, dass die kämpfenden Parteien im Moment der Finsternis vor Angst auseinanderlaufen würden. Man weiß nicht genau, wie Thales das Ereignis berechnet hat, aber spätere Forscher haben das Datum bestätigt. Das sind Partikel, um die sich Legenden bilden. Weiter soll er als großer Praktiker einen Flusslauf umgelenkt haben, sodass Krösus hindurchmarschieren konnte, und vorgeschlagen haben, einen Bund aller ionischen Städte zu gründen, in dem sich die zahlreichen griechischen Städte zusammentun. Das ist nicht zustande gekommen, wäre aber angesichts der Gefahren, die gerade aus dem persischen, medischen und libyschen Bereich kamen, sehr nützlich gewesen.

Dann hat er sich Gedanken gemacht über die Nilüberschwemmung und hat offenbar die Nordostwinde, die im Mittelmeer auftreten, verantwortlich gemacht für ihre Entstehung in der Annahme, dieser Wind staue das Meer auf. Er hat bei den Pharisäern und Babyloniern, die eine sehr exakte empirische Beobachtung der Sterne vorgenommen haben, Kataloge angefertigt und praktisch zum ersten Mal etwas wie einen Atlas gestaltet. Mit anderen Worten: viele Leistungen vollbracht, die verknüpft sind mit naturwissenschaftlichen Kenntnissen, mit mathematisch-geometrischen Kenntnissen, aber er verbindet diese mit der Frage nach dem Ursprung. Und das ist nun in der Tat ein philosophisches Neues, dass er diesen Urgrund nicht mehr im stofflosen Chaos sieht, sondern in einem Stoff. In Ableitung von diesem Stoff, im Griechischen *hylē,* der zum ersten Mal bei Thales in diesem Zusammenhang vorkommt, spricht man auch von Hylismus oder Hylozoismus. Hatte vor ihm noch niemand versucht, die innerweltlichen Gründe mit einem Stoff zu benennen, so ist für Thales nun das Wasser der Grundstoff der Welt.

Wer in ein Griechisch-Lexikon blickt, findet – wie immer bei diesen griechischen Substanzbegriffen – für *hylē* die verschiedensten Bedeutungen. Das ist einmal Wald, Waldung, Gehölz, Holz, Baumstämme, Bauholz, Strauchwerk. Zweitens ist damit verknüpft das Prinzip Stoff und Materie allgemein. Man hat also beides: Stoff und den bestimmten Wald, die Waldung, immer aber etwas Materielles. Es gibt bei Thales nichts Unbelebtes, denn Stoff, Kraft und Bewegung sind miteinander. Der ganze Hylismus ist immer bemüht, Kraft, Energie und Stoff in der Materie zu erhalten. Deshalb spricht er an einer Stelle auch von der Seele eines Magneten; eine sehr schöne Vorstellung: Wer zieht daran, wer zieht die Späne an? Das ist die Seele dieses Stoffes. Materie und Stoff sind so wichtig, dass hier mit Thales zum ersten Mal etwas anfängt wie die Stoffbegeisterung des philosophischen Denkens. Das Innerweltliche wird genommen als etwas, das Veränderung von Stoffen bewirkt, und die Energie der Stoffe wiederum bewegt die Welt.

Entsprechend der damaligen Vorstellung von der Erde als einer Scheibe schwimmt die Erde auf dem Wasser, und folglich kommen auch die Erdbeben aus dem Wasser. Im Wasser also wie Thales den Grundstoff der Welt zu vermuten, erscheint daher folgerichtig und ja auch gar nicht abwegig. Es gibt philosophische Äußerungen darüber, woher Thales das wohl habe, etwa aus der Beobachtung von Pflanzen. Doch auch in Anbetracht der Bedeutung von Wasser etwa für eine Stadt wie Milet ist der praktische Gedankenbezug, im Wasser die Grundlage für das Leben, für die Lebensfähigkeit und Lebensart der Menschen zu sehen, naheliegend. Entscheidend ist aber nicht nur dieser praktische Bezug, sondern in der Tat das *Denken in Prinzipien.* Wasser ist das Prinzip, Wasser ist *archē,* Ursprung und Prinzip. Daher kommt das Wort »Archäologie« und die Arche Noah. Aber im Griechischen bezeichnet es immer Ursprung und Prinzip, also praktisch Anfang und das, was das Kommende mitbestimmt. Der Stoff Wasser ist Anfang und Prinzip der Welt, das heißt konstitutives Element dessen, was später kommt. Hier ist überhaupt kein außerweltliches Wesen mehr im Spiel, und das ist der Beginn der Philosophie. Sie ist absolut innerweltlich, ist an innerweltlichen Problemen interessiert, die nichts weiter bezeichnen als die sich vermittelnde Kausalität der Dinge, die wir ins Spiel bringen. Das öffnet auch den Blick für die Beobachtung der Sterne, denn alles gehört zu den Dingen der innerweltlichen Orientierung. Entsprechend hat Thales auch für die Seefahrt einige praktische Hinweise geliefert, die für die Mittelmeerschifffahrt von ungeheurer Bedeutung waren. Dabei haben natürlich insbesondere die Babylonier mit ihren Beobachtungen Vorarbeit geleistet.

Thales öffnet also den Blick in die diesseitige Welt. Diese Öffnung ist umso eklatanter, als sie verknüpft ist mit *Theorie.* Mit den Griechen kommt erstmals etwas wie Theorie in die wissenschaftliche Beobachtung. Durch diese Theorie des Weltgangs ordnen sich viele Kenntnisse, die Einzelne vorher schon hatten, also die Ägypter, Babylonier und andere, in einen Zusammenhang. Das ist, glaube ich, der wichtigste Schritt, der sich hier mit der Philosophie, mit der Theorie vollzieht. Theoria als Schau Gottes, Schau des Ganzen, ist hier im Spiel, was sich immer aber auf Beobachtung der Welt in ihrem Zusammenhang bezieht.

Thales konstruierte auch Himmelssphären und war dabei, den Himmel auszumessen und zu ordnen. Dieses ungeheure Sternenmeer zu ermessen, ist für die Menschen immer eine Herausforderung gewesen. Forschung über die Größe und Entfernung der Planeten hat zuerst Anaximander dokumentiert, doch diese geht auf Thales zurück. Anaximander war ein Schüler von Thales und lebte ebenfalls in Milet. An der ernsthaften Beschäftigung des Thales mit der Sternenkunde ist angesichts der Einstimmigkeit der Überlieferungen, deren ältester Zeuge Plato ist, nicht zu zweifeln. Von Thales ist überliefert: »Als sie [die Lydier und Meder] mit gleichem Erfolg gegeneinander Krieg führten, geschah es im 6. Jahr, während sich ein Zusammenstoß ereignete und die Schlacht entbrannt war, daß der Tag plötzlich zur Nacht wurde. Diese Verwandlung des Tages hatte Thales von Milet den Ioniern mit Bestimmtheit vorausgesagt, und zwar hatte er als Termin eben das Jahr [585 v. Chr.] angegeben, in dem dann die Verwandlung auch tatsächlich sich ereignete.«[8] Erst mit Anaximander aber kommt die Frage nach dem Urgrund und nach der Seele auf. Bei ihm ist schon deutlich die Neigung erkennbar, die Einzelbeobachtung in einen Zusammenhang zu bringen, also ein Ganzes zu konstituieren. Das ist der eigentliche philosophische Blick.

Zu fragen wäre freilich auch, warum die hochentwickelten Wissenschaften, die es in Ägypten und Babylonien gab, ab einem bestimmten Punkt in eine Sackgasse geraten sind. Die Vermutungen gehen dahin, dass hier Priesterkasten über ihr Wissen wachten. Genau jene Offenheit, die in den griechischen Städten für Austausch von Informationen sorgte, wurde dort durch die Herrschaftskasten hoch privilegierter Priester und Wissenschaftler blockiert. Diese waren bezahlt und haben deshalb im Detail sehr viel geleistet für die Wissenschaft, waren aber gleichsam nicht fähig, einen Austausch, etwas wie eine Verweltlichung, zuzulassen. Sie sind gleichsam Bewahrer des Wissens gewesen, und ein solcher Anspruch ist im ionischen Gebiet gar nicht vorhanden, weil dort Wissen nicht herrschaftsbestimmt und kein Auftragswissen ist. Mit dieser Theorie oder These hat man zu erklären versucht, warum die Entwicklung in den imperialen frühzivilisatorischen Hochkulturen nicht weiterging. Das hat jedoch auch zu tun mit der *politischen* Konstitution der Städte, die wir nie aus den Augen verlieren dürfen, dass also hier Wissen und Philosophie nicht einfach eine individuelle Angelegenheit ist, sondern in der Tat immer verknüpft ist mit dem Wissen und dem Denken über das Wohl und Wehe der Stadt. Das klingt bei den Vorsokratikern schon durch und wird dann bei Aristoteles und Plato zum Hauptthema.

Ein erster Aufklärungsschub: innerweltliches Denken und das Entstehen von Kategorien

Vorlesung vom 24. April 2001

Wenn wir von Entmythologisierung und Aufklärung in der Geschichte reden, dann sind damit Umbrüche gemeint, die einen relativ großen Zeitraum in Anspruch nehmen. Immer wieder aber hat es in der Geschichte etwas wie Aufklärungsschübe gegeben. An solchen Aufklärungsschüben waren natürlich nicht nur die großen Philosophen, Denker und Wissenschaftler beteiligt, sondern das waren Bewegungen, die den Alltag der Menschen erfassten. Auch das, worüber wir heute reden werden, ist eine Art Aufklärungsbewegung, die sich über rund drei Jahrhunderte hinzieht und die mit der Entmystifizierung der Götter einsetzt – der Entmystifizierung zunächst, nicht der Abschaffung. Zeus und die anderen bleiben noch sehr lange intakt, zwar nicht bei allen Menschen und nicht unangefochten, doch wirkungsvoll genug, dass Sokrates noch 399 v. Chr. der Gotteslästerung angeklagt und hingerichtet wird. Es gibt die Götter nach wie vor, sie bevölkern noch die Welt, und auch die Auffassungen vom Weltgang, wie sie Homer, Hesiod und andere beschrieben haben, bestehen lange weiter. Tatsächlich scheinen Aufklärungstendenzen eine Zeit lang sogar eher wieder rückläufig zu sein. Verglichen mit den vorsokratischen Philosophen, ihrer Klarheit und ihrer Suche nach Ursachen, scheint sich 200, 300 Jahre später einiges wieder zu verdunkeln.

Man hat es in der Geschichte also verschiedentlich mit großen Aufklärungsschüben zu tun. In der moderneren Welt sind zwei zu nennen, als Erstes die Renaissance, in der mit dem Eindringen eines nüchternen Blicks auf die Natur und die Menschen eine Art Alltagsaufklärung stattfindet, und das nicht zufällig mit Rückbezug auf die antike Welt: Renaissance ist Wiedergeburt der antiken Welt gegenüber dem Mittelalter, das als dunkel und finster, als aufklärungs- und sinnenfeindlich und so weiter betrachtet wird. Als einen zweiten großen Schub der Neuzeit kennen wir darüber hinaus jenen, der mit dem Epochenbegriff der Aufklärung verknüpft ist. Auch er, der eng mit den großen Enzyklopädisten, Diderot und anderen verbunden ist, zieht sich über ein Jahrhundert hin. Diese Aufklärer haben massiv an einer Art Verdiesseitigung der Welt gegenüber der Priesterherrschaft, dem Priesterbetrug und Ähnlichem gearbeitet. Wenn man diese drei Aufklärungsschübe nimmt – die Vorsokratiker, die Renaissance etwa eines Leonardo und die französische, englische und deutsche Aufklärung –, dann fällt überall ein geschärfter Blick auf die Naturwissenschaften, die Mathematik und die Geometrie auf. In diesen Aufklärungsschüben spielt offensichtlich das Suchen nach natürlichen Gesetzen der Welt, der Natur und des Menschen eine entscheidende Rolle.

Es sind zudem Phasen des Experiments, nicht nur im naturwissenschaftlichen Sinne, sondern auch als Gedankenexperiment, es ist ein Ausprobieren, eine Lust am Konstruieren, am gedanklichen Konstruieren, an der theoretischen Fantasie und eine Art Neugierde gegenüber den Stoffen. In der Renaissance zeigt sich das mit dem Entwerfen von Perspektiven. Maler wie Leonardo, Michelangelo und Raffael arbeiten auf völlig neue Weise mit Materialien und dem Ausprobieren von Farben. Etwas später dann produzieren Geigenbauer wie Stradivari Instrumente, von denen man bis heute nicht genau weiß, wie sie gemacht sind. Diese neue Lust am Stofflichen zeigt sich in der Renaissance bei Leonardo auch im Ausmessen von Körpern, am Beginn der Anatomie. Selbst die inneren Organe werden beobachtet und ausgemessen. Es findet also eine Zuwendung statt zur sinnlichen Erfahrung des Subjekts, das nicht mehr ideell konstruiert ist, sondern in seinen natürlichen Maßen wahrgenommen wird.

Natürlich ist, wer einen dieser Aufklärungsschübe betrachten möchte, froh über organisierte Textzeugnisse. Wir haben keinen Zugang mehr zum Alltag der Menschen, von denen solche Aufklärungsimpulse ausgingen. Wir können das nur in Schriftmaterialien wahrnehmen oder in architektonischen Überresten, doch selbst vieles, das vielleicht offensichtlich erscheint, bedarf einer zeitgenössischen Deutung. Wir aber sind nicht Zeitgenossen von Leonardo und von Diderot und schon gar nicht von Anaximander oder Thales, weshalb wir unsere Deutungen in diesen Zusammenhang hineinbringen. Und selbst wenn Schriftmaterialien verfügbar sind, entkommen wir nicht dem hermeneutischen Zirkel, wie Gadamer und andere es genannt haben: Wir bringen unsere Begriffe in die Deutung hinein und geben sie als objektive Deutung aus. Das bedeutet nicht, mit solchen Materialien sei überhaupt nicht kompetent umzugehen, doch ist ein Bewusstsein unerlässlich darüber, dass man diese Materialien mit der heutigen Zeit neu bedacht. So deuten Philosophen des 19. Jahrhunderts die Vorsokratiker zwar den Buchstaben nach ähnlich wie wir heute. Aber es ist ein ganz anderes Erkenntnisinteresse auf sie gerichtet, und gerade in den Valenzen, den feingliedrigen Unterschieden liegt die wirkliche Differenz. Wenn etwa wir heute auf diese Zeit schauen, dann mit einer gewissen Bewunderung dafür, was diese Philosophen und wahrscheinlich auch eine größere Menge von Menschen über den Zusammenhang der Welt, die Lebensläufe der Menschen, die Seele und über Deutungsschemata überhaupt schon gewusst, gesehen und gedacht haben. Doch gilt es, sich vor jeder Interpretation und Aneignung der antiken Überlieferung klarzumachen, dass wir uns nicht hineinversetzen können in den Alltag eines Bürgers von Milet, wo die drei ersten großen Denker, Thales, Anaximander und Anaximenes, gelebt haben; auch nicht in Ephesus, das nicht weit entfernt ist, wo Heraklit gelebt und gearbeitet hat. Sie alle waren selbstverständlich eingebunden in das städtische Leben, werden den Markt besucht haben, mit Leuten geredet und ihre Ideen mit Sicherheit nicht für sich behalten haben. Aber wie jene gedacht haben, die ihnen auf dem Markt begegneten, und wer das war, darüber haben wir wenige Kenntnisse, wie wir insgesamt wenig über die Städte wissen, in denen diese große Philosophie entstanden ist.

Deshalb müssen wir in den Zusammenhängen noch etwas verweilen, in denen erste kategoriale Systeme entstehen, wie es sie in der Geschichte zuvor nicht gegeben hat. Diese Systeme, aber auch einzelne Kategorien, zum Beispiel jene der Substanz, benutzen wir heute alltäglich. Substanz im Gegensatz zu Akzidenz, also dem, was hinzukommt, was unwesentlich ist. Wie aber bilden sich solche Kategorien? Wie entsteht die Kategorie von Kausalität, also einer zwingenden Verbindung von Ursache und Wirkung, zwischen die nicht irgendein Gott tritt und die Menschen sagen lässt, jede Wirkung habe eine natürliche Ursache?

Zunächst ist diese Welt noch bevölkert mit Göttern, erzeugt noch Poseidon die Erdbeben. Und weil nun einmal Poseidon der Verursacher von Erdbeben ist, stellt sich die Frage nach anderen Ursachen erst gar nicht. Zumal einem dieser Verursacher, den man beschreiben kann, gewissermaßen nahesteht und man sich ein Bild von ihm machen kann, was auch geschieht. Und nun kommen auf einmal Menschen daher und behaupten, das sei Unsinn und einfach ausgedacht. Das Erdbeben rühre von bestimmten Verschiebungen in der Erde und lasse sich beobachten. Darin liegt eine ungeheure gedankliche Leistung, und damit ist eine Form der Säkularisierung, der Verweltlichung des Denkens eingetreten, die in der Tendenz nicht wieder rückgängig zu machen ist, obwohl sogar heute noch Menschen mit Figuren und magischen Praktiken argumentieren, wenn auch nicht mit Poseidon und Zeus.

Mit Thales, seinem Schüler Anaximander und dessen Schüler Anaximenes bildet sich die erste philosophische Schule von Milet, die milesische Schule, und setzt ein *Fortschritt der Erkenntnis durch sachliche und rationale Kritik* ein. Dabei arbeitet sich jeweils der Spätere an seinem Vorgänger ab. Eine Logik der Abarbeitung findet statt: Wenn der eine Grenze sagt, dann sagt der andere, aber die

Grenze ist ja eine Begrenzung von etwas Unbegrenztem. Man führt eine innere Auseinandersetzung, die plötzlich Theorieentwürfe hervorbringt, und was dabei entsteht, ist Philosophie. Die Einzelbehauptung, woher etwas kommt, ob aus dem Wasser, dem Feuer oder der Luft und so weiter, spielt noch eine Rolle, ist aber nicht mehr das Entscheidende, sondern der Kosmos: der gebildete Zusammenhang und der prunkvolle oder der schöne Zusammenhang des Ganzen als Entwurf. Man hat hier also zugleich so etwas wie den Anfang einer *Geschichte* des philosophischen Denkens, weil jeder nachkommende Philosoph sich, soweit er Informationen hat, mit dem Vorhergehenden auseinandersetzt, und es entsteht eine eigene Logik der Gedankenentwicklung. Das ist ein sehr wichtiger Punkt: Nicht mehr um eine Erkenntnis wird gerungen, sondern es werden Entwürfe hinterfragt und begründet. Vor allem aber wird um den Urgrund gerungen, um auf einen zentralen Begriff zu kommen, der heute noch Anwendung findet.

Archē ist der Urgrund oder, eigentlich, Ursprung. Wir finden das bis heute in den Wendungen Archäologie, Archetyp et cetera. Nicht mehr ein Gott oder eine Summe von Göttern, sondern der Seinsgrund all dessen, womit wir in der Erscheinungswelt zu tun haben, ist der Urgrund, der Seinsgrund als der letzte Grund, die letzte Begründung. Mit der Suche nach einer solchen Letztbegründung, die nicht außerhalb der Welt liegt, nicht ganz außerhalb, jedenfalls nicht einer Erzählung, die keinem Mythos zu verdanken ist, fängt die Philosophie an. Dieser Ursprung bedarf jetzt, weil er der Grund alles Begründeten ist, auch einer Begründung im Denken. Dies ist gewissermaßen die Aufforderung, zu begründen, warum es der Grund alles Begründeten ist. Es setzt eine eigene Reflexion, ein eigenes Denken voraus: *ein Denken in Grund und Begründetem.*

Was unterscheidet Grund und Begründetes von Ursache und Kausalität? Auch wenn sich das im Begriff Kausalität häufig vermischt, gibt es einen wichtigen Unterschied. Kausalitätsverhältnisse haben es mit Objektbeziehungen zu tun, in denen Ursache und Wirkung zwingend zusammengehören, meist im stofflichen

Sinne, der Anstoß einer Kausalität mit bestimmten gesetzmäßigen Folgen. Grund und Begründetes hingegen sind eine durch Denken erzeugte zwingende Folge von Argumenten und Gedanken. Doch begründe ich etwas, bedeutet das nicht, dass ich es verursache. Das eine ist ein Objektzusammenhang, und das andere ist ein gedanklicher Zusammenhang. Wir werden sehen, dass das bei den Vorsokratikern noch vermischt ist und die Entmischung von Kausalität und Grund und Begründetem der Reflexionsprozess auf jene Kategorien ist, die wir verwenden.

Mit ihrer Suche nach dem Urgrund haben die Vorsokratiker also das Denken angestoßen, wobei der eine den Urgrund im Wasser findet, der nächste widerspricht, Wasser sei etwas Begründetes und also nicht der Grund, und wieder der nächste ruft die Luft oder das Feuer. Was aber zeichnet nun den Urgrund gegenüber den Gründen aus? Die Suche nach der *archē* ist die Suche nach etwas, in dem nichts mehr steckt, was weiter begründet werden kann. Das heißt, *archē* ist auch das umfassende Prinzip, auf das alles Erscheinende, was sich in den Begründungen findet, zurückgeht. Schon vor den Vorsokratikern haben sich die Menschen eine Vorstellung davon gemacht und in Gott oder dem Chaos, wie Hesiod sagt, den Urgrund gesehen. Aber es ist ein gewaltiges Motiv der Reflexion, das einsetzt, wenn einmal ein Begründen freigesetzt ist, das sich von der leichtfertigen Suche nach außerweltlichen Urgründen abhebt. Die ganze Mythologie besteht darin, zu sagen: Wir haben etwas wie eine einheitliche Erscheinungswelt, aber dafür ist noch die Genealogie der Götter verantwortlich. Der Kosmos, soweit er bei Homer existiert, ist mit belebten und tätigen Göttern, Halbgöttern und Titanen in ihrer Geschlechterfolge besetzt. Und nun sagen diese antiken Philosophen, das sei trügerisch, denn es habe keinen Grund in denkenden Begründungen.

In diesem Herausarbeiten von Gründen spielt die Bewertung dessen, was der Stoff ist, eine entscheidende Rolle. Und das ist der zweite Zentralbegriff, diese *hylē*, also Stoff. Man bezeichnet die ionischen Vorsokratiker daher als Hylozoisten, wobei in diesem

Begriff auch *zoé*, das Lebewesen, steckt: Es sind Denker, die das Leben aus dem Mythos herausnehmen und in die Natur selbst verlegen, die für die Vorsokratiker niemals unbelebt ist. Das ist der erste Grundgedanke dieses ganzen philosophischen Denkens: Bewegung und Leben ist in allen uns umgebenden Dingen enthalten. Folgerichtig gilt es, nach den Gesetzen dieses Lebens der Dinge Ausschau zu halten, den Gesetzen der Verwandlung und der Verbindung der Dinge untereinander. Das ist gleichsam die Provokation, die sich aus der Grundüberzeugung ergibt, dass wir es mit einer durch und durch lebenden, belebten und sich wandelnden Natur zu tun haben. Damit nämlich ist die Verbindung von Stoff und Energie, von Stoff und Kraft eine Grundannahme des philosophischen Denkens, lange bevor wieder ein Trennungsprozess stattfindet zwischen den Lebewesen der belebten und den Dingen der anorganischen Natur. Das ist ein relativ später Vorgang. Freilich existieren hier noch mythische oder magische Elemente. Auch die magischen Praktiken zehren davon, dass es so etwas wie Leben in den Dingen selbst gibt und wir nur durch unsere Sprache und durch Beschwörungsrituale auf die Gesetze dieses Lebens kommen müssen. Es macht den Einfluss des Magiers aus, dass er richtig singen kann und die Rituale beherrscht; das nämlich bedeutet, dass er dem Gesetz der Dinge, der belebten Dinge auf der Spur ist.

Archē heißt gleichzeitig Herrschaft. Also wer den Grund, den Urgrund besitzt, über *archē* verfügt, der herrscht über die darauf gegründete Erscheinungswelt. Darin zeigt sich, wie präzise das sprachliche Denken der Griechen schon zu einem derart frühen Zeitpunkt ist. Wer das Prinzip, den Anfang und den Grund kennt, der hat gewissermaßen das Übrige verfügbar gemacht. Deshalb auch die Suche nach dem Urgrund, um mit Thales zu sprechen, insbesondere nach Gründen der stofflichen Dinge, wie Aristoteles uns erklärt:

> Von den ersten Philosophen hielten die meisten nur die stoffartigen Prinzipien für die Prinzipien aller Dinge; denn dasjenige, woraus

> alles Seiende ist und woraus es als dem ersten entsteht und worin es zuletzt untergeht, indem die Wesenheit besteht und nur die Beschaffenheiten wechseln, dies, sagen sie, ist das Element und das Prinzip des Seienden. Darum nehmen sie auch kein Entstehen und Vergehen an, indem ja diese Wesenheit stets beharre.[9]

Das ist gleichsam der Satz von der Erhaltung der Energie und des Stoffes. Nichts geht verloren, sondern es verwandelt sich, wie man auch am Prinzip des Feuers oder beim Prinzip des Wassers sehen kann. Das ist durchaus dem Mythos verwandt: So wie im Mythos nichts verloren geht, alles einen Namen hat, jede Ursache und jeder Grund, so kann auch hier nichts verloren gehen. Die Substanz des Ganzen bleibt erhalten, trotz aller Veränderungen aller stofflichen Gestaltungen.

> Denn es muß eine Wesenheit vorhanden sein, sei dies nun eine einzige oder mehr als eine, aus welcher das andere entsteht, während jene beharrt. Doch über die Menge und Art dieses Prinzips stimmen nicht alle überein. Thales, der Urheber solcher Philosophie, sieht das Wasser als das Prinzip an, weshalb er auch erklärte, daß die Erde auf dem Wasser sei.[10]

In »Über die Seele« berichtet Aristoteles weiter: »Auch Thales scheint, nach dem, was man berichtet, die Seele für etwas Bewegungsfähiges aufzufassen, wenn er sagte, der Magnet habe eine Seele, weil er das Eisen bewege«.[11] Auch hier wird sichtbar, dass die inneren Bewegungsgesetze der Dinge in der Tat schon bei den Vorsokratikern dazu führen, dass sie den Begriff der Seele als etwas von innen her Bewegendes, die Außenwelt Bewegendes begreifen.

Thales' Geist kam ihm übrigens auch als Geschäftsmann zugute: Sein Genie bestand darin – das ist einigermaßen verbürgt –, in einem bestimmten Jahr, für das er eine besonders gute Olivenernte voraussagte, kurzerhand die Ölpressen der ganzen Gegend zu mieten und so zu ungeheurem Reichtum zu kommen. Doch das ist nur eine weitere der zahlreichen Legenden, die seinen Ruf als großen Philosophen begründeten, ganz abgesehen davon, dass er sich die ägyptische und die babylonische Wissenschaft, Geometrie und Mathematik aneignete und in seine Welterklärung integrierte.

Es ist hier schon sichtbar, und das macht gleichsam die Bewegungsrichtung der europäischen Philosophie aus, dass alle diese Erkenntnisse, die geometrischen und mathematischen Erkenntnisse, was die Objekte betrifft, eingeordnet werden in eine Vorstellung vom Gesamtzusammenhang des stofflichen Wechsels und dass sie gleichsam den Menschen in diesem Kosmos als ein diesseitiges Lebewesen lokalisieren, das seine Unendlichkeit eher dadurch gewinnt, dass es unbegrenzt denkt. Nun entsteht in dieser Zeit so etwas wie der *lógos*. Es gibt etwa 120 verschiedene Bedeutungen von *lógos* im Griechischen. Es ist ein ungeheuer reich besetzter und assoziativer Begriff, in dem sehr vieles verknüpft ist mit dem, was immer stärker zur eigentlichen Natur des Menschen erklärt wird: dass er denken kann. Das ist eine Bestimmung des Menschen über seine Denkfähigkeit und nicht über seine Glaubensgewissheit. Während der Gedanke, der Mensch sei ein Geschöpf Gottes, allen Hochreligionen gemeinsam ist, kommt es damit erstmals in der Geschichte zur Bestimmung des Menschen – nicht nur des Philosophen – anhand des Merkmals seines Denkens. Das hatte es vorher so nicht gegeben. Man nehme nur die Geschichte vom Sündenfall. *Scientes bonum et malum,* die Wissenden von Gut und Böse, werden vertrieben, und Gott schleudert ihnen noch einen Fluch hinterher: Im Schweiße eures Angesichts müsst ihr jetzt arbeiten, weil ihr gedacht habt. Etwas derartiges war der griechischen Philosophie fremd. Sie behauptet, eine Vertreibung aus dem Paradies habe es nicht gegeben und Denken sei keine Sünde, sondern das menschliche Vermögen schlechthin. Die Angst vor besonders kritischen Köpfen bleibt dabei allerdings durchaus groß, aber das bezeichnet nur das Potenzial, das im Denken liegt. Gerade diejenigen, die Sokrates verurteilen, die Richter, wissen sehr wohl einzuschätzen, was kritisches Denken der Polis für Gefahren bereiten kann. Denn um die Polis und um die Verführung der Jugend geht es immer. Mit dieser Sorgfalt für die Polis kommt ein weiterer, genauso wesentlicher Punkt hinzu, der *zôon politikón*. Der politische Mensch und der denkende Mensch, das sind die Kategorien, die sich hier bilden.

In der Apologie des Sokrates, wie sie Platon dargestellt hat, geht es um einen dreifachen Gedanken. Der erste Anklagepunkt ist Sokrates' Loslösung des Gewissens von der Verantwortung für die Polis, dass er überlegt, was ist das *daimónion*? »Was in mir ist, geht niemanden etwas an, das sagt mir, was falsch ist.« Die Richter fragen daraufhin, »was ist es denn genau«, und er antwortet, »das kann ich nicht sagen«. Damit löst er etwas aus dem Poliszusammenhang heraus, etwas Individuelles. Man könnte sagen, das sei der erste eigensinnige Mensch, der da auftritt. Der zweite Punkt ist die Frage nach den Göttern, die das Herrschaftssystem bewahren, der Umstand, dass er die Götter in Frage stellt, dass er sie begründet, dass er Gründe für sie findet. Und ein dritter Anklagepunkt ist die Verführung der Jugend. Das ist eine Konstellation, die etwas mit der Krise einer Gesellschaft zu tun hat, die zusammenzubrechen droht. Da werden Sündenböcke intensiv gesucht, was belegtermaßen auch Perikles und andere Politiker trifft. Die herrschenden Gewalten in der Polis sind immer darauf bedacht gewesen, dass kein hervorragender Staatsmann aufkam, der das demokratische Gleichgewicht der Polis zu stürzen vermocht hätte.

Zurück zum *lógos:* Sagen, Reden, Sprechen, Unterredung, Gespräch, Unterhaltung, Beratung, Ausbruch – um nur einen Bruchteil der ungeheuren Fülle an Bedeutungen eines Begriffs zu nennen, der ursprünglich natürlich auch Denken bedeutet, gleichzeitig aber etwas bezeichnet, was in den Dingen denkt, wie die Dinge zusammenhängen, wie der Kosmos zusammenhängt. Es ist ein objektiv-subjektiver Begriff: Schrift, Geschichtswerk, Sache, Vorfall, Ereignis und Rechte, Berechnung, Rechnung, Erwägung, Überlegung, vernünftiger Grund, Vernunftgrund und so weiter, Bedeutung, Geltung, Ansehen ... Der Mensch als *zôon logon echon*. Der

Mensch ist ein *animal rationale,* ein denkfähiges Lebewesen. Auch das ist nie wieder aus der europäischen Geschichte verschwunden. Natürlich wird das immer wieder durchbrochen, und es gibt Rückbildungen, aber der europäische Mensch, wenn man sich diese anmaßende Formulierung hier einmal erlaubt, ist wesentlich ein denkendes Wesen. Das hat gewisse Einschränkungen auch in Bezug auf seine Sinnestätigkeit, auf viele Dinge, möglicherweise auch auf seine Glaubwürdigkeit und die Glaubensmacht. Aber das Denken entsteht hier als ein Wesensmerkmal des Menschen und hat mit einer kulturellen Suchbewegung zu tun. Es ist ein experimentierfähiges Denken, das einerseits freigesetzt werden muss, andererseits aber in Konflikt mit der politischen Verfassung der Gemeinschaft gerät. Was da als Polis entsteht, ist zunächst einmal etwas, was die Balance zwischen eigensinnigem Denken und dem Zusammenhalt der Gesellschaft ausprobiert.

Das zeigt sich nicht nur am Fall Sokrates, sondern auch in einer Reihe von Tragödien wie der »Antigone«. Darin werden die Gefahren zwischen einer naturrechtlichen Reflexion auf die Anforderungen archaischer Gewalt und dem verhandelt, was die offizielle Herrschaftsstruktur ausmacht. In »Antigone« ist es merkwürdigerweise so, dass Antigone für ihre Aufklärung und für ihre Kritik am Herrschaftssystem des Königs Kreon ein archaisches Recht heranzieht, nämlich das Beerdigungsrecht, sich also rückwendet. Sie sagt, »die Götter, die das vorschreiben, die existieren von Ewigkeit, die hat keiner gemacht. Deine Gesetze aber, das wissen wir, wer die gemacht hat.« Damit ist Antigone, die allerdings eine Individualistin ist, gewissermaßen zukunftsweisend, gerade indem sie sich auf altes, archaisches Recht bezieht. Das ist ein sehr komplizierter, aber wichtiger Vorgang. Ähnlich heißt es auch bei Sokrates über das *daimónion:* »Das hat bei mir immer existiert. Ich weiß nicht woher das kommt, aber es sagt mir ganz sicher, das sollst du nicht machen. Zum Beispiel hat es mir gesagt, erstrebe kein Staatsamt.« Damit will Sokrates sagen, wenn auch nicht ganz so deutlich, Menschen, die Staatsämter innehaben, sind korrupte Leute. Wer das erstrebt, ist verloren. Und schließlich geht er so weit, zu sagen: »Das wollen wir erst mal sehen, wie das im Hades aussieht, wenn ich Agamemnon treffe und Achill und die Großen und mit denen rede, was die wohl von euch denken werden.« Das ist eine großartige Verteidigungsrede. »Da werdet ihr ganz klein sein, mit euch nämlich wollen die nicht reden.« Auch in dieser Behauptung, im Hades seien nicht etwa kleinkarierte Gesetzeshüter wie im Gerichtssaal, sondern da gehe es um Größe, da würden sich die Großen der Vergangenheit treffen, mit denen zu reden ein Glück bedeute, das den Richtern des Sokrates nicht zuteil werde, haben wir noch einmal die Rückwendung.

Doch zurück zu Thales und dem Urgrund Wasser: Da sagt Anaximander, wenn man etwas Bestimmtes sagt, setzt man Unbestimmtes voraus, das heißt, das Begrenzte beruht auf dem Boden des Unbegrenzten. Er nennt das *apeiron*. Das Unbegrenzte liegt allem zugrunde, was wir an Begrenztem wahrnehmen. Das Begrenzte, das wir sehen, ist eben das Einzelne, die Erscheinungswelt, in die wir eingebunden sind; was dahinter steht, sehen wir nicht. Bei Anaximander hat man zum ersten Mal so etwas wie die Trennung von Wesen und Erscheinung, ohne dass das Wesen auf etwas Jenseitiges bezogen ist. Es ist vielmehr ein philosophisches Wesen, das mit den Dingen und der Erscheinungswelt korrespondiert – also nicht etwas von ihr Abtrennbares – und dennoch nicht mit ihr identisch ist. Die Vorsokratiker kommen so allmählich auf den Gedanken, dass es Widersprüche gibt, die im Denken nicht aufzulösen sind. Ein solcher Widerspruch ist der zwischen Wesen und Erscheinung. Auch diese hängen aneinander und sind doch nicht identisch. Anaximander ist der Erste, der sagt, das Wesen sei nicht sichtbar und trotzdem notwendig als der Grund alles Begründeten. Diese Trennung ist ein Gedanke, der in der ganzen Philosophie wiederkehrt; ein Spannungsgefüge zwischen dem, was in den Dingen selbst arbeitet. Mit anderen Worten: In den Dingen selbst trennt sich das Wesen von den Dingen und bleibt doch das für sie Konstituierende.

Anaximander hat auch eine ganze Reihe von Beobachtungen in der Himmelskunde gemacht. So ist er der Erste, der eine Sphärenkunde entwickelt. Für alle Denker dieses Mittelmeerraums ist der bestirnte Himmel etwas existenziell Wichtiges. Wenn da einer vorschlägt – ich weiß nicht, ob es Anaximander oder Thales war –, man solle sich fortan am Kleinen Bären orientieren, der weise zuverlässig den Weg, dann wurde das begierig aufgegriffen. In der Tat werden damals zum ersten Mal Weltkarten angelegt, und auch jene von Anaximander enthält die damals erfahrbare Welt, wird jedoch noch ergänzt durch Seefahrer, die monieren, an diesem oder jenem Ort sei ein Gebirge oder ein Pass nicht eingezeichnet. Das ist eine empirische Erweiterung der Erkenntnis, die nicht identisch ist und sich nicht erschöpft in der großen naturwissenschaftlichen pragmatischen Verengung der Erkenntnis, sondern immer geht es darüber hinaus auch darum, nach den Urgründen zu fragen. Das ist der eigentliche philosophische Impuls, der auch in der naturwissenschaftlichen Erkenntnis steckt. Anaximanders *apeiron,* das Unendliche, ist jetzt nicht mehr mit Näheverhältnisse versprechenden Geistern besetzt, sondern ein Abstraktionsprinzip.

Schon bei Anaximander spielen Kreisbewegungen eine große Rolle. Zwar hängt er noch der Vorstellung der Welt als einer Scheibe an, aber wie zum Beispiel das Untergehen der Sonne begriffen wird, wie die Sonne unter der Erde weiterläuft, ist strittig. Es wird experimentiert mit der Frage, wie sich dieses ganze Sternenmeer um die Erde herumbewegt, weil sie in der Tat als Mittelpunkt gilt. Selbst Kugelvorstellungen sind dabei nicht mehr ganz fremd, und noch hemmt kein Schöpfungsgedanke das freie Experimentieren. Das Christentum hat in diesem Punkt dann für ein Stillstellen der Neugierde gesorgt. Wer weiß, was in der Bibel steht, weiß vermeintlich auch, wie die Welt entstanden ist, und warum sollte er da weitersuchen und neugierig bleiben? Im Gegensatz hierzu ist in der griechischen Antike der Fragehorizont völlig offen, sodass die theoretische Fantasie und das Ausprobieren sehr weit gehen. Davon zeugen die verschiedenen Varianten der Erdgestalt, mit denen experimentiert wird: Mal hat die Erde die Gestalt eines Zylinders, dessen Höhe ein Drittel seiner Breite ist, das heißt ein Drittel des Durchmessers seiner Grundfläche. Die Gestalt der Erde sei gewölbt, abgerundet auf einer Säule. Auf der einen ihrer beiden Grundflächen befinden wir uns, die andere liegt ihr gegenüber. Es sind Versuche, für Dinge, die Erstaunen erregen, stoffliche Ursachen in der beobachtbaren Welt zu finden. Es sind auch sprachliche Analogien, die sich auf Säulenstümpfe, auf Zylinder oder auf ein Rad, eine Radnabe beziehen. Aber immer geht es, soweit es sich um die sichtbare Welt handelt, um stofflichen Zusammenhang.

Der Urgrund besteht nach Anaximander, im Gegensatz zu seinem Vorgänger Thales, weder im Wasser noch in einem anderen der sogenannten Elemente, sondern sämtliche Dinge seien aus einer anderen Substanz entstanden: »Aus welchen die seienden Dinge ihr Entstehen haben, dorthin findet auch ihr Untergang statt, wie es in Ordnung ist, denn sie leisten einander Recht und Strafe für das Unrecht, gemäß der zeitlichen Ordnung.«[12] Offenbar hat Anaximander, der den Wandel der vier Elemente beobachtet hatte, nicht eines allein als Grundlage annehmen wollen, sondern etwas anderes neben ihnen. Da ist zum ersten Mal der Gedanke, dass sich im Kosmos so etwas abspielt wie eine Gerechtigkeit, Schuld und Sühne. Die Schuld liegt offenkundig darin, sich vom Ganzen des Kosmos zu trennen, was zum Teil auch auf die Polis bezogen wird. Gewissermaßen ist die Trennung eine Schuld, sodass das *zôon politikón* sich nicht vom Zusammenhang trennen kann, ohne zu sühnen. In der Natur herrscht ein ähnlicher Gedanke wie im städtischen Zusammenleben. Das ist bei Anaximander interessant, weil er zum ersten Mal Bewegungsprinzipien in der stofflichen Welt verknüpft mit den Bewegungsprinzipien der Polis und dafür die Analogie von Gerechtigkeit und Ungerechtigkeit, von Sühne und Schuld benutzt.

Wir müssen das hier nicht weiter behandeln, ging es doch im Prinzip darum, dass das Erste, der Kosmos, zu einer Welt der belebten Dinge und des arbeitenden und sich transformierenden

Stoffes geworden ist, in dem alle außerweltlichen Kausalitäten verschwinden. Aber gleichzeitig sucht das denkende menschliche Wesen nach mehr Gründen für diese Welt, als es mit seinen Sinnen wahrnehmen kann. Das Reflektieren über den Sinneszusammenhang ist es, was diese Entmythologisierungsphase im Denken bestimmt. Wir werden sehen, dass sich hier eine ganze Reihe von Kategorien oder Begriffen bildet, mit denen dieses Denken arbeitet. Nehmen wir etwa die zwei anderen Denker, Anaximenes und vor allem Heraklit, die Fragen der Bewegung und der Transformation mit der Kategorie Identität verknüpfen. Was bleibt identisch und was ist nicht identisch? Sobald man anfängt, die Welt in stofflicher Hinsicht als eine Welt des Wandels, der Bewegung und der Transformation zu betrachten, stellt sich die Frage, ob ein Stoff identisch bleibt, indem er sich in einen anderen transformiert? Ob zum Beispiel das Wasser im Wechsel der Aggregatzustände, in der Verdichtung, Vereisung, immer Wasser bleibt. Bleibt es als Prinzip identisch oder ist es etwas anderes? Oder noch schwieriger bei Feuer: Was verbrennt es? Auch im Fall des Feuers gilt laut Heraklit das Prinzip der Erhaltung des Stoffes, es geht also nichts verloren in dieser Welt, wird nur transformiert. Aber ist es dann noch das, was es ursprünglich war, oder ist es ein anderes geworden?

Die Identität der Nicht-Identität, Wesen und Erscheinung – solche Kategorien bilden sich innerhalb eines diesseitigen Denkens. Gott ist das Jenseits, ist das absolute Jenseits, das nicht sichtbare Jenseits, in Bildern nicht fassbar, etwas ganz anderes. Der Pantheismus macht, dass Gott in den einzelnen Dingen ist. Aber eine spätere philosophische Denkweise sorgt dafür, dass Naturkausalität, Grund und Begründetes unterschieden werden. Man hat in diesen einzelnen Naturkausalitäten etwas wie einen fortwährenden Bezug, einen Bewegungsbezug, und man hat in den Gründen etwas von dem, was man zeitlos nennt. Es läuft in der Zeit, aber es ist zeitlos.

Wenn wir uns Heraklit zuwenden, dann kommen wir zu einem der einflussreichsten europäischen Philosophen. Viele seiner Sätze sind zu Gemeinplätzen geworden, etwa der »Krieg als Vater aller

Dinge« oder »man kann nicht zweimal in denselben Fluss steigen«. Aber in der Tat gehört Heraklit zu den bestimmenden Anregern des europäischen Denkens. Die Dialektiker beziehen sich auf ihn, Hegel und auch Marx, weil für dieses Denken die Prinzipien der Bewegung und der Widersprüche bestimmend sind. Tatsächlich wird bei ihm etwas wie eine spekulative Kraft sichtbar, die immer wieder Bewunderung hervorgerufen hat, nicht zuletzt deshalb, weil bei Heraklit, anders als seine viel zitierten Sprüche vermuten lassen, das Dunkle, das Spekulative hervorsticht. Entsprechend hat man ihn den Dunklen genannt. Sehr viele seiner Formulierungen sind hochspekulativ und sehr weit entfernt von der ionischen Naturphilosophie. Doch was *lógos* ist, was man als *lógos* bezeichnet hat, bekommt bei Heraklit einen wesentlichen Schub.

So entsteht in der Vorsokratik etwas, was man Abstraktion nennen kann, also abstraktes Denken im Sinne einer Theoriebildung, die nicht mehr bezogen ist auf praktische Zwecke. Vieles, was in den babylonischen und ägyptischen, auch phönizischen Zusammenhängen an wirklich hervorragenden Wissensbeständen gefunden wurde, ist begrenzt auf den praktischen Zweck. Etwa die Nilüberschwemmungen, die Fruchtbarkeitsfragen, die Schifffahrt, die Beobachtung von Sternen, vieles hat einen pragmatischen Zug und wird überwiegend nicht universalistisch begriffen, also nicht als für alle Menschen gültig. Die ägyptische Priesterkaste ist bemüht, das Wissen hermetisch zu organisieren, abzudichten, und nimmt möglichst wenig auf von jenen Kaufleuten, die ihnen etwas vermitteln. Es sind geschlossene Gesellschaften mit Priesterkasten, die das Wissen verwalten, monopolisieren und gegen andere abgrenzen. Die Ägypter hat es auch nicht interessiert, eine Weltkarte oder etwas Ähnliches herzustellen. Ptolemäus ist der Erste, der eine präzise und ausgemessene Erdkarte entwickelt; das ist schon nach Alexander dem Großen. Hier in den vorderasiatischen Kolonien entsteht folglich etwas wie ein *universalistischer Gedanke der Theorie*. Diese ist nicht an einen pragmatischen Zweck gebunden. Zwar hat sie pragmatische Folgen, was die Geometrie, die Algebra und die Zahlen et cetera betrifft, aber es entwickelt sich ein genuines Theorieinteresse. Eine solche Lust an der reinen Erkenntnis hat es in der Geschichte zuvor nicht gegeben. Doch wieso entsteht so etwas? Woher kommt so etwas? Man weiß es nicht.

Am ehesten sorgen Konstellationen dafür, historische Konstellationen, auch von Herrschaftssystemen, weshalb das eine überliefert und das andere blockiert wird. Das vollzieht sich übrigens genauso in der chinesischen Entwicklung im 11. Jahrhundert. Jene Chinesen, die das Schießpulver erfunden haben, aber nur für Demonstrationszwecke benutzten, für Brandfackeln und für Feiern, diese Chinesen begriffen erst, als sie von Portugiesen beschossen wurden, dass man Schießpulver auch in Kanonen verwenden kann. Über 400 Jahre lang war Schießpulver ausschließlich für Feuerwerk benutzt worden. Das ist eine sehr menschliche Verwendungsweise von Schießpulver, und das Beispiel zeigt, dass es wirklich kulturelle Zusammenhänge sind, die bestimmte technische Errungenschaften definieren. Erst in der Kolonialperiode bricht das hermetische chinesische System auf und entwickelt sich, aber es verliert praktisch ab dem 15. Jahrhundert, wie Leibniz gut gezeigt hat, einen Wettlauf. Im 14. Jahrhundert stehen chinesische und europäische Entwicklungen etwa gleichauf, bis die Situation dann zugunsten der Europäer umschlägt. Es ist sehr interessant, wieso so etwas passiert. Die Entstehung des griechischen *lógos* stellte unter anderem jedenfalls einen Schub dar, der Denkweisen hervorbrachte, die auch der Kapitalismus vorzüglich nutzen konnte, um eine Wirtschaftsform zu entwickeln, die ganz andere Zwecke und Prioritäten hat. Der Kapitalismus stützt sich auf diesen Vorrat an griechisch-römischem Denken und wendet es an.

Der Fortschritt der Reflexion: von Thales zu Heraklit

Vorlesung vom 25. April 2001

Wir haben von Aufklärungsschüben gesprochen, in denen Motive eine Rolle spielen, sich erkennend auf die sichtbare, sinnlich wahrnehmbare Welt und die Natur zu beziehen, um deren Urgrund herauszufinden und die Gedanken auf Formen des methodischen Umgangs mit diesen Erkenntnisweisen zu konzentrieren. Man hat immer wieder versucht, herauszufinden, was eigentlich die Motivation für philosophisches Denken ist, und in der antiken Philosophie wird wiederholt das »Erstaunen« als Motiv genannt, eine Form des Wendens und Drehens der Dinge, damit ihr Hintergrund erkennbar wird. Immer stärker vermuten die Menschen, dass hinter den Dingen entweder lebende, menschenähnliche Wesen stehen; das wäre so etwas wie eine anthropomorphe Auffassung der Welt. Oder es wird ein ideeller Seinsgrund angenommen, der nicht zu bebildern, der nicht bildhaft und der nicht isomorph ist, das würde bedeuten gestaltgleich oder uns ähnlich, sondern der das Andere darstellt und doch untrennbar ist von dem, was wir sehen. Das ist in diesem ersten Aufklärungsschub ein wichtiges Movens: Wir bewegen uns in einer ernüchterten Sinnenwelt und haben doch das Gefühl, dass das nicht alles ist. Diese Idee haben auch viele Menschen in den mythologischen Zeitaltern und den Hochreligionen gehabt und daher etwas projiziert, was ihre Endlichkeit und ihre Unvollkommenheit und ihre Betroffenheit kompensiert; etwas, das ausgleicht, was wir nicht haben.

Aber das Neue an der griechischen Philosophie ist, dass man nicht mehr nach Bildern sucht. Man sucht zwar sehr wohl zunächst Prinzipien, die noch stoffliche Qualität haben. Aber nur jene Stoffe werden gewählt, die auch verallgemeinerbar sind. Das sind die tragenden Elemente, mit denen jeder Mensch umgeht. Das sind Wasser, Feuer, Luft und Erde als diejenigen Elemente, die wir zwar auch im Einzelnen sehen und fassen können, also in der Sinnenwelt haben, die aber dadurch verallgemeinerungsfähig sind, dass sie den Gestaltwandel des Stoffes bewirken können, zum Beispiel durch Verdichtung. Anaximenes spricht von Verdichtung oder Verflüssigung der Luft. Feuer ist bei ihm eine Verflüssigung der Luft, und Wasser ist eine Verdichtung der Luft. Deshalb nimmt er *pneuma,* also Luft, als das wesentliche Element, aber unter dem Gesichtspunkt der Verallgemeinerbarkeit eines Prinzips, und dieses Prinzip ergibt sich dadurch, dass es einen Formwandel durchmachen kann, der dann die bleibende Substanz in den einzelnen Ebenen ist.

Mit der Vorstellung eines Urstoffs als Prinzip der Welt wird der Gedanke naheliegend, dieses Prinzip könne auch stofflos sein. Diese gedankliche Entwicklung dauert über den Zeitraum eines Jahrhunderts, und es nimmt noch weit mehr Zeit in Anspruch, Kategorien zu systematisieren, die Denker für ihre Analyse nutzen. Bewegung wird eine Kategorie, Ort wird eine Kategorie, Widerspruch wird eine Kategorie, Identität wird eine Kategorie, und anhand dieser in der Zeit von Thales bis Heraklit entstandenen Denkentwürfe zeigt sich, dass sich in der Auseinandersetzung mit dem jeweils Vorausgehenden auch etwas ausbildet, was die Denkformen betrifft. Es löst sich allmählich aus der Stoffwelt, wird etwas wie ein kategoriales Bild und stellt logische Zusammenhänge her. Dieser Prozess der Selbstreflexion auf das, was man tut, wenn man denkt, dauert 200 Jahre.

Bei allen Facetten und versteckten Andeutungen ist das Denken der Vorsokratiker wesentlich objektgebundener und objektgerichteter auf Erkenntnis und auf Entschlüsselung dessen, was Dinge außerhalb und allmählich auch innerhalb des Menschen ausmachen. *Pneuma,* die Seele, diejenige, die sogar im Magneten die Späne anzieht, wird allmählich zu einer Metapher, zu einer Denkform, die ebenfalls das Innere dessen bezeichnet, was den Menschen bewegt, sozusagen die Substanz, die erhalten bleibt. Natürlich sind dann bei den Pythagoreern auch die Seelenwanderungen im Spiel, weil dort die Seele als das Nicht-Stoffliche betrachtet wird und damit als die Substanz, die sich erhält.

Sehen wir uns diese Dinge noch einmal an. Wir haben drei Vorsokratiker in Milet, Thales, Anaximander und Anaximenes, und später dann im nahe gelegenen Ephesos Heraklit und den wandernden Xenophanes, also fünf Philosophen im Zeitraum von 100 Jahren in Städten einer bestimmten Region des Mittelmeeres, die das ganze philosophische Denken anstoßen. Diese Region zeichnet sich dadurch aus, dass hier Kulturen aufeinanderprallen. Die persische Kultur ist immer wieder durch Belagerungen und Besetzungen, durch Okkupationen anwesend. Die jüdische und die phönizische Kultur und die Verbindungen zu Ägypten, Mesopotamien, all das existiert hier. Mit anderen Worten: Es ist ein Schnittpunkt von Kulturen. Nun könnte man sagen, es kompliziere die Sache noch, dass hier bestimmte, durch Machtverhältnisse aufgesetzte Kulturtraditionen eindringen. Zumal nicht schlüssig zu erklären ist, warum sich Philosophie ausgerechnet in diesen Städten bildet, die doch Philosophen überhaupt nicht freundlich gesinnt sind und dazu neigen, diese zu vertreiben. Das gilt insbesondere für Ephesos, das Heraklit gehasst hat. Er wollte von dieser Stadt nichts wissen, ging in die Berge als Eremit, hasste überhaupt die Volksherrschaft, die Polis-Demokratie, und schimpfte auf den Pöbel, der nichts Beständiges hinterlasse; Heraklit selbst kommt aus aristokratischen Verhältnissen, man führt sein Geschlecht sogar auf ein Königsgeschlecht Athens zurück. Es ist *prima facie* folglich kein besonders günstiges Pflaster, auf dem diese Philosophen ohne jede Form staatlicher Unterstützung oder Förderung nachdenken.

Freilich erledigen andere in dieser Zeit den Produktionsprozess für sie. Immerhin sprechen wir von Sklavenhaltergesellschaften, die davon leben, dass bei kriegerischen Auseinandersetzungen die Besiegten in die Sklaverei verkauft werden. Zweifellos sind das Städte, in denen eine bestimmte Schicht der Besitzenden die

Herrschaft ausübt. Aber das allein reicht als Voraussetzung für das Entstehen einer Philosophie nicht aus, sonst müssten Leute in zahlreichen Regionen der Welt schlicht aus Langeweile anfangen, zu philosophieren, was heute durchaus vorkommt und unter Umständen sehr sinnvoll ist. Aber warum sich jemand auf das Risiko des Philosophierens einlässt, auf die Gefahr hin, ausgegrenzt zu werden, bleibt erklärungsbedürftig.

Philosophen leben nicht ungefährlich in ihrer Zeit. Das gilt insbesondere natürlich für die Sophisten, aber auch für Plato, der sein Projekt einer Polis umsetzen wollte und mit Dionysios I. von Syrakus verhandelte. Der Tyrann behauptet Plato gegenüber zwar, »du hast hier alle Möglichkeiten, setz deine Idee um«, doch Plato gerät in Schwierigkeiten, und Dionysios verkauft ihn, den Aristokraten Plato, schließlich auf dem Sklavenmarkt. Er hat Glück, dass ihn jemand kauft, der ihn kennt und ihn wieder freilässt.

Philosophen leben also nicht ungefährlich, und deshalb lässt sich nur vage spekulieren, woher ihr Antrieb kommt. Es gibt mit Sicherheit auch hierfür keine einzelne Ursache, sondern, wie Max Weber richtig gesagt hat, nur Konstellationen von sehr vielen Faktoren, die zusammenkommen müssen. Ist der Anstoß allerdings erfolgt und der Anfang gemacht, dann ergibt sich scheinbar etwas wie eine eigene *Auseinandersetzungslogik*. In der Tat ließe sich die Vorsokratik als etwas konstruieren, das über zwei Jahrhunderte Kontinuität aufweist und heute als Philosophiediskurs bezeichnet würde. Einzelne Protagonisten kennen sich persönlich, andere nehmen Schriften wahr oder auch Berichte. Damit wird durch bestimmte Positionsfestschreibungen im Denken ein Motiv geweckt, sich mit den anderen auseinanderzusetzen. Gibt zum Beispiel Anaximander das *apeiron,* das Unbegrenzte, das Unendliche, das sich in die Endlichkeit hineinbegibt, als stofflos aus, antwortet sein Schüler Anaximenes: »Nein, das stimmt so nicht, es muss auch ein Stoff vorhanden sein.« Er sagt Luft, und Heraklit geht dann wieder auf das Feuer. Das sind keine kontinuierlichen Stufungen, bei denen das eine notwendig auf das andere aufbaut, sondern es ist vielmehr ein Streit, es ist Krieg im Denken, und das entfaltet die Fantasie.

Rufen wir uns einiges in Erinnerung, das im Denken der drei Vorsokratiker eine Rolle spielt: Ein vereinfachtes Alphabet ist entstanden, das es ermöglicht, sich bestimmten metrischen Gesetzen zu fügen. Es entsteht eine ritualisierte Schriftsprache, und Anaximander schreibt die erste Literatur im griechischen Sprachraum, die nicht in Versen verfasst ist. Vorher galt das Versmaß als eine Möglichkeit, das sprachliche Chaos zu beseitigen, als eine Möglichkeit der sprachlichen Disziplin. Das hat offenkundig auch etwas zu tun mit den Formen der Mythen, denen man sich nur sprachlich diszipliniert zuwenden kann. Grundsätzlich ist nur eine kleine Gesellschaftsschicht alphabetisiert, wurden auch die homerischen Epen natürlich mündlich überliefert. Insofern bleibt die orale Kultur lange erhalten, und es ist keineswegs zufällig, dass Marktphilosophen wie Sokrates nicht schrieben. Von ihm selbst gibt es keinen einzigen geschriebenen Satz, sondern er ist über seine Schüler, insbesondere Platon überliefert. Da kreuzen sich Traditionen, die sich manchmal verdichten, und wir können auch am fragmentarischen Schriftbestand der Vorsokratiker studieren, dass nach heutigen Maßstäben selten geschrieben wurde; einmal davon abgesehen, dass der große Bibliotheksbrand in Alexandria sehr viel an Schriftmaterialien, vermutlich auch Schriften der Vorsokratiker, vernichtet hat.

Es schälen sich also durch bestimmte Konstellationen bedingte Denkformen heraus, die in Philosophiefragmenten dokumentiert sind und in ihrem Entwicklungsprozess abstrakter und stoffloser werden. Die Sicherheit der Bewegung im Stoff wird ersetzt durch die Sicherheit der Bewegung im Denken. Anaximanders *apeiron* zum Beispiel ist für seinen Schüler Anaximenes unsicher, unbestimmt, das Unendliche; das ist zu stofflos. Er kehrt wieder zu einer Stoffbestimmung zurück, zwar nicht zum Wasser, das ist wiederum zu konkret, zu fasslich, zu stofflich, doch er nimmt etwas Abstraktes: Luft, Atmosphäre. Wir beobachten einen Umgang mit

Konkretem und Abstraktem, einen wechselnden Umgang, immer aber im Zusammenhang mit der Frage nach den Urgründen.

Dann tritt als großer Aufklärer mit Xenophanes ein Vorläufer von Heraklit auf den Plan und traut sich als Erster zu sagen, was die anderen nur denken: dass der Mythos ausgedient habe, die Götter des Mythos entmachtet seien: »Homer und Hesiod haben die Götter mit allem belastet, was bei Menschen übelgenommen und getadelt wird: stehlen und ehebrechen und einander betrügen.«[13] Das seien menschliche Eigenschaften, die Götterwelt von Homer ein einziger Familienstreit, ins Große übersetzte gewöhnliche Streitereien und Kriege. Doch was daran sei göttlich? »Aber die Menschen nehmen an«, sagt er in einem Fragment, »die Götter seien geboren, sie trügen Kleider, hätten Stimme und Körper – wie sie selbst«.[14] Und weiter: »Die Äthiopier behaupten, ihre Götter seien stumpfnasig und schwarz, die Thraker, blauäugig und blond.«[15] Und schließlich bringt er den Anthropomorphismus auf den Punkt:

> Wenn aber die Rinder und die Pferde und Löwen Hände hätten und mit diesen Händen malen könnten und Bildwerke schaffen wie Menschen, so würden die Pferde die Götter abbilden und malen in der Gestalt von Pferden, die Rinder in der von Rindern, und sie würden solche Statuen meißeln, ihrer eigenen Körpergestalt entsprechend.[16]

Xenophanes dagegen ›lehrt‹ eine andere ›Theologie‹: »Ein einziger Gott ist unter Göttern und Menschen der Größte, weder dem Körper noch der Einsicht nach den sterblichen Menschen ähnlich.«[17] Wenn Götter existierten, dann seien diese bereits bildlos, ohne Bild. Es arbeitet sich hier über Plato und andere etwas wie die Assimilationsmöglichkeit mit christlichen Gedanken heraus. Was im griechischen Mythos göttlich sein soll, ist für Xenophanes völlig unverständlich. Wenn Götter so aussehen wie der Nachbar und stehlen, betrügen, ehebrechen, fortwährend entführen und listig und verschlagen wie Odysseus sind, dann verneint sie Xenophanes. Atheisten, wie er einer ist, sind jedoch höchst gefährdet in einem

Milieu, das noch nicht frei ist von der Götterwelt. Folglich denken sie gegen den Mythos, versuchen, sich vom Mythos zu befreien, und erklären doch immer, sie seien dessen Freunde.

Auch Anaximenes ist ein Denker, der in Milet großgeworden ist und dort gedacht hat. Wie wir bereits gesehen haben, entsteht dort in der Generationenfolge von Thales, Anaximander und Anaximenes die erste philosophische Schule, die sogenannte naturphilosophische Schule Milets, Urstätte der europäischen Philosophie. Deren Schüler lernen voneinander und setzen sich miteinander auseinander. Anaximenes erklärt nun also die Luft für primärer als das Wasser. Damit unterscheidet er sich im Prinzip nicht groß von seinen Vorgängern, sondern setzt lediglich ein etwas abstrakteres, also nicht sichtbar verortetes Element wie die Luft an die Stelle eines kompakteren Elements. Warum jedoch Wasser auf Luft folgt, muss er begründen. Anaximenes erklärt die Luft für den Urgrund der Dinge, denn aus ihr entstehe alles und in ihr löse sich alles dereinst wieder auf. »Wie unsere Seele«, behauptet er, »die Luft ist und uns durch ihre Kraft zusammenhält, so umfaßt auch den ganzen Kosmos Atem und Luft.«[18] »Anaximenes [...], ein Schüler des Anaximander, behauptet, wie auch sein Lehrer, daß die zugrunde liegende Wesenheit einzig und unbeschränkt ist; aber nicht, wie sein Lehrer sagte, undeterminiert, sondern determiniert: er sagt, sie sei Luft. Diese sei differenziert gegenüber den verschiedenen Stoffen durch Dünne und Dichte.«[19] Anaximander konstruiert jetzt praktisch: Erde ist verdichtete Luft. Man darf das nicht physikalisch verstehen, denn er sucht nach etwas anderem. Ihm nach entstehe alles infolge einer gewissen Verdichtung der Luft und vergehe wieder infolge von Verdünnung. Die Suche nach bestimmten verallgemeinerbaren Prinzipien ist hier das Wichtige, nicht die naturwissenschaftliche Erkenntnis.

»Anaximenes behauptete«, so Cicero, »Gott sei Luft, und er entstehe und sei unermeßlich und unendlich und ewig in Bewegung – als ob Gott Luft sein könnte ohne irgendeine Gestalt [...] oder als ob nicht alles, das entstehe, auch wieder Sterblichkeit anheimfalle.«[20]

Das hat Anaximander wahrscheinlich nie gesagt, spricht so doch nur ein religiöser Mensch. Nur ein solcher behauptet, wo immer Ursache ist, ist doch eigentlich Gott.

Ich halte daran fest, dass hier ein Prozess stattfindet, in dem etwas abläuft wie die Benennbarkeit der Dinge, Ordnung der Dinge, um die Bewegungsgesetze der Dinge, des Stoffes festzuhalten, die Kategorien, mit denen Dinge zu erfassen sind. Das ist eigentlich der Gedankenhaushalt der Vorsokratiker. Ich betrachte sie jedenfalls durchgängig als Aufklärer: Xenophanes ist ein Aufklärer im Sinne des 18. Jahrhunderts. Der will den Göttern ans Leder, will sie vernichten, und nicht alle, die auf einen nichtbildhaften Gott streben, sind protochristliche Denker, sondern sie suchen etwas in der diesseitigen Welt, was den Grund dieser Welt bezeichnet.

Der dunkelste von diesen Alten ist Heraklit, und ihn aufzuhellen hat Philosophen, die ihm in der Geschichte ambivalent gegenüberstanden, immer gereizt. Für die einen, die gleichsam in die Tiefe wollen, ist Heraklit jener Denker, der als Erster so etwas wie die Tiefe des Weltbegriffs zu bezeichnen versucht. Für die anderen ist er ein Denker, der zum ersten Mal etwas wie Widersprüche im Denken aushält, der nicht nur die Formen der Bewegung bezeichnet, Bewegung, Transformation von Stoff in einen anderen Stoff, nicht nur die Frage der Begründung und des Grundes stellt, sondern der mit Widersprüchen arbeitet. Ferdinand Lassalle hat ein interessantes Buch über ihn geschrieben, »Die Philosophie Herakleitos des Dunklen von Ephesos« (1858).[21] Und nicht nur der Begründer der Sozialdemokratie, sondern Dialektiker aller Herkunft, auch Hegel und Marx, haben Heraklit geschätzt.

Auf der Suche nach philosophischen Denkformen, von denen wir heute noch zehren, ist Heraklit insofern ein wichtiger Schritt, als er die Denkformen um die Widersprüchlichkeit der Dinge vertieft. Er will nicht mehr nur die Transformation einzelner Stoffe ineinander analysieren, sondern aufzeigen, dass den Dingen selbst eine Art Widerspruch innewohnt. Er ist der Erste, der etwas wie einen objektiven Widerspruch in den Dingen begreift, der nicht auf Falsches, Widersprüchliches im Denken zurückzuführen ist. Das ist ein ungeheurer Schritt, mit dem auch eine Lebensweisheit verknüpft ist: Tod und Leben, viele Gegensätze gehören untrennbar zusammen.

Ich will ein paar mir unverständliche Sätze von Heraklit vorstellen, die ich nicht zu deuten vermag, die vielleicht ein Heidegger deuten kann, der ja alles deutet und versteht, insbesondere die dunkle Seite, während die hellen ihm zu platt und oberflächlich sind. Die Sonne ist »so breit wie der menschliche Fuß«.[22] Das ist beispielsweise ein überlieferter Text von Heraklit. Weiß Gott, was man darunter zu verstehen hat. Und es gibt noch viele weitere solcher Passagen: »Jedes über die Erde hinkriechende Lebewesen wird mit der Peitsche gehütet.«[23] Es ist von Heraklit eine wilde Mischung überliefert von Weisheiten, die unbestritten sind, von möglicherweise tiefen, aber unverständlichen Erkenntnissen und zum Teil auch Aufklärungswissen. Ich zitiere beispielhaft weiter: »Denen, die in dieselben Flüsse hineinsteigen, strömen immer neue Gewässer zu; so auch die Seelen; sie dünsten ja aus dem Feuchten hervor.«[24] »Schweine fühlen sich wohler im Kot als in sauberem Wasser.«[25] »Die Gold suchen, graben eine ganze Menge Erde um und finden nur weniges.«[26] »Die im Kampf Getöteten werden von Göttern und Menschen geehrt.«[27] »Größere Todeslose erwerben sich größere Anteile.«[28] »In der Nacht entzündet der Mensch ein Licht für sich selbst, sterbend, seine Sehkraft ist erloschen; dennoch lebendig rührt er an den Toten im Schlaf, seine Sehkraft ist erloschen; im Wachen rührt er an den Schlafenden.«[29]

Hier bleibt großer Deutungsspielraum, obwohl viel Wahrheit in den Sätzen steckt. So bieten jene Heraklit-Passagen, wo von Schlaf, Tod und Seele die Rede ist, auch tiefe psychologische Einsichten: »Die Menschen erwartet, wenn sie sterben, was sie weder erwarten noch annehmen.«[30] Und weiter sagt er, die »gegebene schöne Ordnung« – er benutzt hier zum ersten Mal das Wort *kosmos* – »aller Dinge, ist weder von einem der Götter noch von den einem der Menschen geschaffen worden, sondern sie war immer, ist und wird sein: Feuer, ewig lebendig, nach Maßen entflammend und nach Maßen erlöschend.«[31] »Wendungen des Feuers; an erster Stelle Meer, vom Meere aber die eine Hälfte Erde, die andere Gluthauch.«[32] Das sind natürlich sehr kompakte und tiefe Gedanken, die epigrammatisch zusammengefasst das aufgreifen, was seine Vordenker über Feuer und Wasser gedacht haben. Dass diese Selbstordnung, der Kosmos, von Ewigkeit ist – immer lebendes Feuer, aufflammend nach Maßen – antizipiert die ganze Maßphilosophie, die später bei Aristoteles ins Zentrum rückt. Natürlich geht es hier immer um Maßverhältnisse, ein Verlöschen nach Maß, Trennen nach Maßen, auch die Transformation der einzelnen Stoffe ist gedacht, aber im Kosmos, in der ewigen Ordnung. Heraklit begründet die Welt nicht aus dem Feuer oder dem Wasser, sondern das sind Bestandteile des Kosmos, die ineinander verwandelt sind. Dieser Kosmos ist immer verknüpft mit einer geregelten Verbindung untereinander, und das will er hier bezeichnen.

Oder solche Sätze, die zum Topos, zu formulierten Gebrauchswerten in Reden werden: »Die Bürger sollen für ihr Gesetz kämpfen wie für die [Stadt-]Mauer.«[33] Das Gesetz ist hier gleichsam das Innere einer Mauer, und die Gesetzestreue, die Begründung eines Stadtstaates ruht auf Gesetzen und nicht auf Willkür. Damit kritisiert Heraklit das Volk seiner Heimatstadt Ephesus, das sich mal so und mal anders entscheidet. Das Gesetz ist ihm das stabile Leben, ist ein Schutz der Polis im Inneren, wie die Stadtmauer sie nach außen gegen Feinde schützt.

Des Weiteren ist der folgende Satz ebenso überliefert wie bekannt: »In dieselben Flüsse steigen wir und steigen wir nicht, wir sind und sind nicht.«[34] Hier hat man zum ersten Mal etwas wie den Satz des Widerspruchs, und zwar als etwas, was in den Dingen selbst steckt und nicht nur als ein Prinzip des Denkens. Denn es ist die Bewegung, die Dinge verändert, und für uns das, was Identität ist, zu einem Problem macht. Wir müssen beides denken, wir müssen das Identische und das Nicht-Identische gleichzeitig denken.

Alles ist bei Heraklit im Fluss, alles ist in Bewegung, was die innere Widersprüchlichkeit der Dinge begründet. Der Widerspruch in den Dingen treibt die Dinge über sich hinaus, und das bedeutet auch jener berühmte Satz von Heraklit, der Streit sei der Vater aller Dinge und nicht das Streitlose. Er kritisiert an diesem Punkt Homer, der sagt, der Streit sollte eigentlich aus der Welt verschwinden, weil sich die Menschen dann nicht mehr entwickeln würden. Der Streit sei folglich das, was das Lebensglück der Dinge ausmache. Der Krieg führe auch zusammen, der Krieg bringe gleichsam Völker in Berührung. Und auch Recht ist Streit, Rechtsstreit, aber auch überhaupt Auseinandersetzung, und überhaupt alles Leben entsteht durch Streit und Notwendigkeit. Die Bedeutung von Heraklit liegt im Denken des Widerspruchs und der Bewegung, worauf wiederum ein ganz anderer Philosoph reagiert, nämlich Parmenides. Ihm ist das Identische gleichsam das Absolute. Das Sein ist und bleibt, die Bewegung ist hingegen nichts, nur Schein. Damit setzt die klassische Ontologie ein, wird das Sein zum Konstanten, zum Bleibenden, Unbeweglichen. In dieser Zeit findet ein Schwanken statt, wie es später auch im deutschen Idealismus zu finden ist: Eine Reaktionsbildung auf Kants statisches, stationäres Denken, was den kategorialen Zusammenhang betrifft, ist Hegel.

Doch was genau ist mit der Aussage, ich steige nicht zweimal in den Fluss, gemeint. Ist das ein anderer Fluss, bin ich ein anderer Mensch? Ich bin derselbe und bin nicht derselbe. Wie ist das zu begreifen, zumal in einer Zeit, die darauf aus ist, die Eindeutigkeit zu benennen, also Eindeutigkeit und Klarheit zu bezeichnen, weil Klarheit ein Aufklärungselement gegenüber dem Mythos darstellt? Der Mythos ist vieldeutig, lebt von der erzählenden Vieldeutigkeit, und das will die Philosophie gerade beseitigen. Jetzt kommt Heraklit und sagt, ja, ihr seid stolz auf die Eindeutigkeit, das ist das Wasser und das ist die Luft und das sind viele andere Dinge, aber wenn ihr das in Bewegung seht, wo ist dann der feste Halt? Der geht ganz verloren, oder sind wir, wenn wir ein zweites Mal in einen Fluss steigen, noch identisch, und ist der Fluss identisch oder ist das ein ganz anderer Fluss? Wie verhält es sich mit der inneren Widersprüchlichkeit von Identität und Nicht-Identität? Was ist identisch? Wie denkt man das? Das ist für diese Zeit ein großer Gedanke, der zwar nicht auf das Benennen von Eindeutigkeit zielt, aber ein innerweltlicher Gedanke ist, der nicht mehr bezogen ist auf die widersprüchliche Lebensweise der Götter. Die sind gut und böse gleichzeitig, sind Betrüger und Verlässliche und mit ihren Eigenschaften, wie Xenophanes sagt, eher normale Menschen als Götter. Das Denken in Widersprüchen tritt also bei Heraklit philosophisch zum ersten Mal auf. Der Widerspruch ist deshalb so gravierend, wenn man gleichzeitig feststellt, dass die Dinge in Bewegung sind. Tatsächlich lässt sich heute sagen, es gebe überhaupt nichts Festes. Wer die atomaren Strukturen, die Materie in ihrer Mikrostruktur in den Blick nimmt, beobachtet, dass alles in Bewegung ist. Davon sind diese antiken Denker mit ihrer Behauptung, das Feste sei auch Bewegung, so weit nicht entfernt.

Heidegger-Interpretationen kann ich nicht emotionslos vortragen, weil er in meiner ganzen philosophischen Bildungsgeschichte der Antipode gewesen ist. In jedem Seminar bei Adorno und Horkheimer und auch später, als ich Assistent bei Habermas war, war Heidegger das Bild, an dem man sich rieb, weil tatsächlich in jedem Satz von ihm die Verdunkelung der Vernunft erkennbar war. Diese Tiefe, die Metaphysik, das Raunen des Seins bei den Vorsokratikern, wie Heidegger sagt, vermag ich nicht richtig wahrzunehmen; also dass hier gleichsam das Sein Sprache annehme. Für mich sind das ganz normale Bürger bestimmter Handelsstädte, die sich, einige Risiken in Kauf nehmend, Gedanken über Gott und die Welt machen, und das ist eigentlich der Aufklärungszug, der sie interessiert: Wie können wir diese Welt, die wir sehen, mit der wir umgehen, in der wir leben, besser begreifen und damit den Elementen des Kosmos etwas von unserem Wissen hinzufügen? Das aufklärerische Wissen um den Kosmos ist das Motiv dieser philosophischen Denkweise.

Zôon politikón, zôon logon echon und der Beginn der Abstraktion

Vorlesung vom 2. Mai 2001

In jenem Zeitraum, in dem wir uns auf der Suche nach dem Herauskristallisieren von bestimmenden und überlieferungsfähigen Kategorien befinden, bilden sich zwei Grundbestimmungen des Menschen heraus. Diese sind nicht identisch und werden in verschiedenen Phasen auf den Begriff gebracht und bestimmend. Das ist einmal die Definition des Menschen als politisches Lebewesen, also ein *zôon politikón,* ein Lebewesen, das wesentlich nur in der Gemeinschaft existieren kann. Dieser Begriff kommt zwar wörtlich erst 300 Jahre später bei Aristoteles vor, bildet sich aber bereits bei den Vorsokratikern heraus. *Zôon* bedeutet Lebewesen und *politikón* das Lebewesen in der Gemeinschaft, aber nicht bloß in der Gemeinschaft. *Zôon politikón* ist nicht identisch mit *animal sociale.* Was in der griechischen Philosophie die soziale Natur des Menschen ausmacht, gehört gewissermaßen noch zur Natur, ist vorpolitisch, das heißt, es gehört zum Oikos, zum Haushalt. Das Politische ist hingegen abgegrenzt vom Interessenzusammenhang der menschlichen Selbsterhaltung, ein Gemeinwesen, das gestiftet werden muss und sich nicht von Natur aus ergibt. Die Tatsache, dass Menschen in Familien, in sozialen Verbänden und in Stammesgesellschaften leben, ist für die klassische griechische Antike eine vorpolitische Kategorie, die einen vorpolitischen Zusammenhang bezeichnet. Es geht hier also nicht um den Menschen als soziales, auf andere Menschen angewiesenes Lebewesen, sondern um ein Lebewesen, das den gesellschaftlichen Zusammenhang, in dem die freien Bürger auftreten, *selbst stiften kann und muss.* Deshalb gewinnt die Frage der Verfassung einer

Polis allmählich immer größere Bedeutung. Wenn von Verfassung im Griechenland dieser Zeit die Rede ist, geht es immer um eine Bestimmung dessen, was die freien Bürger tun sollen und was sie unterlassen müssen. Wohlgemerkt geht es um die *freien Bürger* und nicht um die Natur. Deshalb ist *zôon politikón* der eigentlich politische Mensch, der durch die Macht der Rede und durch Versammlungsrechte über das Glück aller mitbestimmt. Das Glück in einer geordneten, durch menschliche Eingriffe und Vernunft geordneten Gesellschaft ist das Telos der Politik. Grundlegend anders verhält sich das in modernen bürgerlichen Gesellschaften, in denen der Interessenzusammenhang immer stärker in den politischen Zusammenhang eindringt und Politik gleichsam mit den Interessen der Privateigentümer aufgeladen wird. Diese Definition des *zôon politikón* als politischen Menschen bildet sich bereits bei den Vorsokratikern heraus, wenn auch noch sporadisch, bei Heraklit etwas mehr als bei Thales. Und das Denken in Kategorien einer Polis ist ebenfalls bei den Vorsokratikern schon da, rührt es doch zum Teil vom Mythos her.

Die zweite Grundbestimmung des Menschen ist jene als *zôon logon echon,* das heißt, als ein Lebewesen, in dem der Logos enthalten ist, was sehr Unterschiedliches meint. Diese beiden Definitionslinien – der politische Mensch und der logisch denkende Mensch – bilden sich allmählich im griechischen Denken wie in keiner anderen antiken Hochkultur heraus. Sie sind nicht identisch, aber aufeinander bezogen, sodass man sagen kann: Aus diesem Boden wachsen allmählich Kategorien, die später systematisiert, die auf Begriffe gebracht werden und die etwas wie einen Vernunft- und Selbstzusammenhang stiften, in dem der Mensch seinen bestimmenden Platz hat. Das Lebewesen Mensch wird dabei mit Merkmalen ausgestattet, durch die es sich auf der einen Seite von den Göttern und auf der anderen von den Tieren abhebt. Aristoteles wird später sagen, nur Götter und Tiere können außerhalb der Polis leben, außerhalb der Polis, nicht außerhalb der Gesellschaft; denn Vergesellschaftungstriebe und -formen gibt es auch unter Tieren, und auch Götter haben Familien, wie die Darstellungen von Homer und Hesiod zeigen. Aber der Mensch benötigt für den Widerspruch zwischen seiner tierischen Natur, seiner Sinnennatur, und dem, was Vernunft ist, gleichsam eine Organisationsform als Ausgleich: *Das ist die Polis*. Der Stadtstaat ist jene Organisationsform, die aus der bloß tierischen Natur des Menschen etwas wie ein freies Lebewesen macht, das sich als fähig erweist, die Angelegenheiten des Alltags, die Angelegenheiten des Gemeinschaftslebens, die Angelegenheiten des Glücks und der ganzen Gesellschaft selbst zu regeln. Daher rührt der Verdacht, dass die Menschen eine freie Polis nicht zu gründen vermögen, wenn sie zu sehr mit der Materie des Lebens verknüpft sind, mit ihren Sinnen, Trieben und der körperlichen Arbeit.

Beide Grundbestimmungen, *zôon politikón* und *zôon logon echon*, haben Bestand und bekommen bei Plato und Aristoteles ihre ausgeführten Formen. Diese beiden Denker stellen einerseits Ethik und Politik – also Gestaltungsmaximen des Gemeinwesens – und andererseits das, was man als Logik bezeichnet – systematische Wissenschaft et cetera –, in einen kategorialen Zusammenhang und messen beidem gleiches Gewicht bei. Die »Politik« bei Aristoteles, die »Politeia« bei Plato sind nicht Anhängsel der Philosophie, sondern dringen tief in das philosophisch-regulative, das metaphysische Denken ein und bestimmen vielfach auch die Rangordnung der Idee.

An dieser Stelle gilt es jedoch noch einmal auf die Frage der Abstraktion einzugehen, denn bei jenen Kategorien, die bestimmend werden für einen ganzen Kulturzusammenhang, geht es wesentlich um Abstraktionsprozesse. So werden etwa die Naturelemente allmählich immer stärker zu Prinzipien, bis es schließlich nicht mehr um das sichtbare Feuer oder das sichtbare Wasser, sondern um das Prinzip des Wassers geht, das in den einzelnen Elementen auftritt. Das ist ein ungeheurer Abstraktionsvorgang. Aber wovon wird abstrahiert, und was sind eigentlich die Alltagsvorgänge der Abstraktion, die Menschen darüber belehren, dass bestimmte Verallgemeinerungen vorgenommen werden können oder müssen, auch um das Denken zu vereinfachen? Abstraktionen haben immer auch die Form der Vereinfachung und der Verfahrensrationalität, indem man für eine bestimmte Sache ein Verfahren festlegt. Diese Verfahrensregeln muss man nicht mehr begründen, sondern nur anwenden. Auf diese Weise entsteht etwas wie eine Ökonomisierung im Denken, eine Denkökonomie. Wenn man das Prinzip einer Sache verstanden hat, dann ist es anwendungsfähig für eine ganze Reihe von Gegenständen, ohne dass jeder Gegenstand neu zu überprüfen wäre. Dieses Vereinfachungsverfahren ist in der Abstraktion enthalten und setzt sich historisch allmählich als ein die Menschen entlastendes Verfahren durch. Denn Denken hat auch etwas mit Entlastung zu tun: Die Regelhaftigkeit des Denkens führt zu Vereinfachung und Entlastung.

Offenkundig vollziehen sich also in dieser Zeit Abstraktionsprozesse, und ganz genau wissen wir nicht, was die Anstöße und Motive dazu sind, warum das gerade hier in diesem Mittelmeerraum geschieht. Aber zweifelsohne spielt der Handel eine wesentliche Rolle für die Abstraktion. Einer, der Alltagsabstraktionen im Hinblick auf die Entstehung bestimmter Kategorien, zum Beispiel der Substanz, zu analysieren versuchte, war der Philosoph Alfred Sohn-Rethel. Er spricht von der Entstehung von Denkformen, die sich vollziehen und vergegenständlichen als Realabstraktionen im Umgang mit dem Äquivalententausch, der ohne Abstraktionen nicht möglich ist. Wir bestimmen ja nicht für jede einzelne Ware den Wert neu. Man hat gegebene Wertabstraktionen, die sich in Geld oder in anderen Relationen ausdrücken. Sohn-Rethel hat den Versuch gemacht, in dem Buch »Geistige und körperliche Arbeit«,[35] an dem er praktisch sein Leben lang gearbeitet hat, die Abstraktionsvorgänge des Alltags und des Denkens aus dem alltäglichen Warentausch heraus zu entdecken. Er erklärt: Die eigentliche Abstraktionsleistung sei die, dass ich während des Tauschaktes, der Tauschhandlung, den Tauschgegenstand nicht anfassen darf, also verzichten muss, ihn zu beschädigen, zu verändern, zu verzehren. Aus diesem Vorgang des Tausches entstehe somit etwas wie eine Substanz. Das ist klar: Ich kann nicht in den Tauschhandlungen selbst, während des Tauschaktes, vom Wert des Getauschten Gebrauch machen. Erst wenn er beendet ist, hole ich aus dem Gegenstand den Gebrauchswert, ich gebrauche den Gegenstand, dessen Wert ich in einem Äquivalent übertrage, das dem anderen zusteht. Händler stehen beispielsweise vor Apfelsinenkisten und haben vielleicht Hunger, und auch andere Leute würden gern sofort verzehren, was sie da sehen, doch die Gebrauchswerte der Gegenstände sind aus dem Tauschverkehr herausgenommen, und das gilt auch beispielsweise während eines Überseetransports. Denn irgendwie müssen die Gebrauchswerte in diesem Werteäquivalent erhalten bleiben, damit sie Tauschkraft besitzen. Sohn-Rethel sagt, das seien *Realabstraktionen*. Diese seien nicht etwas nur Gedachtes, sondern der Tauschverkehr lebe insofern von der Realabstraktion, als während der Tauschhandlung der Gebrauchswert des Getauschten, der Gebrauchswert der Ware nicht angetastet werden darf, folglich abstrahiert werden muss vom Gebrauchswert des Getauschten. Sohn-Rethel versucht hier, die Entstehung von etwas zu analysieren, was schon Marx als Realabstraktionen bezeichnet hat und was in einer entfalteten Warengesellschaft selbstverständlich ist. In der griechischen Antike jedoch ist das noch keineswegs selbstverständlich, sondern entsteht erst und beginnt sich zu entwickeln, sodass sich hier bestimmte Kategorien herausbilden. Und bei Sohn-Rethel geht es vor allem um die Kategorie der Substanz. Wie bestimmt sich nun dieser Tauschvollzug selbst, oder wie bestimmen sich die Tauschobjekte selbst bei der Besitzübertragung? Sie dürfen keiner physischen Veränderung ausgesetzt sein, haben also die Bestimmung absoluter materieller Konstanz, zwar nur als Postulat und als Fiktion, aber als gesellschaftlich notwendige Fiktion. Die Vorstellung, dass etwas konstant bleiben muss, um dem ausgezeichneten Wertäquivalent zu entsprechen, bedeutet etwas wie einen Verzicht, die Waren anzufassen.

Sohn-Rethel sagt, die Verlässlichkeit der Ware, dass man sich auf die Ware verlassen kann und sie genau das in der Substanz bezeichnet, wofür sie steht, sei die Grundlage eines funktionierenden Tauschverkehrs. Dieser von ihm wiederholt geäußerte Gedanke ist, glaube ich, auch für die Analyse solcher Ursprungsstädte sehr wichtig, in denen etwas wie eine Tauschrationalität entsteht und der Äquivalententausch für die Selbsterhaltung zentrale Bedeutung hat. Die ionischen Küstenstädte sind Handelsstädte, und man muss sich den Warenverkehr dieses Mittelmeerraums als sehr intensiv vorstellen. Es sind eben keine rein agrarischen Produktionen, denn die agrarischen Produktionszentren auf dem Lande sind eher auf eine Selbstversorgungsökonomie der Familien gerichtet; wenn überhaupt, wird nur sporadisch für den Tausch produziert. Dass das Land eher tauschblind, tauschfremd ist und bleibt, während in den Städten der Tauschhandel sehr große Bedeutung hat, gilt bis ins Mittelalter.

Waren dürfen also keiner physischen Veränderung ausgesetzt sein, haben die Bestimmung absoluter materieller Konstanz, zwar nur als Postulat beziehungsweise als Fiktion, aber als eine gesellschaftlich notwendige. Im Akt der Besitzübertragung sind sie nicht Objekte von Gebrauchsakten, und dies nicht als einfache Negation, sondern als affirmativ besetzte Negation. Man hat als Tauschobjekt, genauer gesagt als Gegenstand des Tauschakts einerseits nicht einfach nur fertige Gebrauchsqualitäten, vielmehr positiv Qualitätsloses. Obwohl sie nur getauscht werden, um nach Abschluss der Tauschhandlung gebraucht zu werden, muss man gleichsam auf den Gebrauchswert während der Tauschhandlung verzichten. Die Qualität der Ware taucht erst wieder auf, wenn der Tauschakt beendet ist. Ihr hängen also wesentliche Qualitäten als Gebrauchswert an, während sie in materieller, aber qualitätsloser Konstanz getauscht werden. Die qualitätslose, beharrliche Eigenschaft ist, was ihr der Markt an Realität gibt, während ihre Gebrauchseigenschaften zwar von verifizierbarer Realität, aber hier Gegenstand einer nur gedachten Tätigkeit sind. In dieser zweifachen Natur der Ware steckt das Verhältnis von Substanz und Akzidenz.

Das ist der Grund, warum Sohn-Rethel sagt: Diese Kategorien, die später, wie ich noch zeigen werde, in der Kategorienlehre von Aristoteles systematisiert werden, müssen irgendwo in der Alltagsrealität entstehen, sich vor allem festigen und somit selbstverständlich werden, was sie historisch keinesfalls immer waren. Was bei den Vorsokratikern zu beobachten ist, ist ja nur die Spitze des Eisbergs. Zu einer eigenen Ursache wird ihre Reflexion dann in der Denkgeschichte selbst, die wiederum Rückwirkungen hat auf die Realität. Aber gerade die Vorsokratiker in ihren Fragmenten, mit ihren Entwürfen und in ihrer Experimentierfreude im Umgang mit dem Denken setzen gleichsam Zeichen einer Realität durch, die zu steuern hilft. Aber für ein solches Abstraktionsbedürfnis muss es auch in der Alltagsrealität einen Boden gegeben haben, und der wirkliche Verkehr der Menschen untereinander muss mit solchen Dingen verknüpft gewesen sein. Nichts ist natürlich für die Übertragung und Kommunikation von Ideen und Denkweisen, aber auch für solche Abstraktionsprozesse und vor allen Dingen auch für das Denken in Äquivalenten geeigneter als der Warenverkehr.

Wenn eine Geldwirtschaft entsteht und kein Naturalientausch mehr stattfindet, man also nicht mehr stets einen Ochsen als Tauschobjekt zur Hand haben muss, sondern Geld, enthält eine geprägte Münze gleichsam etwas wie einen Kristallisationspunkt von Abstraktion. Die Frage, was ich alles an verschiedenen Gebrauchswerten mit einer Münze bekommen kann, setzt eine für uns selbstverständliche Abstraktion voraus, eine Alltagsabstraktion, die in der Antike, aber selbst zu Beginn der bürgerlichen Gesellschaft noch keineswegs selbstverständlich war. Es hat lange gedauert, Jahrhunderte, bis zum Beispiel Grund und Boden in den Tauschverkehr einbezogen werden konnten oder sich Zunftregeln auflösten, in denen die Grenze dieses Tauschverkehrs bezeichnet war. Die Universalisierung des Warentauschs ist selbst ein sehr spätes Produkt geschichtlicher Entwicklung. Sie beginnt in der Zeit der Vorsokratiker, setzt sich aber erst in der Neuzeit in diesem Ausmaß mit Folgen durch, für die wir uns interessieren, wenn wir danach fragen: Wie entsteht etwas wie ein europäisches Denken, europäische Kategorien, die sich auch in verschiedenen anderen Projekten zeigen, etwa in der Entstehung moderner Technik, aber vor allen Dingen auch – worauf ich immer wieder verweise – in der Entstehung einer bestimmten Form der politischen Verfassung. *Das europäische Denken ist eigentlich, jedenfalls in seiner Tendenz, politisches Denken.* Und das bedeutet immer ein Denken von freiheitsfähigen Menschen, die ihre gesellschaftlichen Angelegenheiten nach bestimmten festgelegten Regeln definieren und damit auch definieren, unter welchen Bedingungen sie leben wollen.

Zurück zu den Vorsokratikern. Wer etwa das Wasser nimmt und als Substanz definiert, hat diese Substanz jetzt in ihren Transformationen, in ihrem Wandel. Wasser als Substanz ist dann das Zugrundeliegende, der Grund für alles. Gemäß dieser Substanzvorstellung würde Thales sagen, die Transformation des Wassers, also Formveränderung, ist, was dazukommt. Aber Formveränderungen zerstören nicht wirklich die Substanz. Das gilt genauso für die Vorstellung des Feuers oder eines anderen Stoffs. Insgesamt steuert aber das Denken, wie wir gesehen haben, darauf hin, sich ganz von den Stoffen zu lösen. Wenn dann Anaxagoras sagt, dass der Nous, die Vernunft, das Bewegende in der Welt ist, dann ist das eine Substanzvorstellung sehr verschiedener Art. Aber in diesem Begriff ist etwas von Vorstellungen enthalten, die sich an Substanzen anlehnen, und Ähnliches gilt für die sich allmählich herausbildende stoffliche Bestimmtheit von Kausalität. Geist und Kausalitäten werden nicht mehr auf Geistwesen bezogen. Natürlich, Poseidon ist als Verursacher von Erdbeben nicht gänzlich verschwunden, aber der Glaube daran geht allmählich verloren, und deshalb beginnt jetzt die Suche nach der wirklichen Kausalität. Dazu aber ist ein Kausalitätsbegriff erforderlich, der Stoffgebundenheit aufweist, Innerweltlichkeit. Allmählich wird Kausalität als etwas begriffen, was eben die Berührung von Stoffen bezeichnet und nicht einfach ein Geistwesen, abgesehen vom Logos, aber das ist kein mythisches Wesen, sondern gleichsam die Projektion der Vernunft auf den Weltzusammenhang. Auf diese Weise bilden sich in einem 400 bis 500 Jahre andauernden Prozess allmählich einzelne Kategorien heraus.

Im Folgenden wird es um zwei Figuren gehen, die das ganze okzidentale Denken geprägt haben, um Plato und Aristoteles, und um ihre Schriften, wobei wir mit der »Politeia« von Plato beginnen. Darin findet sich die zentrale Verbindung der Ideenlehre mit dem Staat. Es ist eine Burg des ethisch angemessenen Lebens in der politischen Gemeinschaft, und natürlich hat man das immer wieder als eine Art Idealstaat verstanden, nicht zuletzt wohl Plato selbst. Aber es ist vor allem eine Verbindung jener beiden Ebenen, von denen ich gesprochen habe, des *zôon logon echon* und des *zôon politikón*. Alle späteren Staatskonstitutionen setzen sich mit diesem Staat von Plato auseinander.

Gleichsam die Kehrseite, jedenfalls der andere Pol dieser Staatskonstruktion ist die »Apologie« von Plato, die Verteidigungsrede des Sokrates. Hier geht es darum, welche Rechte ein Individuum und welche Rechte der Staat hat. Der Versuch, mit Sokrates ein reflektierendes, auf den Markt reflektierendes Lebewesen in diesen Staat einzubinden, misslingt. Was sich darin zeigt, ist schon ein Kampf zwischen der Polis und dem aufbrechenden Individualismus, der prägend ist für das europäische Denken und mit dem Sokrates sich auch selbst auseinandergesetzt hat, nämlich in Gestalt der Sophisten. Die Sophisten sind im Grunde die ersten wirklichen europäischen Intellektuellen. Sie denken nicht mehr nach Regeln, die der Staat oder irgendwelche Autoritäten vorgeben. Deshalb werden vorsokratische wie zeitgenössische Sophisten als Zersetzer betrachtet. Hier haben wir einen Aufbruch des wilden Lebens, des wilden Denkens. Die Sophisten, die alle Dinge antasten, geglaubte und überlieferte Autoritäten, sind insofern zum ersten Mal Intellektuelle und keine Hofnarren, keine Leute, die gleichsam Hofberichterstattung betreiben und sich über die Welt lustig machen, sondern Einzelindividuen, die ihre Denkkraft benutzen, um Autoritäten und Lebensweisen in Frage zu stellen.

Des Weiteren wird die Kategorienlehre von Aristoteles, dessen erste große philosophische Schrift, die im »Organon« überliefert ist, zentral. Dieses Werk ist nicht sehr umfangreich, benennt aber zum ersten Mal Kategorien als allgemeine Denkformen. Im Griechischen ist *kategoros* der Anwalt und die Kategorie, heißt aber gleichzeitig auch »der Sprache gemäß«. Solche Doppelbedeutungen haben griechische Begriffe häufig an sich, die nicht zufällig auch einen politischen Hintersinn oder Untersinn mittragen. Doch Anwalt wovon? Was meint »der Sprache gemäß«?

Es gibt im antiken Griechenland keine wirklich zwingenden Autoritäten, sondern der Rhetor und der Anwalt müssen die richtigen Worte für die Sache finden, und wenn sie die Sache treffen, entsteht etwas wie Verbindlichkeit. Nichts ist schlimmer für einen griechischen Rhetor, der gleichzeitig Staatsmann ist, als dummes Zeug zu reden, wie es heute nicht unüblich ist. Wenn er sich verhaspelt oder nicht organisiert redet, ist das tödlich für den griechischen Staatsmann, weil in der Sprache selbst die Verbindlichkeit liegt. Das veranlasst natürlich auch Heidegger dazu, die Sprachbezogenheit der griechischen Texte, wie wir sie bei Heraklit sehen werden, heranzuziehen. Denn die Sprache, um die es geht, ist eine ungeheuer differenzierte und bedeutungsreiche.

Und schließlich werden wir uns zum einen Passagen aus der »Metaphysik« zuwenden. Das titelgebende Wort, Metaphysik, ist historisch eine Kuriosität. Man kann es benutzen im Sinne von *meta physika,* über die sichtbaren Dinge hinaus, aber entstanden ist es anders. Andronikus von Rhodos hat das Werk von Aristoteles geordnet und das hier Bezeichnete einfach nach dem Physikalischen eingeordnet. Erst später wurden daraus doppelsinnig die über die Physik hinausgehenden Schriften, weil sich der Bedeutungshintergrund stärker erhalten hat als diese philologische Anordnung.

Zum anderen werden neben der »Metaphysik« noch einige Stellen und Passagen aus der »Politik« von Aristoteles zu betrachten sein. Denn wer sich Entwicklungen von politischer Philosophie und von Sozialphilosophie ansieht, die vor der Entstehung der professionellen und einzelwissenschaftlichen Soziologie Mitte des 19. Jahrhunderts liegen, wird immer wieder auf diese Grundtexte stoßen, auf die sich zu beziehen unverzichtbar ist.

Solch fragmentarisches Denken in zugespitzten Formulierungen, wie wir es in der Vorsokratik finden, ist nicht nur Resultat der fragmentierten Überlieferung, sondern in der Tat auch ein Element zugespitzter Widersprüche, wie sie sich in Umbruchzeiten ergeben. Heraklit, auf den es zunächst noch einmal zurückzukommen gilt, war der Erste, wie wir gesehen haben, der in Widersprüchen dachte und die Kategorien des Widerspruchs zu einer bestimmten Bewegungsform der Dinge machte. Ihm nach kämpfen in den Dingen selbst Energien und Kräfte, die gar nicht nur etwas mit einem Denken zu tun haben, sondern sich objektiv in diese Dinge versenken und damit etwas wie einen Widerspruch erzeugen, Kräfte, die gegeneinander arbeiten und dadurch Bewegung erzeugen. Die eigentliche Bewegungskraft der Welt kommt dadurch zustande, dass sie in sich nicht stimmig ist. »Der Kampf ist der Vater aller Dinge« bedeutet vor allem einen Kampf in den Dingen, nicht bloß einen Kampf gegeneinander. Das ist eine sehr weite Definition von Heraklit, und der Widerspruch wird bei ihm eine Art Substanz der Dinge, zu dem, was die Form verändert.

Der zweite wichtige Gedanke bei Heraklit ist, dass das Universum und das gesamte All, das Ein und Alles, ein Geordnetes ist, das trotz solcher Widersprüche nicht chaotisch verläuft. Wie dieser Kosmos der Widersprüche organisiert ist, mit dem Übergang von Leben und Tod und von Tod in Leben, das heißt mit Transformation in verschiedene Formen, macht eben seine Gestalt aus. Das ermöglicht Heraklit zudem, etwas wie Logos als das Prinzip der Welt zu verstehen, worauf sich alle späteren Denker beziehen:

> Gegenüber der hier gegebenen, unabänderlich gültigen Auslegung [Logos] erweisen sich die Menschen als verständnislos, sowohl bevor sie als auch wenn sie sie einmal gehört haben. Denn obwohl alles in Übereinstimmung mit der hier gegebenen Auslegung geschieht, gleichen sie Unerfahrenen, sobald sie sich überhaupt an solchen Aussagen und Tatsachen versuchen, wie ich sie darlege, indem ich jedes Einzelne seiner Natur gemäß zerlege und erkläre, wie es sich damit verhält. Den anderen Menschen aber entgeht, was sie im Wachen tun, genau wie das, was sie im Schlaf vergessen. [...] Daher hat man sich dem Allgemeinen anzuschließen – d.h. dem Gemeinschaftlichen, denn der gemeinschaftliche [Logos] ist allgemein; ungeachtet der Tatsache aber, daß die Auslegung eine Allgemeine ist, leben die Leute, als ob sie über eine private Einsicht verfügen.[36]

Der Logos kommt aus der individuellen Vernunft, er wird zum Weltgesetz, und die einzelnen Individuen werden jetzt, indem sie denken, zu seinen Vollstreckern. Das ist natürlich etwas, was bei Heidegger aufgemotzt wird: Nicht wir denken, sondern es denke in uns, behauptet er. Wir verhalten uns gegenüber dem Logos als Menschen, die nur die Aufgabe haben, der Sprache entsprechend zu deuten, was wirklich sich vollzieht.

Das Prinzip Logos ist so allgemein wie seine Bedeutung – aber eben doch unabdingbar geknüpft an das, was Menschen machen, indem sie denken; die individuelle Herkunft des Logos wird von den griechischen Denkern auch nicht bestritten, aber weil es ein Prinzip ist, von dem man annehmen könnte, es würde in den Zusammenhang der Welt passen, indem es ein Organisationsprinzip der Vernunft ist, wird es entindividualisiert und auf das Allgemeine übertragen, sodass sich die Individuen als Angesprochene vom Logos empfinden können. Dennoch geht Logos im Ursprungsgedanken von der individuellen Vernunft als seiner ursprünglichen Quelle aus. Wir wissen nicht mehr, wie Menschen das Wort in der damaligen Alltagssprache benutzt haben, mit welchen Bedeutungen. Jedenfalls wird Logos zu einer immer deutlicheren und prägenderen Definition des Menschen, des menschlichen Lebewesens. Damit wird auch die gesamte Welt, das Weltprinzip entsprechend mit diesem Logos verstanden.

Was bei Heidegger ganz eindrucksvoll ist, und davon lebt auch seine Theorie, ist dieses Beharren auf der Sprachlichkeit des Denkens, das Nachdenken des implizit Gemeinten im Sprechen. Ich weiß von Leuten, die bei Heidegger studiert haben, dass dieses Magische und Pastorale, das seine komischen Seiten hat, das eigentlich Prägende bei Heidegger gewesen ist. Diese Manie des Sprechens gehört offenkundig zu Heidegger und hat in Bezug auf das Griechische – er war ein hervorragender Kenner der griechischen Sprache – immer etwas Suggestives an sich. Das ganze Heidegger'sche Denken ist kein diskursives Denken, mit Argument und Gegenargument. Es ist auch kein striktes Denken, und wenn er vom Streit spricht, dann meint er streitbare Formeln, aber nicht wirklich ein diskursives nüchternes aufklärerisches Denken, sondern eher die Magie der Worte. Das ist das Überzeugende bei Heidegger und in bestimmten Zusammenhängen durchaus eindrucksvoll. Nur widerspricht es doch bestimmten Traditionen des Denkens, die eher aus der kantischen Richtung kommen, auch von Hegel, Marx und Freud. Aus dieser Richtung betrachtet, erscheint vieles bei Heidegger, wie Adorno analysiert hat, als vergorene Eigentlichkeit und als mystifizierende Anreicherungen der Worte. Liest man ihn so, bricht man unweigerlich – auch mir ist es so gegangen – in Gelächter aus. Man bedenke darüber hinaus, dass Heidegger noch 1943, als sich gegen Ende des Krieges die Niederlage für Deutschland schon abzeichnet, über Heraklit philosophiert, ohne ein Sterbenswörtchen über die damalige Gegenwart zu verlieren. Das ist schon ein sehr merkwürdiges Denken, das mit dem Aufklärer Heraklit, wie ich ihn sehe, nicht vereinbar ist.

Heideggers Heraklit

Vorlesung vom 8. Mai 2001

Noch einmal möchte ich darauf abheben, dass wir uns in einer Art hermeneutischem Zirkel bewegen, wir also in dem Maße, wie wir die Vergangenheit oder Texte der Vergangenheit deuten und entschlüsseln, stets eigene Texte mit einbeziehen, sodass wir immer auch von erkenntnisleitenden Interessen ausgehen müssen, von dem, was wir wissen und deuten wollen. Eine objektive Deutung von Texten der Vergangenheit, zumal wenn sie Fragmente sind, ist demnach nicht zu erwarten und kann auch nicht geleistet werden. Sehr wohl kann man sich aber bewusst sein darüber, was in solchem Denken die Entwicklungsrichtung ist, die man selbst für richtig oder falsch hält.

Einem Menschen, der in der Aufklärungstradition ausgebildet ist und der das Wegrücken vom Mythos als einen Schritt der menschlichen Bewusstwerdung und der Entwicklung des freien Willens interpretiert, werden daher Texte der Vorsokratiker ein anderes Bild vermitteln als einem Denken, dem es darauf ankommt, in ihnen die dunklen Seiten des Seins zu entschlüsseln. Was für einen Aufklärer ein Element des Verborgenen ist, mag für einen anderen genau das Element sein, in dem sich etwas ausspricht, was der moderne Rationalismus verneint oder vernachlässigt. Wenn ich das auf die Heidegger-Interpretation von Heraklit beziehe, beginnt diese Deutung schon mit einer positiven Bewertung des Fragmentarischen. Philologen haben über Jahrhunderte versucht, diese Fragmente zu vervollständigen und verständlich zu machen. Heidegger jedoch sieht darin ein nutzloses Bemühen, weil ihm gerade das Fragmentarische eine deutlichere Zugangsweise zu dem eröffnet, was sich hier ausdrückt, was sich hier bildet oder zeigt, weil dieses Fragmentarische das Denken stärker in sich hat als das Systematische, das historisch später hinzukommt. Deshalb hält Heidegger am Fragmentarischen fest und bewertet es positiv, und darin zeigt sich die Verschiedenartigkeit unserer erkenntnisleitenden Interessen: Während es meine Art zu denken ist, es wäre doch schön, wenn es noch mehr Fragmente gäbe, um die bestehenden zu erläutern und zu erklären, liegt für Heidegger gerade der Vorzug des vorsokratischen Denkens darin, dass es sich in fragmentarischer Form darbietet. So birgt gerade das Dunkle bei Heraklit für Heidegger eine Aufforderung, es zu deuten, die Worte in ihrer Substanz zu nehmen.

Das ist der zweite Punkt, der für Heidegger wichtig ist und der auch in gewisser Weise das Faszinierende seines Zugangs bezeichnet, nämlich gleichsam aus den Worten die Worte selbst sprechen zu lassen – und zwar in ihrem griechischen Urtext –, aber mit dem Bedeutungshorizont in der Erläuterung doch immer weiter zu gehen. Die Sprache wird zum Medium für das Hören und nicht für das Denken. Es geht Heidegger darum, was Worte bedeuten könnten, was sie ausdrücken, was sie – wie er es nennt – entbergen, indem sie gewendet werden, als ob sie Sinn enthielten, sich selbst andeuten und nicht etwas anderes bezeichnen. Darin steckt eine Kritik des bloßen Zeichens und des Bezeichnens. Die Worte haben bei Heidegger ihre eigene Substanz, ihr eigenes Leid, ihr eigenes Sein. Das ist eine Zugangsweise, die demjenigen, der durch die aristotelische Logik und die kantische Philosophie und Ethik gegangen ist, fremdartig vorkommt. Etwas von dem mythischen Zwang, von dem sich Heraklit meiner Meinung nach durch Begriffe befreien wollte, wird bei Heidegger archaisch angereichert. Gleichsam das Vorbegriffliche, das Archaische ist bei ihm die Substanz dieser Worte.

Zudem ist für einen Denker, bei dem die Philosophie eher gekennzeichnet ist durch eine Verfallsgeschichte der Metaphysik, insofern das Seiende, das einzelne Ding eben gegenüber dem Sein, das dahintersteht, immer stärker in den Vordergrund rückt, natürlich dort, wo das Seiende noch nicht zum Gegenstand der Wissenschaft geworden ist, also der Naturwissenschaft, meinetwegen auch der Politik und so weiter, dieses Sein ungebrochen durch das Seiende, das Sichtbare. Das klingt kryptisch und ist auch stellenweise so gemeint, aber ich muss es erläutern, damit überhaupt verständlich wird, worauf Heidegger mit seiner Heraklit-Deutung hinauswill.

Hegel sagte, er könne jeden Satz von Heraklit unterschreiben, weil dessen Widerspruchslogik so stark verknüpft ist mit dem, was Hegel unter Dialektik versteht. Und in der Tat entwickelt sich bei Heraklit etwas wie eine Bewegungsform der Dialektik, was für Hegel das absolute Gegenteil jeder Fundamentalontologie als reine Sein-Beschreibung ist. Für Hegel ist ja gerade das Sein das Abstrakteste, das Ärmste, was es gibt. Sein, reines Sein, so fängt seine »Wissenschaft der Logik« an, sei im Grunde schon in Nichts übergegangen. Der erste Begriff ist das Werden bei Hegel, gleichsam das absolute Gegenteil von dem, was Heidegger bei Heraklit sieht, nämlich die Bewegung selbst als eine ontologische Kategorie, als ein Sein der Dinge. Das kann man sich schwer vorstellen, ein Existenzial der Dinge. Entsprechend spricht Heidegger auch nicht von Geschichte, denn Geschichte sei Verfall, Geschichtlichkeit hingegen sei ein Existenzial, eine Seinsbestimmung im Dasein. Geschichtlichkeit, Geborgenheit, alle diese Dinge werden ins Ontologische, ins Seinsgeschichtliche übersetzt und aus der wirklichen Bewegung herausgenommen. Wir haben gesehen, wie Heraklit mit dem Widerspruch experimentiert als etwas, was den Dingen inhärent ist, aber als Bewegungselement, und das greift Heidegger nun auf, um es geradezu aus der Geschichte, der Rationalität und der Aufklärung herauszunehmen.

Lassen Sie uns einige Passagen aus Heideggers Heraklit-Vorlesungen der Jahre 1943 und 1944 genauer in Augenschein nehmen. Man kann sagen, dass die Überwindung des Mythos darin besteht, dass die Menschen allmählich etwas wie das Widerspruchsverhältnis zwischen Subjekt und Objekt denken. Das Subjekt als

Denkendes wird aus dem mythischen Schicksalszusammenhang herausgelöst, dem es sich zunehmend selbstbewusst gegenüberstellt. Es lässt sich bei den Vorsokratikern nachweisen, dass diese Mühe, sich aus dem Mythos herauszuwinden, etwas mit Formen der Individualisierung, der Subjekthaftigkeit zu tun hat. Ich als Subjekt bekomme eine bestimmte Stellung in der Welt, oder ich bekomme ein Objekt in mir, als Seele. Die Mühen des Subjekts richten sich darauf, sich aus einem mythischen Zusammenhang zu befreien, wo Götter oder unbestimmte Kausalitäten herrschen. Da sagt nun Heidegger in seiner Deutung: »Wir streben nicht nach einer philologisch-historischen Leistung, die eine Rekonstruktion der Schrift vollbringt, sondern wir versuchen, uns dafür bereit zu machen, daß das noch überkommene Wort aus seiner Wesensmitte uns selbst trifft.«[37] Das Wort spricht uns also gleichsam aus der Wesensmitte an, und nicht wir benutzen das Wort, um die Wesensmitte von Dingen zu bestimmen. Das meint er mit diesem Hören, Zuhören: Das Wort soll sprechen, als ob es wirklich sprechen könnte, und darauf müssen wir uns vorbereiten. Das heißt, wir müssen zunächst eine Art Selbstreinigung in unserem Denken vollziehen, um die Worte aus ihrer Wesensmitte zu hören, und sie ansprechen. »Die Erläuterung der Bruchstücke muß, wenn sie eine denkende sein und so allein eine gemäße werden soll, nur darauf denken, dieses Zu-denkende zu erfahren.«[38] Also Erfahrung, nicht Denken ist die Begegnung mit dem Wort. Man liest keinen einzigen Satz bei Heidegger, in dem nicht diese Kontroverse tobt zwischen Aufklärung und irgendetwas, was zurück, von der Aufklärung weg strebt.

Wir erfahren die Worte also. Zu erfahren ist jedoch nur, was außerhalb unserer selbst liegt.

> Ob dieses glückt und inwieweit, das läßt sich weder vorher beweisen, noch nachher aus einem ›Erfolg‹ errechnen. Das läßt sich weder ›objektiv‹ feststellen, noch bleibt der Versuch nur ein ›subjektives‹ Unterfangen. Das Zu-denkende ist nichts ›Objektives‹; dies Denken

ist nichts ›Subjektives‹. Die Unterscheidung von Subjekt und Objekt hat hier keine Stätte. Sie ist der Welt des Griechentums und zumal des anfänglichen Denkens fremd.[39]

Das ist eine sehr provokante Heidegger'sche These. Diese Trennung von Subjekt und Objekt, die laut Heidegger den griechischen Denkern fremd war, geht davon aus, dass gleichsam der Mensch als sprachliches Lebewesen, indem er denkt, immer schon von einem angedacht wird, das außerhalb von ihm liegt. Mit anderen Worten, das Denken selbst wird zu einer Tätigkeit im Objekt. Für einen Aufklärer ist das wirklich schrecklich. Denkt der Tisch? Da sagt Heidegger, das ist auch nicht das Sein oder das Seiende. Was denkt da? Wie ist die Sprache konstruiert, wenn sie etwas vom Menschen Unabhängiges ist? Wer spricht da? Dieses »Raunen des Seins«, wie er es einmal ausdrückt, das Sein in der Sprache, kommt hier zum Ausdruck, indem er sagt, die Vorsokratiker kennen die Trennung von Subjekt und Objekt gar nicht, dabei ist diese Trennung der entscheidende Schritt aus dem Mythos heraus. Heidegger behauptet also, die Vorsokratiker, jedenfalls Parmenides, Heraklit, Anaximander, spinnen am Mythos weiter. In der Tat nimmt Philosophie für Heidegger die Form des Erzählens an, des Sprechens der Mythen. Es geht ihm auch nicht um die Rekonstruktion der Philosophie Heraklits, sondern darum, zu erfahren, was durch die einzelnen Worte spricht. »Darum verlieren auch die eben nur gestreiften Fragen über die Möglichkeit und Unmöglichkeit der sachgemäßen Rekonstruktion der Schrift des Heraklit ihr Gewicht.«[40] Bei Heidegger sprechen die Worte für sich und nicht die logischen Zusammenhänge, deshalb ist er nicht darum bemüht, die Texte von Heraklit zu rekonstruieren und zu interpretieren. Nur in zwei Fällen, wo es um Geschichten über Heraklit geht, benutzt er Sekundärtexte über ihn, sonst ausschließlich dessen Urtexte, als wären das keine menschengemachten Schriften. Als spräche hier in der Tat etwas zu uns, was außerhalb unserer Welt existiert, als spräche uns der Logos selbst an:

> Zuletzt erkennen wir, daß es wohl gar ein Segen ist, wenn uns das Wort der anfänglichen Denker nur in Bruchstücken übergeben ist. So merken wir nämlich eher, daß es jedesmal von uns aus einer gemäßen Aufmerksamkeit bedarf; wogegen im vermeintlichen Glücksfall der unversehrten Erhaltung der anfänglichen Worte bei uns noch leichter und noch starrer der Eigensinn eines inzwischen weiter gekommenen Besserwissens sich festsetzen könnte. Darum bedarf es jetzt beim Abschluß dieser Vorbetrachtung auch keiner weitläufigen Versicherung darüber, daß wir uns nicht anmaßen, den ›einzig wahren Heraklit‹ für alle Zeiten vor Augen zu stellen. Es mag schon genug sein, wenn das Hinzeigen auf einen Weg zum Wort Heraklits einen Schimmer des Wahren, d.h. Aufhellenden, hat.[41]

Zentral ist hierbei, dass gleichsam etwas zu uns spricht, wir etwas sprechen lassen, indem wir Texte deuten. Diese hermeneutische Methode hat Heidegger bei seinem Lehrer Husserl gelernt, eine phänomenologische Methode. Dabei geht es darum, die Dinge in ihrem eidetischen Gehalt selbst zu ergründen, wie Husserl es genannt hat, also einen eidetischen Wahrheitsgehalt zu ergründen, einen Wahrheitsgehalt, der in den Begriffen selbst steckt. Seine Schüler schilderten, wie Husserl immer dastand und fragte: »Was ist der Wesensgehalt der Kategorie? Was ist der Wesensgehalt der Logik oder des Begriffs der Logik«, als läge in seiner Hand die Logik wie ein sichtbares Ding. Beschreiben wir das, was eine Kategorie ist, was Kausalität ist. Diese eidetische Konstruktion oder ideierende Abstraktion funktioniert, indem man den Dingen die raum-zeitlichen Koordinaten nimmt; so komme man auf das Wesen der Dinge. Demnach erhält, wer vom Tisch die raum-zeitlichen Beziehungen wegnimmt, die Tischheit oder etwas in der Art. Das gibt es im Mittelalter, die Tischheit, den Tisch als Wesen aller Tische. Diese eidetische Abstraktion spielt eine Rolle im Sinne der Resubstanzialisierung der Begriffe, die eigentlich Denkprodukte sind. Und die Resubstanzialisierung spielt auch bei Heideggers Deutung von Heraklit eine große Rolle.

Bei Heraklit wiederum ist die sogenannte Physis wesentlich. Physis ist zunächst einmal nichts weiter als das, was die sichtbare Welt ausmacht: die erscheinende Natur. Das Physikalische, das Physische, das Körperliche, das Sichtbare wird hier zu einem Element des Seins überhaupt. Heidegger betrachtet diese Physis nun als Fügung: »Die φύσις [Physis] denken wir anfänglich nur, wenn wir sie als die Fügung denken«.[42] Er arbeitet auch mit Wortanalogien, nicht mit Übersetzungen, sondern mit Wortanalogien, in denen Resubstanzialisierung stattfindet: »... die ἁρμονία [Harmonia], die das Aufgehen zurückfügt in das bergende Verbergen und so das Aufgehen wesen läßt als das, was diesem bergenden Verbergen wesenhaft entstammt und deshalb gemäßer von uns das Entbergen genannt wird.«[43] Das ist Heidegger! Einer der einflussreichsten Philosophen unseres Jahrhunderts, kein Spinner, der mit Worten spielt, sondern jemand, der ganze Generationen bis zum heutigen Tage tief beeinflusst hat. Er mag ein Dunkelmann gewesen sein, doch seine Denkgeschichte ist sehr einflussreich. Diese Deutung der Physis ist freilich auch eine Scheinrationalität; Heidegger hat das alles in Paragrafen aufgeschrieben. Paragrafenzeichen verwendet man an sich nur in juristischen Zusammenhängen, wo glasklar ist, was die Bestimmung ist. Heidegger wählt das Paragrafenzeichen, um gleichsam eine Form von Rationalität zu nehmen, die er gleichzeitig verachtet.

Die Physis denkt er sich, wie wir gesehen haben, als Fügung, als Schicksal, als das, was einem zustößt, worauf man keinen individuellen Einfluss hat, und die Harmonia im Sinne des Zusammenfügenden, nicht Fügenden, die das Aufgehen zurückfügt. Wir müssen das nicht ausdeuten; dazu müsste man den ganzen Kontext berücksichtigen. Mir ist nur der Gedanke wichtig, dass mit der Sprache etwas geschieht, wenn er beispielsweise sagt, zwei Wesenselemente spielten bei Heraklit eine Rolle: Physis und Feuer, *pýr*, Physis und Feuer zusammen:

> Die φύσις ist (aus ihrem bezughaften Wesen, nicht mehr als ein ›Relat‹ der ›Relation‹ gedacht) die Entfachung des Lichten, das Entflammen der Flamme. Wir müssen die φύσις als die Flamme und d.h. auch sogleich die Flamme aus der Wesensart der φύσις denken. Dann müssen wir aber für das Wort φύσις auch das entsprechende griechische Wort sagen. Es lautet τὸ πῦρ, das Feuer. Heraklit gebraucht dieses Wort, und er gebraucht es als das Wort, das das Selbe nennt, was die φύσις sagt. Also müssen wir das Wesen des sogenannten Feuers hier, wo es ein Grundwort des Denkens ist, auch im Sinne des wesentlichen Denkens wesentlich denken und nicht nach einer beliebig zu einfindenden Ansicht.[44]

Physis ist aus ihrem bezughaften Wesen nicht mehr als ein Relat der Relation gedacht … Das ist ein Denken, das gleichsam aus dem Wesensbezug heraus denkt, indem es auf diese Worte eingeht, als wären es keine Begriffe. Wir werden im Zusammenhang mit der Kategorienlehre von Aristoteles noch sehen, dass alles, was definitorisches Verfahren ist, für Heidegger ein Verfall des Denkens ist. Das heißt, die begriffliche Schärfe vom Feuer wäre für ihn eine Verschleierung des Wesenszusammenhangs, in dem Feuer steht.

> Gewiß nennt der Name πῦρ unmittelbar im täglichen Sprachgebrauch das Feuer im Sinne des Opferfeuers, das Feuer des Scheiterhaufens, das Feuer als Wachfeuer, als Herdfeuer, aber auch den Schein der Fackeln, aber auch das Leuchten der Gestirne. […] Im ›Feuer‹ sind die Bezüge des Lichtenden, des Glühenden, des Lodernden und eine Weite Bildenden, aber auch des Verzehrenden, des in sich Zusammenschlagens und Zusammensinkens und Verschließens und Verlöschens wesentlich. Das Feuer flammt und ist im Entflammen die Scheidung zwischen dem Lichten und dem Dunklen; das Entflammen fügt das Lichte und das Dunkle gegen- und ineinander. Im Entflammen ereignet sich dasjenige, was das Auge in einem Blick faßt, das Augenblickliche, Einzige, das scheidend, entscheidend das Helle gegen das Dunkle abscheidet.[45]

Wenn man Heraklit so deutet, dann ist natürlich jeder Schritt über Heraklit hinaus ein Verlust dieses sprachlichen Denkens, ein Verlust des Denkens selbst. So sieht es Heidegger: Die Vorsokratiker selbst lichten gleichsam am deutlichsten das Sein. Sie sind in der Sprache, und die griechische Sprache ist jene Sprache des sich entbergenden Seins. Man muss bedenken, dass das 1943 vorgetragen wurde, eine Vorlesung vor Studierenden, wahrscheinlich auch vor Frontsoldaten auf Heimaturlaub, also vor einem Publikum, vor einer Hörerschaft, die unmittelbar in die Katastrophe dieser Welt einbezogen ist und diese nicht als das sprechende Sein oder als Fügung des Seins verstanden hat. Deshalb fügt er in dieser Vorlesung noch etwas hinzu. Er sagt:

> Das Wahre im anfänglichen Sinne des Unverborgenen hat nicht die Art des bloß Klaren der Erklärung und Erklärbarkeit. Das Wahre ist aber gleichwenig das Unklare im Sinne des unerklärbaren und chiffrierten Tiefsinns. Das Wahre ist weder das Platte der bloßen Rechnung noch der für sich brodelnde Hintersinn einer sogenannten Schau. Das Wahre ist das Ungesagte, das nur im streng und gemäß Gesagten das Ungesagte bleibt, das es ist.[46]

Das Wahre ist das Ungesagte, also das Nichtsagbare und laut Heidegger das Dunkle bei Heraklit. Das Dunkle als das Wahre ist nur, wenn es im streng, also im Wortsubstanzsinne Gesagten das Ungesagte bleibt. Man verliert dabei den Verstand und muss es sich doch erklären, weil es sonst wirklich unsinnig ist: Nur das Ungesagte ist laut Heidegger das Wahre, was im Versuch, es auszudrücken, dunkel und ungesagt bleibt. Mit anderen Worten: Wenn ich eine Sache wirklich erkläre, habe ich deren Wesen *verklärt*. Wenn ich eine Sache nach rationalen Gesichtspunkten bezeichne – also behaupte: »ja das habe ich verstanden«, »das erkenne ich« –, dann habe ich das Wesen dieser Sache verfehlt und lediglich eine Scheinklarheit über das Unsagbare und Ungesagte. Es ist eine Erschleichung.

Jeder Mythos verheimlicht einen Rest als das Wesen seiner Entstehung. Für den Mythos ist es wichtig, dass der Entstehungsgrund ungesagt bleibt. Er verliert seine Kraft, wenn er wirklich durchsichtig wird. Das Delphische Orakel hat seine Kraft nur gehabt, weil man nicht genau wusste, wie die Berater ausgesehen haben, was sie gemacht, wie sie geschlafen und gegessen haben. Die Unkenntnis darüber war eine Voraussetzung für die Wirksamkeit des Orakels. Ein bisschen davon steckt auch im Heidegger'schen Begriff des Ungesagten. Aber das war es nicht, worauf ich hinauswollte. Er sagt ja auch, »das Wahre ist aber gleichwenig das Unklare, im Sinne des unerklärbaren dechiffrierten Tiefsinns«. Damit wehrt er noch mal die glatten Tiefsinnforscher ab. Das ist seine Methode, die gleichzeitig das Ungesagte nichtsagbar macht und im Medium der Sprache deutet, insbesondere der griechischen Sprache als der Ursprache der Menschen. Sie vergegenwärtigt das, was unsagbar ist.

Dann aber wird er politisch. Er muss sich möglicherweise genötigt gefühlt haben, das zu wenden: »Wesentlich denken heißt, dieses Ungesagte im Durchdenken des Gesagten vernehmen und so ins Einvernehmen kommen mit dem, was im Ungesagten sich uns entgegenschweigt. Solange dem Menschen als der Grundbesitz seines Wesens das Wort verliehen bleibt« – das Wort ist verliehen, es ist nicht sein Wort, nicht der Mensch trägt im Grunde die Worte, weil das subjektive Vorrichtungen und Zufälligkeiten wären, sondern es wird ihm verliehen, als hätte es Feudalbesitz, ein Lehen, das verliehen wird –, »kann er auch schon dem Ungesagten nicht mehr entgehen.«[47] Man hat hier Besitzkategorien; Grundbesitz ist ihr Wesen. Als Grundbesitz seines Wesens ist dem Menschen das Wort verliehen, und so kann er dem Ungesagten nicht mehr entgehen. »Das Wort, worin sich das Wesen des geschichtlichen Menschen übereignet, ist das Wort des Seyns.«[48] Übereignet, Eigentum – man findet in der ganzen Heidegger'schen Philosophie fortwährend Eigentums- und Besitzkategorien, Beleihen, Belehnen, Verleihen … »Dieses anfängliche Wort wird verwahrt im Dichten und Denken.«[49] Denn auch um den Anfang des abendländischen Denkens geht es hier: Das anfängliche Wort wird verwahrt, ich bin der Besitzer, der Verwahrer, der Lagerverwalter – wenn das nicht zu krass wäre –, verwahrt im Dichten und Denken. Das heißt, die Dichter und Denker sind die Hüter des Seins, sofern sie der Sprache die Substanz nicht dadurch nehmen, dass sie sie in wissenschaftlicher und philosophischer Aufklärung aufgeben – wann fange ich an zu denken? Wann darf ich denken? Wer denkt? –, also indem sie die Alltagssprache als ein Medium nehmen, in dem alle Begriffe des Daseins sich explizieren und deuten lassen.

Man kann in Heideggers »Sein und Zeit« (1927) in diesem Sinne viel rationalere Erörterungen finden, in der Daseinsanalytik zum Beispiel Angst als Existenzial, also ontologische Bestimmung des Menschen, das Sein zum Tode, die Sorgen, Existenzialien, die die Daseinsbefindlichkeit erläutern. Diese Philosophie hat ihre Attraktivität für Intellektuelle gehabt, die die Tradition von Kant, Hegel, Marx, dann Freud nicht geteilt haben, sondern buchstäblich in diese Welt geworfen sind, sich als Geworfene verstanden haben, auch als Ausgesetzte. 1927, das ist der Wendepunkt der Weimarer Republik, an dem sie sich dem Schlimmen zuzuneigen beginnt. Die paar Jahre der Prosperität haben als Kehrseite die Unsicherheit, die Angst, die Sorge mit sich gebracht. Entsprechende Existenzialen haben daher besonders jene Intellektuellen dieser Welt angesprochen, die sich nicht zur Linken rechneten, aber nicht nur. Immerhin war auch Herbert Marcuse für kurze Zeit Assistent bei Heidegger. Sie haben das begierig aufgenommen, als eine Deutung der Welt, in der auch sie die Gebeutelten sind und in der es von Schicksal überall nur so trieft. Diese ganze Literatur ist voll davon, diese Spenglerei, und in »Der Untergang des Abendlandes«, 1930 erschienen, geht es auch darum: Wer rechnet, hat das Schicksal nicht begriffen, der weiß nicht, was Schicksal ist. Darin liegt die Irrationalität des konservativen, man kann fast sagen, des liberalen Denkens und der ganzen konservativen Bagage, die sich breitmacht und dann direkt ins »Dritte Reich« marschiert, begleitet von diesem »Raunen des Seins« und dieser »Geworfenheit« und der Militanz, die auch drinsteckt und sich 1933 in Heideggers Rektoratsrede artikuliert. Das ist Kriegsvorbereitung im eigentlichen Wortsinn.

Hier gingen das deutsche Wesen und die Griechen eine fatale Verbindung ein. Was das griechische Denken eigentlich gebracht hat, Rationalität, und was bei Aristoteles und Plato dann Denken bedeutet, das Denken des Denkens, diese Linie geht hier verloren. Es kommt zu einer Ontologisierung des griechischen Denkens, das in der deutschen Gegenwart der 1920er- und 1930er-Jahre wieder aufersteht und gegen den westlichen Rationalismus gerichtet ist. Entsprechend wird die deutsche Kultur in der griechischen Tradition gesehen. Das Abendland beginne in Griechenland und habe in Deutschland seinen Höhepunkt. Dazwischen habe es zwar etwas wie eine französische Aufklärung gegeben, doch das sei eine ziemlich platte Art, sei kein Licht im Heidegger'schen Sinne, kein heraklit'sches Feuer gewesen. Es sei etwas ganz anderes, aber es beleuchte nicht einfach, das reiche für Licht nicht aus. Dieses anfängliche Wort verwahrten Dichten und Denken, und das Volk der Dichter und Denker sei das deutsche Volk. Ich tue Heidegger kein Unrecht, wenn ich das derart deutlich formuliere, lässt es sich doch selbst in den Schriften nach 1945 noch nachweisen. So fügt Heidegger die Vorsokratik mit dem Seinsauftrag des »Dritten Reichs« historisch zusammen:

> Was immer und wie immer das äußere Geschick des Abendlandes gefügt werden mag, die größte und die eigentliche Prüfung der Deutschen steht noch bevor, jene Prüfung, in der sie vielleicht von den Nichtwissenden gegen deren Willen geprüft werden, ob sie, die Deutschen, im Einvernehmen sind mit der Wahrheit des Seyns, ob sie über die Bereitschaft zum Tode hinaus stark genug sind, gegen die Kleingeisterei einer modernen Welt das Anfängliche in seine unscheinbare Zier zu retten.[50]

Wer sind diese »Nichtwissenden«? Und was heißt »gegen deren Willen«? »Ob sie, die Deutschen, im Einvernehmen sind mit der

Wahrheit des Seyns«? Da ist es wieder, die Wahrheit des Seins, bei Heraklit, bei den Vorsokratikern, das Ungesagte, was da schwelt und wabert, dieses Sein, das über die Bereitschaft zum Tode hinausgeht. Eine Bereitschaft zum Tode unterstellt er, aber man weiß nicht, ob er das kritisch meint oder ob das einfach jene Bereitschaft zum Tode aus »Sein und Zeit« ist, das Sein zum Tode, stark genug gegen die Kleingeisterei der modernen Welt. Das ist eine ganz klare Abgrenzung gegen den Handelsgeist – kleingeistig ist der Händler –, also auch gegen die Alliierten, die westlichen »Plutokratien«, wie sie im Nazi-Jargon hießen.

»Die Gefahr, in der das ›heilig Herz der Völker‹ des Abendlandes steht, ist nicht die eines Untergangs ...«[51] Das kann man auch unter physischen Gesichtspunkten sehen. Die eigentliche Gefahr ist nicht, dass Deutschland zugrunde geht, sondern es gibt bei Heidegger eine viel größere Gefahr: nicht die eines Untergangs, sondern die, dass »wir, selbst verwirrt, uns selbst dem Wille der Modernität ergeben und ihm zutreiben«.[52] Man hat hier derartige Konnotationen, dass gleichsam der Nationalsozialismus als etwas wie eine Aufbewahrungsorganisation des Seins erscheint. Jetzt in Anbetracht des Rückfalls sei es gleichgültig, ob es untergehe oder nicht, sei gleichgültig, ob die Deutschen stark genug seien, gleichsam als Hüter des Seins und wie das zu bewältigen sei. Die Gefahr ist nicht die eines Untergangs: »Damit dies Unheil nicht geschehe, bedarf es in den kommenden Jahrzehnten der Dreißig- und Vierzigjährigen, die gelernt haben, wesentlich zu denken.«[53] Was heißt das 1943? »Damit dieses Unheil nicht geschehe«? Um das Unheil abzuwenden, dass gleichsam mit dem Nationalsozialismus die letzte Bastion des Seins verloren zu gehen droht, bedarf es in den kommenden Jahrzehnten der Dreißig- und Vierzigjährigen, die gelernt haben, wesentlich zu denken. Warum der Dreißig- und Vierzigjährigen? Wie kommt ein so bedeutender Philosoph auf solche Sätze? Dahin kommt, wer irgendwann in seinem Lebenslauf darauf verzichtet, über Gesellschaft nachzudenken, verzichtet, zu überlegen, »wo stehe ich, was passiert in der Gesellschaft, nicht nur in der Natur«; so reicht auch heute Ökologie nicht aus, um ein bewusster Mensch zu sein. Die eigentliche Vernunft der Universitäten war im »Dritten Reich« ausgelagert. Juden, Freudianer, Marxisten, Vertreter der kritischen Theorie, der Sozialisten – eine ganze Generation von Menschen, die über Gesellschaft nachgedacht hat, ist geflohen, ausgewandert und emigriert. Vielleicht aber ist Heidegger hier gar nicht vorzuwerfen, er habe sich opportunistisch verhalten, indem er solche Worte von sich gegeben hat, denn sie passen zu seiner Philosophie, zu seinem philosophischen Denken. Und deshalb ist es nicht einfach nur ein Missgriff oder eine Anpassung, um zu überleben, sondern es ist eben doch eine Denkweise, die sich bezieht auf eine Verachtung alles Denkens, was das Seiende, die Tatbestände, ausmacht. Uns Soziologen hat er als Fassadenkletterer betrachtet – eine ziemliche Beleidigung. Die klettern nur an Fassaden herum und verstehen überhaupt nichts vom Wesentlichen. Die wissen nicht einmal, an welchem Gebäude sie herumklettern.

Hinzu kommt noch, dass bei der Ausgabe von »Sein und Zeit«, die im »Dritten Reich« erschien, Heideggers Widmung an Edmund Husserl gestrichen ist. Später, in der neuaufgelegten Ausgabe von 1960, steht erneut »Edmund Husserl, in Verehrung und Freundschaft zugeeignet, 08. April 1926«. Diese Widmung war in der Ausgabe des »Dritten Reichs« gestrichen, und das ist allerdings eine ziemliche Kleingeisterei, jedenfalls zeigt es keinerlei mutigen Weg auf. Es ist eine Form der Charakterlosigkeit, denn Husserl war Jude, zwar nicht vertrieben, aber aller Rechte als Universitätsprofessor beraubt. Heidegger ist ein Beispiel dafür, dass auch eine von vielen Menschen respektierte und geschätzte Größe in der Philosophie vor gar nichts schützt, auch nicht vor Dummheiten und Gemeinheiten, und dass vor solchen Formen der Gegenaufklärung, wie ich sie bezeichnen möchte, zu warnen ist, weil sie Folgen haben, nicht nur für die Lebenszusammenhänge, sondern auch ein Opfer des Verstandes und der Vernunft bezeichnen, das jedenfalls in meiner Deutung der großen Philosophie so nicht akzeptabel ist. Nach wie vor ist Kants kleine Schrift »Was ist Aufklärung?« prägend für die große Philosophie: »Habe Mut, dich deines eigenen Verstandes zu bedienen, ohne Anleitung eines anderen«. Ziemlich eindeutige Forderung: »Aufklärung ist der Ausgang des Menschen aus seiner selbstverschuldeten Unmündigkeit«. *Zôon logon echon:* Da der Mensch nun einmal das Vermögen der Vernunft hat, sollte er es auch benutzen. Genauso wie seine Freiheit, als Vermögen; man kann nicht beweisen, dass wir frei sind, aber es ist nicht auszuschließen. Es ist seine eigene Form der Kausalität, und wenn der Mensch die Möglichkeit hat, aus freien Motiven zu handeln, und die Natur im Allgemeinen nicht völlig sinnlos ist, sollte er auch Freiheit und Vernunft benutzen, mit sich selbst, vor allem aber auch im Umgang mit den anderen. Das ist wirklich große Philosophie, wie sie mit den Vorsokratikern anfing.

Das politische Fundament der klassischen Philosophie: das Perikleische Zeitalter I

Vorlesung vom 9. Mai 2001

Wer sich vergangenen gesellschaftlichen Verhältnissen zu nähern versucht, muss sich seiner erkenntnisleitenden Interessen bewusst sein. Kategorien und Bedürfnisse, die damit verknüpft sind, ergeben sich meist aus Fragestellungen der Gegenwart. Wir kommen vergangenen Verhältnissen nie so nahe, dass wir zu dem in der Lage sind, was einer der großen Historiker des 19. Jahrhunderts, Leopold v. Ranke, einmal formuliert hat: Er wolle bloß zeigen, wie es eigentlich gewesen sei. Das ist aber sehr schwierig, und gerade bei ihm lässt sich nachweisen, dass fast seine ganze historische Forschung auf ein Lob des preußischen Staates gerichtet ist. Ranke konstruierte die Geschichte, einschließlich der Papstgeschichte, auf die Spitze des Staates hin, was nicht gelingen kann.

Insofern können wir nur tastende Versuche unternehmen, aus gesellschaftlich-historischen Bedingungen etwas wie eine Form der Kultur entstehen und wachsen zu sehen, die sich auf sehr verschiedene Konstellationen bezieht. Ich habe immer wieder betont, dass es um Konstellationen geht und nicht um einzelne Ursachenbestimmungen, sodass wir auch die Ursache für den Sprung, den wir uns jetzt ansehen werden und der auch geografisch bestimmt ist, wiederum eher in solchen Konstellationen sehen müssen als in einer unter Gesichtspunkten fortschreitenden Denkens betrachteten Abfolge von Entwicklungen in dem Sinn etwa, dass Heraklit und Anaximander Voraussetzungen für einen Fortschritt des Denkens gewesen wären. Das ließe sich schwerlich behaupten, obwohl das Denken der Vorsokratiker in späteren, systematischen Philosophien eine bestimmende Größe ist.

Alle vorsokratischen Philosophen lebten irgendwie randständig, was die Geografie betrifft, denn fast die ganze vorsokratische Philosophie ist eine der Kolonialstädte. Diese sind Ableger der Mutterstädte, gegründet von Leuten, die ausgewandert sind. Mit der großen Verfassungsreform von Kleisthenes um 508/507 v. Chr., die auch die Stämme neu ordnete und mit der die sogenannten Phylen entstanden, beginnt sich zudem in Athen etwas zu entwickeln, was über ein gutes Jahrhundert andauert bis zum Tod von Sokrates 399 v. Chr. In dieser Periode entsteht ein geradezu gewaltiger Marktplatz von Ideen, Denkweisen und Dichtungen. Alle großen Dichter traten auf, Aischylos, Sophokles und Euripides, Aristophanes, und gewaltige Bauten entstanden. Man nennt jene Epoche, in der Athen zur Weltstadt wurde, das Perikleische Zeitalter.

In diesem Jahrhundert fortschreitender Demokratisierung treten zum ersten Mal auch Philosophen in Erscheinung. Eine völlige Verlagerung und Konzentration des Denkens spielt sich ab: Athen wird praktisch das Kulturzentrum der Mittelmeerwelt, und jene Städte, die ursprünglich an der Entwicklung des philosophischen Denkens beteiligt waren, treten demgegenüber zurück, bilden auch keine eigenen weiterführenden Schulen. Mit der Gründung der platonischen Akademie im Jahr 387 v. Chr. wird dann etwas wie eine institutionelle Kontinuität des Denkens geschaffen. Sparta, die große Konkurrentin Athens, ist hingegen – was man mit seiner Verfassung erklärt, die Xenophon sehr eindrucksvoll und mit großen Sympathien beschrieben hat[54] – offenbar kein Feld von Philosophie und Dichtung gewesen, sondern der Kontrolle, der Kriegsspiele, der Muttugenden, nicht aber der philosophischen Gedanken. Philosophie bedarf eines Freiheitsspielraums, um sich zu entwickeln. Nicht nur Kultur im allgemeinen Sinne, sondern auch philosophische Spekulation entsteht eigentlich nur da, wo etwas wie ein Freiheitsbewusstsein auch politisch organisiert ist.

In Athen tritt nun zum ersten Mal in der Geschichte etwas wie ein Gesetzesstaat auf. Das Gesetz wird gefeiert und an die Stelle gesetzt von Willkürherrschaft, von Oben und Unten. Zwei Elemente, die instinktive Abneigung gegenüber Tyrannen und jene gegenüber dem wechselnden Volkswillen, wirken sich aus. Übrigens spielen nach Aristoteles beide Abneigungen zusammen, sobald dieser wechselnde Wille des Volkes herrscht, was Demokratie bedeutet. Deshalb sagt Aristoteles nicht Demokratie, sondern *Politie* sei die wünschenswerte Verfassung. In den anderen Hochkulturen ist keines von beidem der Fall. Dort gibt es nur Formen von Autorität, von Königen, Kaisern, in China und andernorts auf der Welt, aber es gibt sonst keinen Gesetzesstaat. In diesem Gesetzesstaat können sich jetzt aber viele Dinge entfalten, die unter Kontrollbildung und autoritären Regimen nicht möglich gewesen wären.

Das gilt natürlich auch für den ganzen Bereich der Fantasie, und zwar nicht der Fantasie, die von Mythen bestimmt ist, sondern jener, die sich auf das Gemeinwesen bezieht. Man kann sagen, dass alle großen griechischen Tragödien Gemeinwesenstragödien sind, also Tragödien, in denen der Zwiespalt zwischen Individuum und Gesellschaft, zwischen Polis und Individuum eine zentrale Rolle spielt. Das wird auf der Bühne ausgetragen, und wie man weiß, haben sich bei diesen Tragödien ungeheuerliche Massen bewegt. Tausende von Menschen haben sie sich angesehen, weil es ihre eigenen Angelegenheiten waren, die auf der Bühne gezeigt wurden. Die Fantasie, gerade auch die politische, wird also freigesetzt und entfaltet.

Das zweite ist das Denken, beginnt sich doch die reflektierende Vernunft zu entwickeln, die begründete Vernunft, genau das also, was Heidegger kritisiert. Gesetze müssen fortan begründet sein, und jemand, der unter dem Gesetz steht und sich ihm fügt, folgt nun einem Gesetz, das er sich selbst gegeben hat; er ist also ein freier Bürger. Hannah Arendt hat sehr eindrucksvoll in ihrer »Vita activa« (1958)[55] beschrieben, dass sich gerade der Begriff des Politischen, wie er im Zeitalter des Perikles entstanden ist, abhebt von allen Naturnotwendigkeiten des bloß sozialen Zusammenlebens, dass Politik vielmehr jener Bereich ist, der von freien Menschen gestiftet und erzeugt wird und nicht bloß Ausdruck der menschlichen Natur ist. Der Oikos, der Haushalt, das Haushalten, ist für alle diese antiken Denker tierähnlich; im Rudel leben und sich helfen, das machen auch Tiere, das ist nicht Politik. Politik besteht darin, dass jene Regeln, die dem Verhalten der Menschen zugrunde liegen, von diesen selbst produziert sind und sich nichts von allein regelt, sodass – wie wir gesehen haben – das *zôon politikón* nicht einfach gleichzusetzen ist mit dem Menschen als einem sozialen Lebewesen. Der Mensch als politisches Wesen bedeutet, dass er das stiftet, worunter er steht. Das ist neuartig und ohne Beispiel in der Geschichte, was auch Perikles in seiner Rede, die Thukydides überliefert hat, unterstreicht: »Wir ahmen die anderen nicht nach, sondern umgekehrt, die anderen ahmen uns nach.« Dafür aber muss man einen Erfindungsraum in der Geschichte schaffen, und Entsprechendes ereignete sich im damaligen Athen.

In dieser Zeit entsteht etwas wie ein Spannungsbogen oder ein Spannungsverhältnis zwischen der Pflege des Gemeinwesens und einer sich immer stärker entwickelnden Individualität, was beides miteinander zu tun hat und sich unter bestimmten Bedingungen auch nicht ausschließen muss. Dennoch sorgt es dafür, dass die Gefährdungen, die vom Individuum ausgehen, insbesondere in Krisensituationen besonders wahrgenommen werden. So ist es nicht zufällig Sokrates, der nach der Kapitulation von Athen 404 v. Chr. in Schwierigkeiten gerät. Der Peloponnesische Krieg ist verloren, man sucht Schuldige und trifft auf einen ersten exzessiven Individualismus. Die Sophisten galten als Staatsfeinde, Staatsgefährder, als Menschen, die sich im Grunde abkoppeln von der Idee und der Substanz des Gemeinwesens. Sokrates ist zwar kein Sophist, aber seine Wahrheitssuche ist unter Umständen gefährlicher, weil sie, wie sich zeigt, viel begründeter ist.

Thukydides ist neben Herodot der erste große Historiker. Max Weber nennt ihn den großen Pragmatiker in der Geschichtsschreibung. Sein Buch »Der Peloponnesische Krieg« ist wirklich ein Klassiker und wunderbar zu lesen. Hegel geht sogar so weit, zu sagen, der ganze Krieg sei umsonst gewesen, das einzige, was herausgekommen und geblieben sei, sei das Buch von Thukydides. Über diesen Krieg werden wir noch sprechen, weil er in der Tat der Dreißigjährige Krieg der Antike gewesen ist. Alle haben alle bekämpft, und am Ende ist überhaupt nichts herausgekommen, nur Tote und Verwüstung.

Für Thukydides' »Peloponnesischen Krieg« ist das Abwägen typisch, entsprechend werden die Reden der Gegner alle wiedergegeben. Das ganze Spektrum und die Verwickeltheit des Krieges wird ausgebreitet. Und das ist nicht alles bloß streng auf das Wohlergehen Athens hin geschrieben, denn obwohl er Athener ist, hält er seine Sympathien für die eine Seite zurück und berichtet. Das unterscheidet sich grundsätzlich von einer Hofberichterstattung und von einer bloß auf den Zweck der Legitimation des eigenen Krieges gerichteten Sichtweise, vielmehr ist es eine abwägende und entgegengesetzte Positionen erläuternde Darstellungsweise eines fürchterlichen Kriegsgeschehens. Max Weber sieht darin, im abwägenden, wertneutralen Beschreiben eines Geschehens von einem Athener, der die Kriegsvorbereitungen beider Seiten beschreibt, das Pragmatische. Das ist ein neuer Zugang zu Geschichte, wie ihn bereits Herodot gewählt hat. Von ihm sagt man, er erzähle, was erzählt wird, auch den Alltag, zum Beispiel im ersten Kapitel der »Historien«, Herodots Darstellung der Perserkriege.

Zurück zu Thukydides: Dessen Schrift über den Peloponnesischen Krieg ist die erste Schlachtbeschreibung, die Beschreibung der Konstellationen in einem großen historischen Unglück. Viele haben die Entstehung des Krieges dadurch begründet, dass das Ansehen Athens in dieser Zeit derart groß geworden sei, dass es praktisch die Hauptstadt der Hellas war, in die alle berühmten Leute zogen, die etwas zu sagen und zu denken hatten. Wie man sagt, Paris sei die Hauptstadt des 19. Jahrhunderts gewesen, kann man behaupten, Athen sei ab dem 5. Jahrhundert v. Chr. die Hauptstadt der Griechen gewesen. Sie wirkte mächtig und entwickelte sich zur Seemacht. Der ewige und letztlich siegreiche Kampf mit den Persern ist auch für das Selbstbewusstsein Athens sehr bedeutsam gewesen. Die bewährte Doppelstrategie, als Land- und als Seemacht aufzutreten, hat jedoch Folgen. Andere Städte fühlen sich bedroht, zumal die Athener anfangen, eine große Mauer nach Piräus zu bauen eine Schutzmauer, die größte, die es damals gab. Alle diese Dinge mögen dafür gesorgt haben, dass sich die anderen Städte jetzt zusammentun und eine riesige Macht organisieren.

431 v. Chr. beginnt der Peloponnesische Krieg, und ein Jahr später hält Perikles die sogenannte Leichenrede. Das ist ein Ritual für die Gefallenen des Krieges und hat große Bedeutung für den Erhalt und die Stiftung des Gemeinwesens. In dieser Leichenrede jedoch betont Perikles, was Athen vor allen anderen auszeichne. Das ist neu an dieser Rede, die eher als Leichenrede denn als Grabrede bekannt ist, weil hier etwas wie Stolz zum Ausdruck gebracht wird darüber, was die Athener für die gesamte hellenische Kultur geleistet haben. Nicht so sehr die Tapferkeit derer, die gefallen sind, wird gelobt, sondern eben jene Elemente von Athen, die die Größe dieses Stadtstaates ausmachen. Das sind Punkte, die auch im sokratischen Denken eine zentrale Rolle spielen werden. Doch zunächst bricht 429 v. Chr., zwei Jahre nach Beginn des Krieges, die Pest aus und wütet wie noch nie in der damaligen Welt. Sie ist einer der Gründe für die Niederlage Athens, und auch Perikles fällt ihr zum Opfer.

Der folgende Passus ist entscheidend in der Rede des Perikles:

> Die Staatsverfassung, die wir haben, richtet sich nicht nach den Gesetzen anderer, viel eher sind wir selbst für manchen ein Vorbild, als wir andere nachahmten. Mit Namen heißt sie, weil die Staatsverwaltung nicht auf wenige, sondern auf die Mehrheit ausgerichtet ist, Demokratie. Es haben aber nach den Gesetzen in den persönlichen Angelegenheiten alle das gleiche Recht, nach der Würdigkeit aber genießt jeder – wie er eben auf irgendeinem Gebiet in Ansehen

steht – in den Angelegenheiten des Staates weniger aufgrund eines regelmäßigen Wechsels (in der Bekleidung der Ämter), sondern aufgrund seiner Tüchtigkeit den Vorzug. Ebenso wenig wird jemand aus Armut, wenn er trotzdem für die Stadt etwas leisten könnte, durch seine unscheinbare Stellung daran gehindert. Frei leben wir als Bürger im Staat und frei vom gegenseitigen Misstrauen des Alltags, ohne gleich dem Nachbarn zu zürnen, wenn er sich einmal ein Vergnügen macht, und ohne unseren Unmut zu zeigen, der zwar keine Strafe ist, aber doch durch die Miene kränkt. Wie ungezwungen wir aber auch unsere persönlichen Dinge regeln, so hüten wir uns doch im öffentlichen Leben, allein aus Furcht, vor Rechtsbruch – im Gehorsam gegen Amtsträger und Gesetze, hier vor allem gegen solche, die zum Nutzen der Unterdrückten erlassen sind, und die ungeschriebenen, deren Übertretung nach allgemeinem Urteil Schande bringt.[56]

Das Schätzen des Gesetzes als etwas Heiliges, nicht wegen seiner Herkunft, sondern weil das Volk es sich gegeben hat und sich deshalb selbst folgt, diese Gesetzeseuphorie und Gesetzestreue ist charakteristisch und wird im Perikleischen Zeitalter gleichsam zur Kulturgestaltung der Athener. Wir werden später sehen, dass immer stärker auch philosophisch expliziert wird, was Gesetz ist. Das Gesetz, als eine Norm von Menschen formuliert und beschlossen, ist ein wesentliches Element dieses Perikleischen Athen.

Ein zweites wichtiges Element, das Perikles in seiner Rede erwähnt, ist der Umgang mit dem Fremden:

Wir unterscheiden uns auch in der Sorge um das Kriegswesen von unseren Feinden. Wir gewähren jedem Zutritt zu unserer Stadt, und niemals verwehren wir durch Fremdaustreibungen jemandem etwas Wissens- und Sehenswertes, dessen unverhüllte Schau etwa dem Feinde nützen könnte; denn wir bauen weniger auf Rüstung und Überraschung als auf unseren eigenen zur Tat entschlossenen Mut. In der Erzählung streben jene in rastlosem Mühen schon von klein auf nach Mannesmut, wir aber leben gelöst, doch gehen wir nicht minder

> entschlossen an die gleichen Gefahren heran. Der Beweis: Die Lakedaimonier ziehen nicht allein, sondern mit all ihren Verbündeten gegen unser Land, wenn wir aber im Nachbarland einfallen, so erringen wir ohne Mühe in der Fremde, kämpfend gegen die Verteidigung ihrer Heimat, meist den Sieg.[57]

Diese Bemerkung bezieht sich auf eine Einrichtung in Sparta, denn in den von Sparta beeinflussten Bereichen durften sich Fremde nicht fest niederlassen, sondern nur vorübergehend aufhalten. Sie wurden überwacht, und sobald sie lästig wurden, konnten sie ausgewiesen werden. In Athen hingegen dürfen sich Fremde, solange sie die Gesetze befolgen, aufhalten, ohne verfolgt zu werden. Gegenüber der Möglichkeit, dass eine staatliche Überwachungsmaschinerie etwas sieht, was dem Gemeinwesen schädlich werden könnte, ist die Gefahr viel größer, dass sie sich vor allem negativ auswirkt. In diesem Abwägen liegt ein geradezu moderner Gedanke, der hier mit Bezug auf den Umgang mit dem Fremden formuliert wird: Sobald diese nicht in kriegerischer Absicht auftreten, genießen sie etwas wie ein gesetzlich verbürgtes Gastrecht. Das ist eine Form der offenen Gesellschaft, die sich deutlich von der geschlossenen der spartanischen Verfassung unterscheidet. Deshalb ist die spartanische Verfassung eine der Stammeszugehörigkeit, während in Athen die sogenannten Phylen nicht mehr nach alten Stämmen organisiert, sondern politisch aufgeteilt sind.

Diese insgesamt zehn Phylen, zehn Bezirke, waren seit der Neuordnung der Verfassung die weiteste politische Einheit im griechischen Staate Attika. Die ganze Stadtentwicklung im athenischen Zusammenhang und die egalitäre Teilnahme am politischen Leben beruhen auch auf der Entmachtung der alten Stammeszugehörigkeiten. Dafür hatte Kleisthenes zehn Phylen geschaffen, die alle je ein Gebiet der Stadt Athen, des Küsten- und des Binnenlandes umfassten. Jede Phyle stellt eine Militäreinheit mit ihren Feldherren und 50 Ratsherren, die ein Zehntel des Jahres die Geschäfte führen. Auch im militärischen und Verwaltungszusammenhang gibt es das Wahlsystem. Es ist nicht so, dass die starken Stämme ihre Stammeshäuptlinge in die obersten Gremien schicken, sondern die Besetzung der Gremien wird mit festgelegter Zahl gewählt. Ich meine, das sind Elemente, die das bestimmen, was heute unter Demokratie verstanden wird. Natürlich fällt das immer wieder in der Geschichte zurück und wird auch durch totalitäre und autoritäre Systeme eingeschränkt oder zerstört, aber das, was Demokratie ausmacht, ihre Strukturen, also Mitbestimmung an den Angelegenheiten des Gemeinwesens, Wahlen und so weiter, entsteht sehr früh und ist in der Geschichte einzigartig. In dieser Feststellung äußert sich kein Kulturimperialismus, sondern Demokratie entsteht nun einmal hier und nicht in China oder anderswo, und zwar mit einer Kontinuität in der Überlieferung. So beziehen sich zum Beispiel noch bestimmte Reden von Madison und Jefferson, von Verfassungsvätern der Vereinigten Staaten, unmittelbar auf diese Ideen.

Ein selbstbewusstes Gemeinwesen hat es nicht nötig, die Fremden auszugliedern, sondern kann sie aufnehmen und ihnen, wo sie nützlich sind, auch die Möglichkeiten der Arbeit und der Tätigkeiten verschaffen. Weiter heißt es bei Perikles:

> Wir lieben die Kunst mit maßvoller Zurückhaltung, wir lieben den Geist ohne schlaffe Trägheit; Reichtum dient uns der rechten Tat, nicht dem prunkenden Wort, und seine Armut einzugestehen ist für niemanden schmählich, ihr nicht zu entrinnen durch eigene Arbeit (gilt als) schmählicher. Mit derselben Sorgfalt widmen wir uns dem Haus- wie dem Staatswesen, und ist auch jeder von uns seinen eigenen Arbeiten zugewandt, so zeigt er doch im staatlichen Leben ein gesundes Urteil.[58]

Auch ganz wichtig ist, dass keine Spezialisierung vorherrscht. Der politische Mensch lässt gleichsam seinen ganzen privaten Kram zu Hause, und wenn er den Rat betritt oder die Volksversammlung, dann tritt er als Citoyen auf, als ein freies Lebewesen, das seine privaten Oikos-Interessen nicht in den Rat tragen darf. Das ist in der Zeit des Perikles sehr verpönt: Ein Athener würde in der Volksversammlung niemals anfangen, für seine Agrarinteressen zu kämpfen, indem er etwa behauptet, dieses Gebiet werde benachteiligt. In diesem Fall würde er ausgebuht. Allgemeiner kann er aber formulieren. Er kann gewissermaßen Gesetzesanträge stellen, von denen alle betroffen sind, aber er darf nicht seine Interessen und Bedürfnisse in das Gemeinwesen hineintragen, weil das sehr unpolitisch, vorpolitisch wäre. Die Regeln des Politischen sind strikt Regeln des freien Menschen, des freien Bürgers, frei auch von seinen beschränkten Interessen. Das ist eine Vorform des Zwiespalts zwischen Bourgeois und Citoyen. Der Bourgeois ist der Besitzbürger. Er vertritt seine Interessen in seinen Verbänden oder wo immer. Der Citoyen aber ist gleichsam der allgemeine Bürger. Er vertritt die Interessen des Gemeinwesens. Deshalb sagt Perikles:

> Einzig und allein bei uns heißt jemand, der nicht daran [am politischen Leben] teilnimmt, nicht untätig, sondern unnütz; und nur wir entscheiden in Staatsgeschäften selbst oder denken sie doch richtig durch, denn nicht schaden nach unserer Meinung Worte den Taten, sondern vielmehr sich nicht durch das Wort vorher belehren zu lassen, ehe man an die nötige Tat herangeht.[59]

Das ist ein weiterer sehr wichtiger Punkt. Wir haben bereits gesehen, dass die wohlgesetzte Rede, das den Sachverhalt treffende Wort für die griechische Welt von allergrößter Bedeutung für die Verbindlichkeit ist, weil es etwas wie einen Territorialstaat, der Gesetze durchsetzen kann, nicht gibt. Da ist keine zentrale Macht – die gibt es im Grunde auch später nicht, auch nicht unter Alexander –, sondern das Wort, die Achtung des Wortes, des geregelten Wortgebrauchs in der Rhetorik zeichnen einen Staatsmann vor anderen Menschen aus. Deshalb bringt auch Perikles an diesem Punkt ein in diesem Sinne bedeutungsvolles Reden als eine Stärke Athens ins Spiel: Wir sind nicht ständig mutlos durch die Reden, und wir benutzen das Reden nicht nur für Befehlsverhältnisse, zur Disposition von Tugenden, sondern Reden ist gleichsam ein wichtiges Element des Gemeinwesens. Auch darin liegt ein geradezu moderner Gedanke, denn die Entstehung des Parlamentarismus ist ohne Reden nicht verständlich. Rede und Gegenrede, der Kampf mit Worten ohne autoritäre Entscheidungen ist ein wesentliches Element einer demokratischen Gesellschaftsordnung, in der nicht mehr einfach bloße Gewalt entscheidet. Was Perikles hier sagt, ist immer gegen die Spartaner und ihre autoritäre Militärverfassung abgegrenzt. Dort gibt der König Befehle, werden keine großen Reden gehalten und wird auch nicht viel verhandelt. Das Disponieren von Einstellungen ist in Sparta das Wichtige, und die Gemeinschaftserziehung hat hier, gar nicht weit von Athen entfernt, einen ganz anderen Stellenwert. Trotz der räumlichen Nähe stellt Sparta damit einen anderen Nukleus, einen anderen Kern der griechischen Welt dar, verschieden von dem, was sich in Athen entfaltet.

Bei Perikles zeigt sich diese ungeheure Bedeutung des Wortes auch im Folgenden: »Aber auch dadurch zeichnen wir uns aus, dass wir kühnen Mut und kluge Überlegung bei allem, was wir anfassen, in uns vereinen, während die anderen Unkenntnis verwegen, Überlegung bedenklich macht.«[60] »Zusammenfassend, sage ich« – das ist eine sehr stolze Formulierung –, »dass unsere Stadt im Ganzen die Schule von Hellas sei und dass jeder einzelne Bürger, wie ich glaube, bei uns in vielseitigster Weise und in spielerischer Anmut seine ihm eigene Art entfalte«,[61] also eine unabhängige Persönlichkeit ausbildet. In der ganzen Rede des Perikles kommt das zum Ausdruck: Die Entwicklungsbedingung für eigenes Urteil, eigene Persönlichkeit, für viele Dinge, die sich hier verbinden, Selbstbildung et cetera, ist ein *freies demokratisches Gemeinwesen*. Aber die Selbstbildung der Persönlichkeit ist laut Perikles für diese Form des Zusammenhalts im Gemeinwesen selbst in jenen Punkten zentral, die die Tapferkeit betreffen. Nur Menschen, die das Gefühl haben, in einem freien Gemeinwesen zu leben, werden auch dafür einstehen – und zwar freiwillig, weil sie ihre eigene Freiheit und nicht die Privilegien der Herrschenden verteidigen. Das ist der Grundgedanke: Nur die Freien kämpfen auch um den Erhalt ihres Gemeinwesens.

> Für eine solche Stadt, die sie nicht verlieren wollten, sind diese hier im edlen Kampf gefallen [...]. Deshalb habe ich so lange über die Stadt gesprochen, um zu beweisen, dass für uns der Kampf etwas ganz Anderem gilt als für die, die nichts Ähnliches besitzen, und um zugleich den Ruhm der Männer, denen zu Ehren ich jetzt spreche, durch Beweise deutlich herauszustellen. [...] Ihnen eifert jetzt nach, erkennt das wahre Glück in der Freiheit, die Freiheit aber im kühnen Mut und schaut nicht ängstlich auf die Gefahren des Krieges.[62]

In einer solchen Zeit lebt und wächst Sokrates also auf. Er hat bereits das reife Mannesalter erreicht, als der Krieg ausbricht, und seine Form von Individualität drückt aus, was Perikles hier beschreibt. Vertrauen in die Gesetze, Vertrauen in das Gemeinwesen und alle diese Dinge spielt eine zentrale Rolle bei Sokrates, der sich im städtischen Milieu der Hauptstadt von Hellas bewegt, ohne Grenzen des eigenen Denkens und Handelns wahrzunehmen außer dem Respekt gegenüber dem Gesetz. Deshalb kommt in seinen Reden auch immer wieder die Wendung vor: »Ich habe doch gar nicht die Gesetze verletzt«. Das würde auch Perikles so sehen, Sokrates hat sich eigentlich nichts zuschulden kommen lassen. Er hat aber etwas getan, was sich bei unsicheren Verhältnissen, bei Krisenverhältnissen verhängnisvoll auswirkt, wenn ein solches Gemeinwesen nicht mehr das Selbstbewusstsein hat, Individualität zu erfahren und Kritik auszuhalten.

Für Hegel ist mit Sokrates etwas wie ein neues Prinzip in der Geschichte erkennbar geworden, ein neues Prinzip des Begründens, des Denkens, das sich in dem Maße, wie die alten Gemeinschaften verschwinden, als bedrohlich erweist. Hegel sagt in der »Philosophie der Geschichte« über die griechische Welt:

> Wir haben nun das *Verderben* der griechischen Welt in seiner tieferen Bedeutung aufzufassen und das Prinzip derselben auszusprechen als die *für sich frei werdende Innerlichkeit*. Die Innerlichkeit sehen wir auf eine mehrfache Weise entstehen; der griechischen schönen Religion droht der Gedanke, das innerlich Allgemeine; den Staatsverfassungen und Gesetzen drohen die Leidenschaften der Individuen und die Willkür und dem ganzen unmittelbaren Bestehen die in allem sich erfassende und sich zeigende Subjektivität. Das Denken erscheint also hier als das Prinzip des Verderbens, und zwar des Verderbens der substantiellen Sittlichkeit; denn es stellt einen Gegensatz auf und macht wesentlich Vernunftprinzipien geltend.[63]

Das Erwachen von Subjektivität tritt hier auf; nicht mehr vereinzelt, wie bei den Vorsokratikern, wo einer anfängt, nachzudenken und sich Gedanken zu machen, wie etwa der Kosmos aussehen mag. Sondern was Hegel hier als neues Prinzip der Subjektivität bezeichnet, ist diese entstehende Welt innerlicher Begründungen. Denn selbst dort, wo es um Gesetze geht, sind diese durch das Subjekt legitimiert. Selbst wo es um objektive Verhältnisse geht, denen Menschen zu folgen haben, sind es begründete Verhältnisse. Jene betriebsame Tätigkeit, die wir bei den Griechen im praktischen Leben, in der Kunstausübung sehen, zeigt uns Ebenen, ein Hin und Her, ein Drehen und Wenden in den Vorstellungen, sodass, – wie die sinnlichen Dinge von menschlicher Tätigkeit verändert, verarbeitet und erklärt werden, – ebenso der Inhalt des Geistes, das Bewusste sich hin und her bewegt. Ein Hauptkriterium dabei ist, dass der Mensch das Maß aller Dinge ist, wie Protagoras es formulierte. Hierin, wie in allen Aussprüchen der Welt, liegt eine Zweideutigkeit. Die Sophisten meinten damit den bloß subjektiven Menschen. Hegel aber sagt, durch die aufgehende innere Welt der Subjektivität sei der entscheidende Punkt mit der Wirklichkeit in die Welt getreten. Das bedeutet, dass sich jetzt die Wahrheit aus dem Objekt ins Subjekt verlagert. Die Sophisten haben keinen objektiven Wahrheitsbegriff, sondern kritisieren die angemaßten Wahrheiten anderer. Sie verkörpern darin etwas, was klischeehaft dem Intellektuellen allgemein anhaftet: Selbst nichts anbieten zu können, aber dauernd zu nörgeln, das sind die Sophisten. Sokrates aber hat einen Wahrheitsbegriff, und das macht dieses Neue der Subjektivität aus:

> In *Sokrates* ist es dann, daß zu Anfang des Peloponnesischen Krieges das Prinzip der Innerlichkeit, der absoluten Unabhängigkeit des Gedankens in sich, zum freien Aussprechen gelangt ist. Er lehrte, daß der Mensch in sich zu finden und zu erkennen habe, was das Rechte und Gute ist, und daß dies Rechte und Gute seiner Natur nach allgemein sei. Sokrates ist als moralischer Lehrer berühmt; vielmehr aber ist er der *Erfinder* der Moral. Sittlichkeit haben die Griechen gehabt; aber welche moralischen Tugenden, Pflichten und so weiter, das wollte sie Sokrates lehren. Der moralische Mensch ist nicht der, welcher bloß das Rechte will und tut, nicht der unschuldige Mensch, sondern der, welcher das Bewußtsein seines Tuns hat.[64]

Doch kommen wir zunächst zurück zu Perikles' Leichenrede, in der weniger das Ritual als vielmehr die Rede an sich im Vordergrund steht.

> Die meisten, die vor mir von hier aus gesprochen haben, preisen den, der dem Bestattungsbrauch diese Art der Rede hinzufügte, weil es rühmlich sei, beim Begräbnis der Gefallenen sie zu halten. Mir freilich würde es ausreichend erscheinen, Männern, die durch die Tat ihren Ruhm begründet haben, auch durch die Tat ihre Ehre zu bezeugen, wie ihr es jetzt bei der öffentlichen Totenfeier geschehen seht, und nicht durch eines Mannes gute oder schlechte Rede den Glauben an die Tapferkeit so vieler zu gefährden.[65]

Das heißt, auch das Ritual rückt Perikles zurecht. Hegel meint, dass solche Rituale substanzieller Wichtigkeit nicht überliefert und jetzt durch das Prinzip der Innerlichkeit immer stärker in Frage gestellt werden: »Der moralische Mensch ist nicht der, welcher bloß das Rechte will und tut, nicht der unschuldige Mensch, sondern der, welcher das Bewußtsein seines Tuns hat.«[66] Es geht nicht darum, etwas einfach zu tun, sondern darum, ein Licht in diesem Subjektzusammenhang zu entzünden. Deshalb richten sich die ganzen Dialoge darauf, bewusst zu machen, was man tut. Zu wissen, was man macht, ist der eigentlich sokratische Zugang: »Durch die aufgehende innere Welt der Subjektivität ist der Bruch mit der Wirklichkeit eingetreten. Wenn Sokrates selbst zwar noch seine Pflichten als Bürger erfüllte, so war ihm doch nicht dieser bestehende Staat und dessen Religion, sondern die Gedankenwelt die wahre Heimat. Nun wurde die Frage aufgeworfen, ob Götter sind, und was sie sind«[67] und ob sie notwendig sind für die Moral. Sokrates ist klug genug, zu sagen, natürlich seien sie notwendig, aber das geht nicht aus seiner Moralbegründung hervor, was die Leute merken. Klug, wie die Athener damals sind, jedenfalls klüger als die Menschen heute, gehen sie dem Anpassungsverhalten von Sokrates nicht auf den Leim. Dieser bringt in der »Apologie« noch ein Opfer, um zu zeigen, »das sind doch Götter für mich«, aber man weiß nicht recht, ob er das nicht bloß für seine Familie tut. Ein Herzensanliegen scheint es ihm jedenfalls nicht zu sein, den Göttern Reverenz zu erweisen. Die Frage, ob Götter sind und was sie sind, ist unwichtig.

> Der Schüler des Sokrates, Plato, verbannte aus seinem Staate den Homer und Hesiod, die Urheber der religiösen Vorstellungsart der Griechen, denn er verlangte eine höhere, dem Gedanken zusagende Vorstellung von dem, was als Gott verehrt werden soll. Viele Bürger schieden jetzt vom praktischen Leben, von Staatsgeschäften ab, um in der idealen Welt zu leben. Das Prinzip des Sokrates erweist sich als revolutionär gegen den athenischen Staat: denn das Eigentümliche dieses Staates ist, daß die Sitte die Form ist, worin er besteht, nämlich die Untrennbarkeit des Gedankens von dem wirklichen Leben.[68]

Diese Untrennbarkeit des Gedankens vom wirklichen Leben wird von Sokrates gestört. Der Gedanke hat nicht mehr seine Heimat im wirklichen Leben, sondern in dieser Form der Subjektivität. Der Geist hat den Hang, sich selbst zu befriedigen und nachzudenken. Das ist nach Hegel sein Verderben. Insofern betrachtet er die Verurteilung des Sokrates nicht als einen Justizirrtum, sondern als ein in der Entwicklung selbst enthaltenes Element der Reaktion eines in sich brüchigen sittlichen Zusammenhangs des athenischen Staates auf ein neues, fremdes Prinzip. Dieser Staat ist am Ende und kann gar nichts mit der freien Subjektivität anfangen, sondern sucht nur nach Krisenursachen. Sokrates gehört zu jenen Elementen der Zersetzung, die von Perikles gefördert worden sind, davon abgesehen, dass Aspasia, die Frau des Perikles, vielleicht die Lehrerin von Sokrates gewesen ist. Die Verbindungen zwischen Perikles und Sokrates sind relativ eng. Zwischen ihnen liegen 20, 25 Jahre Altersunterschied, doch sie leben beide im selben Zeitalter, in dem das sokratische Denken entsteht.

Das Perikleische Zeitalter II

Vorlesung vom 15. Mai 2001

Im Folgenden geht es darum, jene Stationen zu kennzeichnen, in denen sich allmählich die große Philosophie der griechischen Antike herausbildet und herauskristallisiert, womit auch ein ganz neuer Begriff von Wahrheit entsteht und gesellschaftliche Relevanz erhält. Vorab will ich aber noch einige Elemente des geistigen Klimas benennen, in dem sich politische Veränderungen vollziehen und auch Schichtungsprobleme der Bevölkerung eine große Rolle spielen. So ist zum Beispiel in dieser Zeit – Perikles ist daran nicht unbeteiligt – der Zustrom von Fremden sehr groß, wie das immer der Fall ist, wenn neue Zentren der Geschichte oder Stadtgebilde entstehen. Es ist dieses babylonische Syndrom, dass solche Städte auch eine ungeheure Anziehungskraft auf Menschen der Umwelt haben. Perikles hat daraufhin die erste Fremdengesetzgebung eingeführt, der zufolge nur diejenigen Daueraufenthaltsrecht haben, deren Eltern attischer Herkunft sind. Sehr viele konnten diesen ethnischen Herkunftsnachweis nicht erbringen.

Es bildet sich eine Stadt heraus, die allmählich zum Zentrum der hellenischen Welt wird. Die politische Frontstellung, in der das passiert, ist zunächst die kriegerische Abwehr des Perserreichs, der Großmacht der damaligen Welt. Die Perserkriege sind insofern entscheidend für das Wachsen Athens, als sich der äußere Feind zusammenschließt und sich Verbündete in Abhängigkeit von Athen begeben. Sie sind für eine patriotische Abwehr der Perser bereit, sehr viel an Tribut zu zahlen, an Bundesabgaben, sodass sich die athenische Kasse allmählich füllt. Zudem tragen die Siege Athens, Marathon und Salamis, dazu bei, dass die Stadt zu einer politischen Größe heranwächst, die es auch erlaubt, eine gleichsam repräsentative Seite auszubauen. Die Akropolis entsteht, der Parthenon-Tempel wird errichtet – weithin sichtbare Gebäude als Ausdruck des Herrschaftsanspruchs von Athen.

Bisher habe ich hauptsächlich über Perikles gesprochen, weil das Zeitalter nach ihm benannt ist. Perikles selbst ist eine sehr zwielichtige und historisch eher dunkle Figur. Die verlässlichen Quellen über ihn sind schmal, sodass sich eher Legenden um ihn ranken, Legenden, die hauptsächlich zwei Autoren verbreitet haben. Das sind Thukydides, mit der Wiedergabe dreier Reden des Perikles, und vor allem Plutarch, der ihn viel später, 150 n. Chr., auferstehen lässt und in sehr interessanten und einfühlsamen, aber Perikles zugeneigten Doppelbiografien beschreibt. Darin vergleicht er ihn mit dem römischen Senator und Feldherrn, Fabius Maximus, der als Zögerer in die Geschichte eingegangen ist. Das sind die zwei Hauptquellen, und beide sind gekennzeichnet durch große Zuneigung für Perikles. Perikles-Gegner sehen hingegen im Machtgebaren dieses Strategen eine Ursache für den für Athen desaströsen Peloponnesischen Krieg.

Über dieses Machtgebaren will ich noch ein paar Worte verlieren, denn fast scheint es, als hätte es sich in der Geschichte wiederholt, wenn man etwa auf die Flottenpolitik des Wilhelminischen Reiches blickt. Auch hier wollte eine Landgroßmacht zur Seemacht werden, sodass Wilhelm II. und seine Generäle anfingen zu sagen, »wir müssen mit England pari sein auf dem Meer«. Sie leiten eine entsprechende Flottenpolitik ein, die dazu führt, dass jetzt die Engländer in ein Wettrüsten einsteigen und ihre Seeflotte immer weiter ausbauen. Etwas ganz ähnliches geschah schon im antiken Athen: Die Siege über die Perser bei Marathon und Salamis wurden praktisch den Athenern zugeschrieben, Siege, die sie offenkundig auch politisch und rhetorisch ausnutzten, was ihnen sehr viel Verbündete einbrachte. Dadurch entstand 478/77 v. Chr. der Attische Seebund, ein Bündnis sehr verschiedener Städte. Jetzt will Athen, also Perikles und die anderen Strategen, die Flotte ausbauen. Sie haben nur das Problem, dass es keinen direkten Zugang zum Hafen gibt, denn Piräus liegt über fünf Kilometer entfernt. So beginnt in den 470er-Jahren der Ausbau der sogenannten »langen Mauern« zum Hafen, fester und widerstandsfähiger noch als die Stadtmauern. Das aber wird von den Lakedaimoniern um Sparta herum als Kriegsandrohung verstanden. Der Bau der langen Mauern setzte eine Jahrzehnte währende Rüstungsdynamik auf der Peloponnes in Gang, weil die Spartaner mit ihren Verbündeten in der Annahme reagierten, Athen strebe nach der Vormachtstellung zu Land wie zur See, woher der Vorwurf der Perikles-Gegner rührt, dieser habe einen jahrzehntelangen Rüstungskampf entfacht, der auf eine Konfrontation mit Sparta und den Lakedaimoniern hinauslaufe. Zeitgleich kam es zu besagten demografischen Veränderungen, weil Athen an Attraktion gewann, Bevölkerungen aus anderen Bereichen, aus dem Phönizischen und aus den Kolonialstädten in dieses Gebiet kommen, was Perikles schließlich zur Fremdengesetzgebung bewegt.

Für das geistige Klima im Athen dieser Zeit ist es zudem wesentlich, dass die Staatsreligion sehr lange eine große, die Philosophie hingegen eine geringe Rolle gespielt hat. Das zeigt sich nicht zuletzt in den gewaltigen Tragödienspektakeln. Alle drei großen überlieferten Tragödiendichter, Aischylos, Sophokles und Euripides, fallen in die Zeit des klassischen Athens, und ihre Kunstwerke, die im 5. Jahrhundert v. Chr. entstanden sind, zeugen auch von der Bedeutung der Staatsreligion, die in diesen großen Ritualen praktiziert wurde. Demgegenüber sammeln sich allmählich die Sophisten. Diese Intellektuellen suchen, vergleichbar mit Intellektuellen im Paris des 19. Jahrhunderts, in der Stadt Unterschlupf und arbeiten dort.

Die Sophisten sind im Grunde Vorläufer der athenischen Philosophie. Da sind Pythagoras, der offenkundig mit Perikles befreundet ist, und viele andere. Die Sophisten vertreten einen Wahrheitsbegriff, der sich an den religiösen Ritualen reibt. Sie werden immer wieder bedroht, expatriiert und müssen das Land verlassen, und dennoch prägen sie die Zeit bis 470 v. Chr. und nicht die große Philosophie. Die Religionskritik steht, anders als bei den Vorsokratikern, in dieser geistesgeschichtlichen Situation im Vordergrund.

Religionskritik wird durchaus als Angriff auf den Staat verstanden und ist der Hauptanklagepunkt der sogenannten Asebie. Das ist eine öffentliche Anklageform, die es jedem Bürger erlaubte, einen anderen der Verunglimpfung der Götter und der Staatsreligion und damit eines Angriffs auf die Kulturgemeinschaft Polis zu beschuldigen. Eine ganze Reihe von Philosophen aus dem sophistischen Umfeld wurde auf diese Weise vertrieben, und nicht immer zuvor vom Ostrakismos, dem Scherbengericht, öffentlich angeklagt. Sie wurden aufgefordert, das Land zu verlassen, kamen jedoch zum Teil wieder. Das gilt selbst für eine so große Figur wie Herodot, der zeitweilig außer Landes musste. Es war wohl insgesamt eine nervöse Stimmung und Athen bis 450 v. Chr. eher konservativ, wovon auch die ungeheuer aufwändigen Sakralbauten zeugen. Aber, wie gesagt, die Bundeskasse war prall gefüllt, und sie war nicht nur für Kriegszwecke vorgesehen, sondern auch für solche repräsentativen sakralen Bauten. Als um 454 v. Chr. die Bundeskasse von Delos nach Athen geholt und im Parthenon-Tempel deponiert wurde, führte das zum ersten Mal einen Tempel und eine Bank zusammen, wurde erstmals ein Tempel als Bank betrachtet, welche die Bundesmittel entsprechend verwaltete.

Das geistige Klima ist also insgesamt eher auf Rituale bezogen, wenn auch die Götter in Frage gestellt werden. Die Tragödien von Aischylos, 525 bis 455 v. Chr., Sophokles, 496 bis 406 v. Chr., und Euripides, 480 bis 406 v. Chr., sind zum Teil politische Tragödien, zum Teil auch Tragödien transformiert in Mythologie, wie der »Prometheus« von Aischylos. Neben den drei großen Namen, die überliefert sind, gab es natürlich noch zig andere, kleinere, denn wenn ein Klima der Dichtung entsteht, dann sind immer mehr daran beteiligt als nur ein paar große Dichter. Deren Werke zeugen jedoch vom rebellischen Geist dieser Zeit, auch wenn sich die große Philosophie noch nicht artikuliert. Dazu kommt es erst während des Peloponnesischen Krieges, der 431 v. Chr. ausbricht in einer Zeit äußerster Zerrissenheit in Athen.

Schon zuvor war der Mittelmeerraum äußerst kriegerisch gewesen, hatte eine Stadt kurzerhand eine andere überfallen und einen Vertrag geschlossen. Doch etwas wie den Peloponnesischen Krieg hatte es zuvor nicht gegeben, und der entscheidende Unterschied ist klar zu benennen: Es ist eine Art Bruder- und Bürgerkrieg. Es ist ein Krieg unter denjenigen, die sich vormals gegenüber einem äußeren Feind verbündet hatten, die denselben Göttern huldigen, zur selben Kultur gehören. Jetzt aber beginnen sie einen Krieg mit sehr unübersichtlichen Frontstellungen. Dies bedingt eine Irritation der Kultur, was bei den Kriegen gegen die Perser nicht der Fall war, hatte man in ihnen doch Barbaren, die anderen gesehen. Diese hatten kein Griechisch gesprochen, Sprache und Mythen nicht beherrscht und nicht dieselben Tragödien im eigenen Leben wiedererkannt. Der Peloponnesische Krieg ist etwas anderes als das, was sich mit den Persern abgespielt hat, weil es bereits kulturelle Bande gibt, die das Hellenische ausmachen, selbst wenn man sich hin und wieder überfällt. Das ist das Neue in diesem Krieg, der kein dynastischer Krieg ist, sondern ein von ein paar Strategen gelenkter großer Bürgerkrieg, an dem die Bevölkerung beteiligt ist. Das ist mehr als ein bloß strategischer Krieg.

Unter solchen Bedingungen, und darauf will mein Argument hinaus, stellen sehr viele Menschen kulturelle Selbstverständlichkeiten in Frage. Sehr früh ist dies bereits in der »Antigone« 442 v. Chr., also rund zehn Jahre vor Kriegsausbruch, der Fall, wo das Individuum zu einer Instanz wird, die zunehmend darüber urteilt, was richtig und was falsch ist. Es entsteht in dieser Krisensituation etwas wie die Suche, eine kulturelle Suche nach dem, was fest ist, was wahr ist, worauf man sich verlassen kann und was auch in Turbulenzen Bestand hat. Nachdem bestimmte Göttervorräte aufgebraucht oder in Frage gestellt sind, setzt hier in einem ungeheuren Ausmaß das Bedürfnis nach Orientierung ein, und dieses Bedürfnis stößt auf zwei Frontlinien: Auf eine Frontlinie, auf der gleichsam die zugespitzte Krisensituation noch einmal karikiert wird, in der das Komödiantische, die Nicht-Ernsthaftigkeit dieser Vorgänge noch einmal gespiegelt wird. Hier entsteht die klassische Komödie; Aristophanes karikiert die Unsicherheit, die ohnehin im Bewusstsein jedes Einzelnen vorhanden ist. An der zweiten Frontlinie maßt sich jetzt das Subjekt auch gegenüber den als gesichert geglaubten Autoritäten, Strategen oder Institutionen, dem Areopag, den Gerichtshöfen, an, die verlässlichen Instanzen selbst zu schaffen.

Auf die letztere Frontlinie begibt sich auch Antigone. Obwohl sie etwas einklagt, das auf archaisches Recht zurückgeht, also sehr weit in die Vergangenheit, drückt sich in ihrem Verhalten doch eine Art früher Individualismus aus. Die bloß von Menschen gemachten Gesetze hingegen werden nicht respektiert, was einer Infragestellung der staatlichen Autorität gleichkommt. Die Athener haben ähnliche Gedanken gehabt und konnten Antigones Verhalten daher nachvollziehen. Und auch Sokrates und seine Schüler befinden sich auf dieser Frontlinie, indem sie sich darum bemühen, verlässliche Bezugssysteme aus dem Subjekt heraus zu rekonstruieren. Das ist jenes Sicherheitsbedürfnis im Denken, das die klassische Philosophie charakterisiert. Denn Philosophie ist eigentlich immer etwas, was auch Sicherheitsbedürfnisse im Denken befriedigt. Die verlässliche Argumentation: Je logischer etwas ist, desto verlässlicher ist es. Es ist der großangelegte Versuch, herauszukommen aus dieser verunsicherten kulturellen Welt. Insofern würde ich nicht sagen, der Peloponnesische Krieg erzeugt die Philosophie, das ist sicherlich falsch. Aber der Peloponnesische Krieg ist eine fast dreißigjährige Auseinandersetzung, 27 Jahre dauert sie, in der die Verbündeten alles einsetzen, was sie an Kriegspotenzial verfügbar haben. Folglich ist es auch ein sehr blutiger Krieg. Nicht zufällig verbindet Hegel den Dreißigjährigen Krieg mit dem Peloponnesischen Krieg und sagt, beide haben gar kein Ziel, sind nicht auf Eroberung aus, sondern auf Vormachtstellung, und natürlich ist es eine Tragödie für Athen, dass 429 v. Chr. auch noch die Pest ausbricht.

Ich halte fest: Es ist der erste wirklich bürgerkriegsähnliche Kriegszustand im Mittelmeerraum, und das führt zu sehr viel Verunsicherung der Menschen. Diese leben zwar in ihren Polis und identifizieren sich auch damit, aber gerade die Griechen der Peloponnes und dieser attischen Bereiche wissen, dass ihre Stadt nicht der einzige Identifikationspunkt ist. Nur deshalb bilden sie so etwas wie eine gemeinsame Kultur aus, eine Lese-, eine Schreibkultur, eine mythologische Kultur. Und deshalb versammeln sich bei den Theatervorstellungen Menschenmassen aus verschiedenen Städten in so großer Zahl wie heute in den Fußballstadien. Hätten etwa die Korinther gesagt, »wir gehen nie nach Athen in eine Theatervorstellung«, dann wäre eine übergreifende hellenische Kultur nicht zustande gekommen. Dabei hat zwar jede Polis eigene identitätsstiftende Vorstellungen, etwa von Verteidigung und vielen Dingen, die einen Korinther von einem Menschen in Theben unterscheiden, aber die kulturelle Verbindung zwischen diesen Städten ist ungeheuer intensiv durch Kommunikation, durch Sprache, Schriftstücke, durch Denken, Handeln und so weiter. Man kann, ja muss von einer griechischen Kultur sprechen in dieser Zeit, und diese grenzt sich sehr deutlich ab gegen die nicht Griechisch Sprechenden, die man eben Barbaren nennt. Das ist das entscheidende Kriterium für die Nicht-Identität.

In diesen Konstellation entsteht nun die klassische Philosophie. Das sind auch politische und ökonomische Konstellationen, denn es ist klar, dass hier eine entfaltete Handelsbeziehung ebenfalls eine Rolle spielt. Die Seefahrt, sowohl im kriegerischen wie im friedlichen Sinne, ist eine bestimmende Größe in dieser Kultur. Zudem ist die Ausbildung des Polis-Bürgers, dessen, der bestimmte Tugenden hat, repräsentiert und ausdrückt, in allen Städten ein wesentlicher Punkt des Zusammenhangs. Ich möchte noch einmal an Hannah Arendt erinnern, die betont, es sei eben eine Zeit gewesen, die selbstverständlich auch in anderen Städten Hochkulturen erzeugt habe, in Sparta, Korinth, wenn auch mit verschiedenen Akzenten in der Verfassung. So ist die spartanische Verfassung nie eine demokratische gewesen, sondern eine hierarchisierte, sehr strikte Verfassung. Aber auch sie hat sehr viele Sympathisanten. Xenophon hat in einem Buch über die spartanische Verfassung seiner großen Zuneigung Ausdruck verliehen; es ist eben übersichtlicher in diesen autoritären Verhältnissen als in Athen. Dort aber sorgen sehr verschiedene Konstellationen dafür, dass ein Klima der philosophischen Reflexion, der Wahrheitssuche entsteht, und in diesem Klima wächst eben eine Figur wie Sokrates auf.

Ich habe schon darauf hingewiesen, dass es extreme Deutungen dieser Figur gibt. Einige sagen, er sei schlicht eine Kunstfigur. Es möge schon sein, dass ein Mensch namens Sokrates 399 v. Chr. hingerichtet wurde, aber ob das ein Philosoph war und ob die Gedanken, die Plato in seinen Dialogen wiedergibt, überhaupt die eines Sokrates oder nicht doch seine eigenen sind, wisse man nicht so genau. Die andere Extremposition sieht in Sokrates eine historische Figur, deren Geburtsdatum auf Zeittafeln festgehalten ist. Demnach sei er ca. 470 v. Chr. geboren, in einer Zeit, da die Perser den griechischen Kulturzusammenhang nicht mehr wie zuvor bedrohten, was allerdings hauptsächlich aus der »Apologie« von Plato hervorgeht. Demnach wächst er, wie wir gesehen haben, unter Perikles auf, wenn denn Perikles überhaupt die Bedeutung hatte, die man ihm zuschreibt. Doch auch wenn es viele andere Strategen gegeben hat, wird diese Epoche nun einmal als das Perikleische Zeitalter bezeichnet, weil er offenkundig wesentlichen Einfluss hatte. 443 bis 429 v. Chr., in der Zeit der fünfzehnjährigen Strategie des Perikles, wird Athen zur unbestrittenen kulturellen Führungsmacht, zur Kulturmetropole in Griechenland.

Kritiker von Perikles sagen jetzt, dabei hätte man es bewenden lassen sollen, Athen als Kulturmetropole, gewissermaßen als Kulturmittelpunkt der damaligen Welt, und nicht versuchen sollen, die Stadt zum Machtzentrum zu machen. Das sei der Anfang vom Untergang Athens gewesen, den sehr viele Autoren mit der Figur Perikles verbinden, der immer wieder betont hat, wie mächtig, kräftig und tapfer dieses Athen sei, worauf sich der Athener Imperialismus gründete.

404 v. Chr. kapituliert Athen schließlich und beendet damit den Peloponnesischen Krieg mit einer schmählichen und katastrophalen Niederlage. Athen hat praktisch alle seine Verbündeten verloren. Natürlich haben viele Leute, gerade des 19. Jahrhunderts, in diesem Untergang von Athen eine Katastrophe auch für die peloponnesische Kultur gesehen. Doch so eindeutig ist das nicht. Wir werden es noch mit der Aristotelischen Philosophie in der Alexanderzeit zu tun bekommen. Athen kapituliert also, und gegen die ungesetzlichen Maßnahmen der folgenden Regierung der dreißig Tyrannen leistet Sokrates Widerstand. Nach der Restauration der Demokratie kommt es 399 v. Chr. zum Prozess gegen ihn und zu seiner Hinrichtung. Sokrates wird als schillernde Figur wahrgenommen, bei der eben nicht erkennbar ist, warum sie nie einen Satz niedergeschrieben, auch keine Berichte über irgendwelche Fragmente hinterlassen hat, sondern nur ein redender Philosoph und offensichtlich, nach verschiedenen Berichten, ein tapferer Krieger gewesen ist – nicht selbstverständlich für einen Philosophen. Eingemischt hat Sokrates sich in politische Angelegenheiten gegen die Tyrannen, die ihn allerdings nicht verurteilten. Verurteilt wurde er nach der Wiederherstellung der Demokratie von einer Volksherrschaft mit Geschworenen, einem Geschworenengericht: also vom Volk, nicht nur von Einzelnen, die ihm übelwollten. Das aber ist doch eine sehr merkwürdige Sache, dass hier ein Unbehagen im Volk gegenüber denjenigen entsteht, die wie Sokrates in aller Offenheit auf dem Marktplatz reden und – wie Christus – keine Geheimgesellschaft haben. Ähnlich spricht auch Sokrates: »Ihr habt gehört, was ich gesagt habe auf dem Markt, aber ich habe nicht für den Markt gesprochen, sondern auf dem Markt.«

Über den eigentlichen Grund seiner Anklage gibt es zahlreiche Spekulationen, nicht zuletzt von Sokrates selbst. Fünf Jahre nach Athens schmählicher Niederlage im Peloponnesischen Krieg wird jedenfalls nach Gründen gesucht, und man kann sich schon vorstellen, dass das Volk nach Sündenböcken für das eigene Versagen verlangt. Umso schlimmer ist die Kompensation. Besserwisser sind allgemein nicht beliebt, und es spielt sicherlich eine Rolle dabei, dass dieses Anzweifeln der Richterautorität, der Hinweis auf den Hades, wo andere Gesetze herrschen und er am Ende noch im Tod triumphieren wird, als eine ziemliche Frechheit empfunden wird.

Das trifft alles zu, und die Anmaßung, die in der Bescheidenheit steckt, ist sicherlich auch ein Element. Es ist doch bemerkenswert, dass er gleichsam seinen Tod als eine Art Beweisverfahren dafür nimmt, dass ihm eine innere Stimme verbietet, Unrechtes zu tun, gleichsam das Gewissen, wodurch eine Instanz der Polis enthoben wird. Das ist, glaube ich, für diese Zeit etwas Bedrohliches. Auf die Frage, was denn dieses *daimónion* sei, verweigert er ja die Antwort nicht, sondern er erklärt, er kenne sie nicht. Die besondere Form der Individualisierung äußert sich darin, dass sich der Tod in seinem Fall nicht orientiert an einer Norm außerhalb, sagen wir an der Ehre oder an einer überlieferten Tugend. Nicht weil ich feige gewesen bin, begehe ich Selbstmord oder lasse ich mich verurteilen, sondern weil ich etwas in mir habe, was mir sagt, du darfst nicht fehlen, du darfst das nicht machen, und deshalb sterbe ich. Das ist ein Umbruch in der Begründung des Handelns, das sich nicht mehr an äußeren Normen orientiert, sondern an einer inneren Instanz. Kant hat einmal vom Gewissen als dem inneren Gerichtshof gesprochen. Dieser innere Gerichtshof steht dem äußeren gegenüber. Was im inneren verhandelt wird, mögen diejenigen, die urteilen, die verurteilen, nicht verstehen, aber der innere Gerichtshof ist hier die entscheidende Instanz.

Auf dem Weg zur Apologie des Sokrates

Vorlesung vom 16. Mai 2001

Die Weltstadt Athen, mit der wir es hier zu tun haben, ist Ende des 5. Jahrhunderts v. Chr. in vielfacher Hinsicht von Erosionen erfasst. Eine ganze Reihe von alten Überlieferungen und Normen sind nicht mehr unbesehen gültig, und neue Normen sind noch nicht da, werden aber gesucht. Wir haben es in dieser Zeit mit tastenden kulturellen Suchbewegungen zu tun. Die Institutionen existieren noch, aber manchmal ist ihr Geist, jene Verpflichtung, die diese Institutionen konstituiert hat, verloren gegangen, und die Menschen sehnen sich nach neuen Sicherheiten, was damals genau wie heute dazu führt, dass alte Sicherheiten revitalisiert werden. So sind auch in diesem Athen des Krisenzustandes sehr viele misstrauisch gegenüber Erneuerern, die auftreten und Tradiertes in Frage stellen.

Ich habe davon berichtet, wie die Sophisten auf den Markt treten und auch die Religionen, die angestammten Institutionen in Frage stellen oder wenigstens begründet wissen wollen. Nun ist es für ein einfaches Volk, wie es auch das Athenische war, nicht leicht, zwischen denjenigen zu unterscheiden, die ernsthaft um Wahrheit bemüht sind, und jenen Freibeutern im Denken, die eher auf Zersetzung aus sind. Mit anderen Worten: Sokrates ist nicht als der Antisophist im Volk bekannt, der er war, sondern als einer der gefährlichsten Sophisten überhaupt, einer, der nun wirklich die Wahrheit auf den Kopf stelle. Und offensichtlich ist es so, dass in diesem Krisenzustand der Unterschied zwischen Sophisten und Philosophen überhaupt verschwindet. Deshalb gilt Sokrates den Vertretern der Volksversammlungen als einer derjenigen, die genauso wie Pythagoras oder andere Sophisten die Religion und die alten Sitten in Frage stellen. Insofern wendet sich das Klima gegen Sokrates, was keine spontane oder kurzfristige Angelegenheit ist. Er hat selbst in der »Apologie« beschrieben, wie seit langer Zeit gegen ihn Intrigen gesponnen und Gerüchte verbreitet wurden.

Die Stimmung in Athen hat etwas, das an die Zeit vor der Französischen Revolution erinnert, wo zwanzig, dreißig Jahre zuvor ebenfalls Aufklärer auftraten und nicht zufällig hauptsächlich Religionskritik, Kritik an religiösen Ritualen und an den religiösen Verdrehungen der Welt übten. Auch die Lust am Debattieren, Diskutieren und an den dialektischen Wendungen ist vergleichbar. Entscheidend ist dabei nicht so sehr das Eindringen der Wissenschaftlichkeit, das gehört auch dazu, sondern der Angriff auf gesichert geglaubte Positionen im Staat und auf das religiöse Gefüge, das durch Priester verwaltet wird. Alles in dieser für die Geschichte Athens entscheidenden Phase steuert auf den Tod von Sokrates zu. Die Kapitulation im Peloponnesischen Krieg, das Ende des Krieges und dieser Justizmord – wie er auch später immer wieder beurteilt wurde, ein bisschen vergleichbar auch dem Mord an Jesus –, all das spielt eine zentrale Rolle für die Weiterentwicklung dieses Landes.

Anhand von vier Dialogen, die sich um die Vorbereitung, den Prozess und den Tod von Sokrates organisieren, möchte ich näher auf die Art der Redeweise, die Argumentationsform des Dialogs eingehen. Denn natürlich ist auch das, was Plato schriftlich festhält, eine Argumentationsform, die aus dem Alltag des Philosophierens kommt, um dann in Schriftform gebracht zu werden. Wir können davon ausgehen, dass sehr viel in dieser Weise auf dem Markt philosophiert wurde. Das heißt, die Menschen hatten eine Lust am Argumentieren, nicht alle, sicher aber die aristokratischen Jünglinge, die sich geckenhaft in der Stadt bewegten und Lust hatten, die Alten herauszufordern und mit Argumenten zu provozieren. Ihre Lehrer, die sie für die politische Laufbahn ausbildeten und mit Disputierkunst und Dialektik bekannt machten, waren Sophisten. Da die Rhetorik, das organisierende und logisch begründete Wort, eben als etwas Wesentliches für die Karriere auch dieser jungen Leute galt, war sie zentraler Lehrgegenstand. Insofern ist der eine Anklagepunkt gegen Sokrates, Verführung junger Leute, durchaus zutreffend, sofern man ihn für einen Sophisten hält. Und dennoch unterstreicht er selbst: »Wenn ich gefragt werde, antworte ich, und ich sage noch etwas mehr, als ich gefragt werde.«

Der erste der vier Dialoge ist das Werk »Euthyphron«, benannt nach einem Priester, mit dem Sokrates spricht. Euthyphron trifft Sokrates auf dem Weg zum Gericht und fragt ihn, was ein frommer Mensch sei. »Ich bin angeklagt, und du bist Priester, also wenn es einer wissen kann, dann du. Sage mir, was fromm ist, dann kann ich mich verteidigen. Dann kann ich sagen: Euthyphron hat das gesagt.« Ab einem bestimmten Punkt aber entschuldigt sich Euthyphron und sagt, er habe einen Termin. Auf die letzte Frage von Sokrates antwortet er nicht mehr.

Der zweite große Dialog ist die »Apologie«, die Verteidigungsrede von Sokrates, und der dritte oder vierte, die Organisation ist da nicht eindeutig, ist »Kriton«, bei dem es auch um philosophisch wesentliche Inhalte geht, insofern hier die folgende Frage Gegenstand ist: Was bedeutet das Fliehen für meine Wahrheit? Was bedeutet das für meinen Wahrheitsbegriff und mein Wahrheitsverständnis, wenn ich fliehe oder nicht? Eine sehr existenzielle Frage: Gestehe ich damit meine Schuld ein? Wie schätze ich die Institutionen ein? Bin ich ein treuer Bürger, der Gesetze verletzt, oder sind es die anderen, die Ankläger, die sie selbst verletzt haben? Den letzten Dialog, »Phaidōn«, führt Sokrates mit seinen Anhängern am letzten Tag, bevor er den Schierlingsbecher nimmt.

Ich will mit dem »Euthyphron« beginnen, dem Dialog mit einem Priester, den Sokrates auf dem Weg zur Gerichtsverhandlung trifft. Euthyphron hat eine andere Verpflichtung, einen anderen Termin und redet im Gehen. Das ist ein häufiges Strukturelement dieser Dialoge, dass sich die Protagonisten bewegen. Das ist alte peripatetische Schule und hat große Bedeutung. Dialoge werden gehend vorgetragen, in Bewegung nicht nur des Denkens, sondern auch in körperlicher Bewegung. Sokrates schildert dem Euthyphron zu Anfang des Dialogs die äußeren Umstände seines Falls, um dann zur eigentlichen Frage fortzuschreiten.[69] Zunächst aber zeigt sich hier schon ein Element dessen, was man Sokratische Ironie nennt. So sagt er, es sei ein sehr günstiger Fall, wenn man noch sehr jung ist und weiß, wie er behauptet, auf welche Weise die Jugend verderbt werde. Man findet hier die negativ-ironische Beschreibung eines wissenden Klägers, eines Jungen, der gleichsam Partei ergreift für seine eigene Generation, und es ist nicht zufällig, dass ein Vertreter eben der jungen Leute Sokrates anklagt, mit denen dieser es hauptsächlich zu tun hat. Hier geht es zunächst aber zentral um die Fragen, was es bedeute, wenn das Verderben auf die Infragestellung von Göttern gerichtet ist, und wer ein frommer Mensch sei.

> SOKRATES: Unsinnig genug, mein Guter, wenn man es so hört. Er [Meletos] sagt nämlich, ich erdichtete Götter, und als einen Erdichter neuer Götter, der an die alten nicht glaubt, verklagt er mich eben.
>
> EUTHYPHRON: Ich verstehe, Sokrates. Weil du immer sagst, das Dämonische sei dir widerfahren, so stellt er diese Klage gegen dich an, als gegen einen Neuerer in göttlichen Dingen, und kommt um dich zu verleumden vor Gericht, weil er weiß, daß dergleichen Verleumdungen sehr leicht Eingang finden bei den Meisten. Denn auch mit mir, wenn ich in der Gemeinde etwas rede von göttlichen Dingen, und ihnen vorhersage was geschehen wird, treiben sie Spott wie mit einem Wahnsinnigen, und doch ist nichts, was nicht eingetroffen wäre von allem was ich vorhersagte. Aber doch sind wir alle ihnen verhaßt. Aber man muß sich nur nichts um sie kümmern, sondern gerade zu gehen.[70]

Er erläutert hier also die Anklage und die wesentlichen Anklagepunkte an dieser nicht weiter bekannten Figur Meletos; ein junger Mensch, der möglicherweise sogar zu Sokrates' Zuhörern gehört hat, zu denjenigen, die sich in seinem Umkreis bewegt haben. Sokrates war in Athen eine stadtbekannte Figur, und gleichermaßen bekannt waren seine Äußerungen, was für die Ankläger einen schwierigen Punkt darstellt. Warum erheben sie gerade jetzt Anklage?

Natürlich hat es früher schon vergleichbare Anklageversuche gegeben, zum Beispiel gegen Anaxagoras, einen Freund von Perikles. Letzterer hatte empfohlen, bevor eine Staatsanklage zustande kam, ins Ausland zu gehen. Und auch Pythagoras war gezwungen worden, sich abzusetzen. Solche Anklageversuche gegen die Philosophie hat es immer wieder gegeben, aber bisher hatten sie nie mit Todesurteilen geendet und waren häufig im Sande verlaufen. Bei Sokrates hingegen wird eine Anklage offenkundig auf breitester Grundlage vorbereitet und mit der Volksstimmung gestützt. 501 Geschworene, also ein riesiger Gerichtshof versammelt sich dafür, fast eine Volksversammlung. Und der Hauptanklagepunkt lautet, Sokrates erdichte Götter.

Die zweite Phase dieses Dialogs besteht darin, dass Euthyphron bekennt, auch er habe eine Klage zu befürchten oder in Gang zu bringen. Er berichtet von einem Fall, in dem sich zeigt, dass in dieser Zeit über Mord und Totschlag praktisch stammesunabhängig entschieden wird. Es geht darum, dass der Priester seinen eigenen Vater verklagen will:

> Sokrates: Dein eigner Vater, o Bester?
>
> Euthyphron: Ganz sicher.
>
> Sokrates: Und welches ist denn die Beschuldigung? Worauf geht die Klage?
>
> Euthyphron: Auf Totschlag, Sokrates.
>
> Sokrates: Herakles! Aber die meisten Menschen, Euthyphron, wissen wohl gar nicht, wie dies recht ist? Denn ich glaube wohl nicht daß der erste beste dies richtig tun kann; sondern nur wer schon weit in der Weisheit vorgeschritten ist

EUTHYPHRON: Weit genug, allerdings beim Zeus, Sokrates.

SOKRATES: Es ist also wohl deiner nächsten Angehörigen einer, der durch deinen Vater ums Leben gekommen ist? Oder versteht sich das von selbst, denn eines Fremden wegen würdest du ihn wahrlich nicht als Totschläger verklagen!

EUTHYPHRON: Lächerlich ist es, o Sokrates, daß du meinst, dies mache einen Unterschied, ob der Getötete ein Fremder ist oder ein Angehöriger, und man müsse nicht das allein beachten, ob der Tötende ihn mit Recht getötet hat oder nicht, und wenn mit Recht, ihn gehen lassen, wenn aber nicht, ihn verfolgen, und wenn auch der Totschläger dein Herd- und Tischgenosse ist. Denn gleich groß ist ja die Befleckung, wissentlich mit einem solchen zu leben, ohne daß man sich und ihn durch die Angabe vor Gerichte reinigt.[71]

Das ist eine sehr weite Definition eines sehr allgemeinen Rechtsgutes. Der Hintergrund ist, dass zwei Hausangestellte oder Hausknechte – es wird nicht gesagt, ob es Sklaven waren –, zwei mehr oder weniger gleichgestellte, untergeordnete Personen, in einem Zustand der Trunkenheit in Konflikt geraten. Der eine schlägt den anderen tot, und Euthyphrons Vater lässt den Täter fesseln und in eine Grube werfen. Dann schickt er jemanden in die Stadt zu einem Deuter, zu einem Interpreten der Rechtsverhältnisse, also einem Richter – es wird nicht gesagt, zu wem genau –, um den Vorfall gewissermaßen zu einem Rechtsfall zu machen. Er möchte ein Verfahren anstrengen, um zu klären, wie mit dem Täter umzugehen sei. Doch all das dauert einige Tage, und der Täter stirbt inzwischen, gefangen in der Grube, an Hunger. Euthyphron, der Sohn, will deshalb den Vater des Mordes anklagen und den Fall vor Gericht ausfechten. Er sagt, es sei gleichgültig, ob das Opfer ein Fremder oder ein Eigener, ein Tischgenosse oder ein Essgenosse sei, denn es sei ein *Mensch* getötet worden. Die Bindung zwischen Vater und Sohn reicht Euthyphron nicht aus, ein solches Verbrechen zu rechtfertigen oder die Anklage zu verhindern, zumal offenkundig die Staatsanklage wegen Mord noch nicht selbstverständlich ist.

Jetzt verwickelt Sokrates ihn in ein Gespräch: Was würden die Götter dazu sagen? Er kommt von diesem Rechtsfall auf die Frage, was ist wohlgefällig für die Götter? Was können die Götter und was kann ein Priester dazu tun, diesen Rechtsfall zu sühnen oder unterhalb der Rechtsebene zu halten? Dieser Punkt interessiert Sokrates, weil er selbst der Verletzung der Gottesehrfurcht angeklagt ist. Deshalb möchte er jetzt wissen, was die Götter zu einem solchen Fall sagen. Es folgen Schlangenlinien der Argumentation, der Rückkehr und der Kreisbewegungen. Hier reicht es, die Schlussthesen anzuführen, weil diese sich darum drehen, was ruchlos und was fromm ist, wie sich Ruchlosigkeit und Frommheit mit Gerechtigkeit und Ungerechtigkeit verbinden, wie die innerweltlichen Gesetze verbunden sind mit dem, was Götter wollen, und was ihnen frommt, was sie lieben, was ihnen wohlgefällig ist. Sokrates erwähnt zusätzlich in der Mitte dieses Dialogs, es sei doch sehr merkwürdig, einige Götter fänden das gut und andere wieder nicht. So gebe es Götter wie die Erinnyen, die als Rachegöttinnen einen Ankläger des Vaters verfolgen würden, weil er ein altes Blutrecht verletzt, und andere Götter fänden das eigentlich ganz normal. Was also lieben alle Götter? Die Frage ist, in welcher Weise die Götter geeignet sind, so etwas wie eine Verallgemeinerung der menschlichen Verhältnisse zu bestätigen oder zu verneinen:

> Sokrates: Sie werden schon zuhören, wenn sie nur finden, daß du gut redest. Aber dies ist mir eingefallen, während du sprachst, und ich überlege es bei mir. Wenn mich nun auch Euthyphron noch so gründlich belehrt, daß sämtliche Götter einen solchen Tod für ungerecht halten, was habe ich nun dadurch mehr vom Euthyphron gelernt, was das Fromme ist und das Ruchlose? Denn gottgehässig wäre nun wohl diese Tat, wie es scheint. Aber nur eben hatte sich gezeigt, daß hierdurch das Fromme und Ruchlose nicht bestimmt ist, weil nämlich von dem Gottesgehässigen sich gezeigt hatte, daß es auch gottgefällig

> ist. So daß ich dich hiervon gern loslasse, Euthyphron, und wenn du willst sollen alle Götter dies für ungerecht halten, und Alle sollen es hassen. Wollen wir aber nun etwa dieses berichtigen in unserer Erklärung, daß was alle Götter hassen ruchlos sein soll, und was Alle lieben fromm, was aber Einige lieben und Andere hassen, das soll auch keins von beiden sein oder beides? Willst du, daß uns nun so die Erklärung gestellt sein soll über das Fromme und Ruchlose?[72]

Für Sokrates selbst und seinen Prozess ist das nicht brauchbar, weil die Götterwelt zu verschieden ist. Sokrates will vielmehr darauf hinaus, dass es etwas wie eine Handelsbeziehung gibt zwischen Menschen und Göttern, eine Geschäftsgrundlage. »Was haben die Götter davon, wenn ich ihnen fromm bin, ihnen Opfer bringe? Werden sie besser, werden sie schlechter, warum wollen die das und was habe ich davon?«

Was wir davon haben, sagt Sokrates, lasse sich leicht bestätigen, das sei eine Bestätigung, eine Sicherung von Rechten und vielen Dingen. Aber was haben die Götter davon? Verändern die sich? Damit wirft er hier eine gotteslästerliche Fragestellung auf, weshalb sich Euthyphron der Antwort auch entzieht.[73] 400 v. Chr. legt uns der von Platon stilisierte Sokrates eine solche Begründungslogik, eine solche Lebendigkeit im Begründen und Widerlegen und der Lust zu diesem Reden und Fragestellen vor, dass das schon etwas kulturgeschichtlich Bemerkenswertes ist. Und in der Tat steht der Sokratische Dialog in dieser platonischen Fassung am Ursprung des europäischen Denkens. Das Konstruieren, die Naturwissenschaften im Einzelnen, wie wir sie auch bei den Vorsokratikern kennengelernt haben, das Wissen und Gestalten, die Theorieförmigkeit des Begreifens, das ist bereits vorher da und trat in partikularen Bereichen auch in anderen Hochkulturen hervor. Mir ist aber keine Hochkultur bekannt, in der ein solches dialogisches Begründungsprinzip solche Bedeutung erlangt hätte.

Sie können das bis heute verfolgen: Wenn Habermas von kommunikativer Kompetenz spricht, ist kaum etwas anderes gemeint als das, was in diesen Dialogen vorgeführt wird. Hier ist eine absolut diskursive Logik im Spiel, die am Ende, wenn man so will, auf die Vereinbarung darüber hinausläuft, was wahr ist. Aber erst nach einem gewaltigen Durchgang durch Argumente und Gegenargumente!

Sokrates: So wäre also, o Euthyphron, die Frömmigkeit eine Kunst des Handels zwischen Menschen und Göttern?

Euthyphron: Auch das sei sie, wenn es dir lieber ist, sie so zu nennen.

Sokrates: Mir ist es wahrlich um nichts lieber, wenn es nicht richtig ist. Erkläre mir also, welchen Nutzen die Götter wohl haben von den Geschenken, die sie von uns empfangen. Denn was sie geben weiß jeder; indem wir ja gar nichts Gutes haben, was sie nicht gegeben hätten. Was sie aber von uns empfangen, welchen Nutzen bringt ihnen das? Oder gewinnen wir soviel bei diesem Handel, daß wir alles Gute von ihnen empfangen, sie aber von uns nichts?

Euthyphron: Aber meinst du denn, Sokrates, daß die Götter Vorteil haben von dem was sie von uns empfangen?

Sokrates: Aber was wären denn sonst, o Euthyphron, unsere Geschenke an die Götter?

Euthyphron: Wofür anders hältst du sie als für Ehrenbezeugungen und Ehrengaben, und was ich eben sagte, Angenehmes?

Sokrates: Angenehm also, o Euthyphron, ist die Frömmigkeit den Göttern, aber nicht nützlich oder lieb?

Euthyphron: Lieb, glaube ich nun meines Teils, ganz vorzüglich.

Sokrates: So ist also wiederum, wie es scheint, das Fromme das den Göttern liebe?

Euthyphron: Ganz vorzüglich.[74]

Und jetzt wiederholt sich der ganze Kreis erneut, und Sokrates stellt noch einmal die Frage, merkt er doch, dass sie sich in einem Zirkel bewegen. Euthyphron will und kann nicht sagen, was das Fromme eigentlich ist:

> SOKRATES: Und dies erklärend wunderst du dich noch, wenn sich zeigt, deine Erklärungen wollen nicht bestehen, sondern wandeln? Und willst mich noch beschuldigen, ich der Daidalos, mache sie wandeln, da du doch selbst, weit künstlicher noch als Daidalos, sie gar im Kreise herumgehen machst? Oder merkst du nicht, daß die Rede rund herumgegangen sich nun wieder am alten Orte befindet? Denn du erinnerst dich doch, daß sich uns im vorigen das Fromme und das Gottgefällige nicht als einerlei gezeigt hatte, sondern als verschieden von einander? Oder entsinnst du dich dessen nicht einmal?
>
> EUTHYPHRON: O ja.
>
> SOKRATES: Nun aber merkst du nicht, daß du behauptest, was den Göttern lieb ist, sei fromm? Wird denn dies etwa nicht das Gottgefällige? Oder doch?
>
> EUTHYPHRON: Ganz dasselbe.
>
> SOKRATES: Also haben wir entweder vorher etwas fälschlich zugegeben; oder wenn damals gut, so behaupten wir jetzt nicht richtig.
>
> EUTHYPHRON: So scheint es.
>
> SOKRATES: Von Anfang an also müssen wir noch einmal erwägen, was denn das Fromme ist. Denn ich werde, ehe ich es erfahre, nicht gutwillig weg gehen. Aber behandle mich nicht so geringschätzig, sondern nimm deinen Verstand recht zusammen, und sage mir endlich das richtige. Denn wissen musst du es, wenn irgend ein Mensch, und man muss dich, wie den Proteus, nicht loslassen bis du es sagst. Denn kenntest du nicht ganz bestimmt das Fromme und das Ruchlose, so hättest du auf keine Weise unternommen um eines Tagelöhners willen einen betagten Vater des Totschlages zu verklagen, sondern sowohl

> vor den Göttern hättest du dich gefürchtet so etwas zu wagen, falls es doch vielleicht nicht recht getan wäre, als auch die Menschen hättest du gescheut. Daher weiß ich gewiß, daß du ganz genau zu kennen meinst, was fromm ist und was nicht. Sage daher, bester Euthyphron, und verbirg nicht was du davon hältst.
>
> EUTHYPHRON: Ein anderes Mal denn, o Sokrates, denn nun eile ich wohin, und es ist Zeit daß ich gehe.
>
> SOKRATES: Was tust du doch, Freund! Du gehst und wirfst mich von der großen Hoffnung herab, die ich hatte, teils der Anklage des Melitos, von dir über das Fromme und Ruchlose belehrt, glücklich zu entkommen, wenn ich ihm beweisen könnte, daß ich nun schon vom Euthyphron weise gemacht wäre in göttlichen Dingen, und nicht mehr aus Unwissenheit auf meine eigene Weise grübelte oder Neuerungen suchte, teils aber auch mein übriges Leben würdiger zu verleben.[75]

So endet dieser Dialog »Euthyphron«, eine Art Vorbereitungsdialog für den großen Prozess. Was ist die Grundfragestellung? Es scheint, als verweigere Euthyphron, etwas zu sagen, wonach Sokrates bohrt. Sokrates hat das Gefühl, dass der Priester entweder etwas weiß, was er verheimlicht, oder es aber selbst nicht weiß, das Nicht-Wissen jedoch verbirgt. Damit ist dieser Dialog ein Aufklärungsstück in dem Sinne, dass Sokrates auch an die letzten Geheimnisse einer Ordnung will, die sich für ihn als tödlich erweisen kann. Er will wissen, wessen er angeklagt wird. Wir werden später sehen, dass er die äußerliche Beziehung zu den Göttern durch Opfer und alle diese Dinge durchaus respektiert. Und dieses Äußerliche der Religionsbeziehung ist es auch eigentlich, was hier im Dialog sichtbar wird. Ein Handelszusammenhang ist es, wobei Sokrates immer wieder darauf beharrt, dass, wenn Handel stattfindet, beide Teile Vorteile haben müssen, sonst sei es ein Gewaltverhältnis. Euthyphron aber lässt sich nicht auf dieses Geschäft ein. Sokrates will ihn hintreiben auf eine bestimmte Formulierung, auf eine bestimmte Bestätigung seiner eigenen Position. Doch in diesem

Fall bekommt Sokrates nicht heraus, was das eigentliche Motiv für den Euthyphron ist, seinen Vater anzuklagen. Ob das, wie man heute sagen würde, Menschenrechtsvorstellungen entspricht, ob in ihm etwas wie das Daimónion spricht oder ob es etwas mit seinem Priesteramt zu tun hat. Insofern ist für Sokrates aus diesem Dialog für seinen eigenen Prozess nichts übriggeblieben. Er kann nicht behaupten, Euthyphron habe gesagt, das mit der Frömmigkeit ist wie mit einem guten Handelsgeschäft. Denn darauf wollte er das Gespräch hintreiben. In dieser Dialogform spielt immer das Wissen und das Nicht-Wissen des anderen eine Rolle, wobei eben Sokrates in dieser Hebammenkunst immer darauf aus ist, den Partner aufmerksam zu machen auf die inneren Widersprüche der Argumentation und auf das Nicht-Wissen, das kompensiert wird durch schnelle Antworten. Schnelle Antworten kaschieren gleichsam das darunterliegende Nicht-Wissen.

Gesetzt den Fall, Sokrates sei mit einer gutmütigen Reaktion in der Versammlung konfrontiert gewesen, hätte er sich auf den Priester berufen können, aber er kann ihn nicht zitieren. Genauso wenig kann er verkünden, Euthyphron wisse selbst nicht, was Gott ist. Das wäre eine unfreundliche Art, denn Euthyphron hat sich auf ein Gespräch eingelassen, und dieses Gespräch ist ergebnislos geblieben. Da sind einige Klärungen zustande gekommen in hypothetischer Form, und es ist auch nicht ausgeschlossen, dass Menschen und Götter eine Handelsbeziehung pflegen, doch Euthyphron sieht in den Opfergaben doch Geschenke. Ob die Götter etwas davon haben, ob die das annehmen, das wissen wir jedoch nicht. Sokrates hält dagegen, es sei doch seltsam, wenn die Götter etwas bekommen, was sie gar nicht haben wollen. Wenn die Götter also vollkommen sind oder allmächtig, was brauchen sie dann noch von uns?

Was die Menschen davon haben, ist für Sokrates überhaupt kein Problem. Das weiß man: Ein Opfer wird geschlachtet, um beispielsweise die Wetterlage zu beeinflussen. Nun aber dreht er die Frage um, indem er sich vorstellt, was ein frommer Mensch eigentlich unterlassen soll. Er fragt danach, was Gott von meinem

Verhalten hat. Was ist ein frommer Mensch? Gottgefällig. Aber was ist gottgefällig? Im Raum steht damit die Frage der kulturgeschichtlichen Bedeutung des Geschenks, wie sie von Marcel Mauss in seiner großen Studie »Die Gabe« (1923/24) zuerst untersucht wurde. Darin erkundet Mauss die Bedeutung des Geschenks bei sogenannten primitiven Stämmen für die Macht über den anderen.[76] Ganze Stämme haben sich durch diese Geschenkrituale ruiniert. Denn an ein Geschenk, ein möglichst großes Geschenk, ist nicht nur die Erwartung eines Gegengeschenks geknüpft, sondern der Stamm drückt seine Macht damit aus. Dadurch haben sich Stämme zum Teil selbst ausgerottet, weil das eine grenzenlose Logik ist, weil Vor- und Nachteile in der Geschenklogik anders ausgewogen werden als im Handel.

Doch kommen wir noch einmal auf die Frage zurück, was ein frommer Mensch sei. Das wollte Sokrates wissen: »Bin ich ein frommer Mensch oder bin ich keiner? Wessen klagt man mich an? Warum werde ich angeklagt? Ich habe das Gefühl, ich bin ein frommer Mensch«, sagt Sokrates, »aber das sehen viele Menschen offenbar nicht.« Er will nicht wissen, was Zeus dazu denkt und Poseidon. Das weiß er. Wenn die überhaupt denken, denken sie verschieden und finden auch verschiedene Sachen gut oder schlecht. Dass diese verschiedenen Götter auch untereinander in Konkurrenz stehen, interessiert ihn nicht. Worum es ihm geht, ist herauszufinden, was das Göttliche, das allen Gemeinsame ist und wie es möglich ist, ihnen allen wohlgefällig zu sein. Euthyphron bleibt ihm die Antworten auf diese Fragen schuldig. Er sagt nur, wir machen ihnen Geschenke, aber mehr wissen wir nicht.

Was also ist ein frommer Mensch? Die Bezeichnung fromm ist natürlich immer unter dem Gesichtspunkt der anthropologischen Gebrochenheit des Menschen zu denken. Es geht nicht um den heiligen Menschen, sondern um den frommen Menschen. Der Ausdruck »als ein frommer Mensch« zieht sich durch die ganze Geschichte. Nimmt man einen orthodoxen Juden in Israel, würde auch er von sich behaupten, »ich bin ein frommer Mensch«. Viele

Menschen würden das von sich behaupten, aber was wären Merkmale eines frommen Menschen?

Im Judentum ist das ganz klar definiert. Das ist eine Gesetzesreligion, und das Einhalten der jüdischen Rituale macht einen frommen Juden aus. Wer den Sabbat nicht einhält, ist kein frommer Jude. Was aber ist ein frommer Christ? Es gibt eine Anekdote aus der Nachkriegszeit, wo es darum ging, ob auch die CDU für Theodor Heuss als Kandidat der ersten Bundespräsidentenwahl stimmen solle oder nicht. Als Adenauer berichtet wurde, Heuss sei kein wirklicher Christ, er gehe nicht zur Messe, habe Adenauer erwidert, dass Heuss kein frommer Christ wie er selbst sei, wisse er, aber er habe eine fromme Frau. Heuss' fromme Ehefrau genügte, und er wurde gewählt. Man findet in der Tat eine Bestimmung des frommen Menschen nur in solch religiös-kulturellen Zusammenhängen. Sokrates stellt hier aber zum ersten Mal etwas wie eine Definitionsfrage. Er will auf eine Definition hinaus, was Frömmigkeit ist, um damit ein handhabbares Argumentationswerkzeug in seiner Verteidigung zu haben. Denn er ist der Unfrömmigkeit angeklagt, des Erdichtens von Göttern, der Verneinung der Götter, und möchte deshalb von einem Priester wissen, was ein frommer, gottgefälliger Mensch sei, und zwar nicht nur aus menschlicher Position, sondern aus göttlicher Perspektive. Deshalb fragt er immer wieder, was die Götter davon haben. »Vielleicht finden sie es gut, wie ich diskutiere, vielleicht finden sie die Diskutierkunst gottgefällig.« Das aber vermag niemand zu sagen, schon gar nicht ein Priester, auch ein ihm freundlich gesinnter nicht. Wir werden in der »Apologie« sehen, in seiner eigentlichen Verteidigungsrede, dass bestimmte Argumente wiederkehren und wie er sich gegen seine Ankläger wehrt, die offenkundig auf ganz verschiedenen Ebenen argumentieren. Hier läuft eine Art Schauprozess ab, und das Schlimme an dieser Gerichtsverfassung ist, dass sie keine Revisionsmöglichkeit bietet. Gegen das Todesurteil in dieser Instanz ist kein Einspruch zu erheben. In Rom beginnt sich das zur selben Zeit bereits zu differenzieren. In Athen aber ist ein Todesurteil endgültig.

Die Methode des Sokrates: die anti-autoritäre Selbstbefragung der Vernunft

Vorlesung vom 22. Mai 2001

In der Person namens Sokrates spiegelt sich, was an Selbstzerrissenheit anzutreffen ist in dieser Zeit, da Athen eine große Niederlage erlitten hat und sich offensichtlich ein Klima von Verdächtigungen, von Missgunst und Neid ausbreitet. Für Sokrates geht es darum, sich zu verteidigen vor Richtern, die ihn anklagen, und vor allen Dingen, sich zu rechtfertigen. Was da beginnt, mit diesem Sokratischen Dialog, ist nicht die Vermittlung einer Lehre, sondern man kann sagen, die Wahrheitssuche beschreitet zum ersten Mal andere Wege als bei den Vorsokratikern, die nämlich über etwas nachdenken, etwas erkennen, niederschreiben und vermitteln. Dieses Sokratische Philosophieren verläuft anders, und darin liegt vermutlich für viele Menschen das Bedrohliche, im Nachweis, dass man *nichts* weiß, in der Erkenntnis, dass der Selbstanspruch über das Wissen und die Weisheit nicht berechtigt ist. Das macht Sokrates bei vielen Menschen unbeliebt.

Vordergründig geht es um die Frage der Götter und der Glaubensgewissheiten. Aber Sokrates ahnt zurecht, dass diese offizielle Anklage, nämlich die Verachtung der Götter und die Erfindung neuer Götter, nur ein zweiter, vielleicht sogar untergeordneter Punkt ist. Im Grunde geht es darum, die Selbstaussagen der Menschen darüber, was sie wissen und wofür sie sich halten, als Unwahrheiten nachzuweisen.

Da geht also Sokrates, wie wir gleich am Anfang der »Apologie« sehen werden, in der Stadt herum und befragt den Einzelnen, indern er ihn in ein Gespräch verwickelt. Im Laufe dieses Gesprächs jedoch kann Sokrates dem Befragten nachweisen, dass er sich eigentlich nur anmaßend gegenüber dem verhält, was er wirklich weiß. Indirekt hat damit diese Dialogform nicht die Vermittlung der Wahrheit, sondern die Unwahrheit zum Gegenstand. Der Hauptimpuls im Sokratischen Dialog ist, die Unwahrheit aufzudecken. Insofern kann man von Sokrates in der Tat als dem ersten großen Aufklärer sprechen. Er klärt über das auf, was man weiß und was man nicht weiß, oder vielmehr: Er will darüber aufklären. Wer sich in dieser Weise jenen nähert, die Herrschaftspositionen einnehmen, und deren Nicht-Wissen aufdeckt, wird beim Volk beliebt sein. Wer aber mit dieser Methode das ganze Volk einbezieht, weckt keine besonderen Sympathien bei den Menschen.

Deshalb möchte Sokrates gern wissen, was ein frommer Mensch ist, damit er irgendetwas in seinem Verteidigungsgepäck hat, das er den Richtern und natürlich auch den Geschworenen mitteilen kann. Doch von Euthyphron bekommt er diese Auskunft nicht, sondern er gerät vielmehr in eine schwierige Situation mit diesem Priester, von dem er keine positive Auskunft erhält und den er im Bewusstsein verlässt, »der weiß das auch nicht! Der gibt auch nur vor zu wissen, was Gott ist, wer Gott ist.« Zu einer direkten Konfrontation kommt es allerdings nicht, da der Respekt für Euthyphron Sokrates davon abhält, seine Gedanken auszusprechen, und weil der Priester zu einer anderen Verpflichtung eilend das Gespräch abbricht.

Ein Punkt dieses Dialogs zwischen Euthyphron und Sokrates geht in die »Apologie« mit ein, nämlich der Gedanke vom Dienstverhältnis. Sokrates will bereits Euthyphron darauf festlegen, dass es sich beim Verhältnis zwischen Menschen und Göttern, bei den Opfergaben, um eine Art Handel drehe. Er geht davon aus, dass ein vernünftiger Handel, ein Tauschakt mindestens zwei Parteien zum Vorteil gereichen muss. Was aber haben die Götter davon, wenn wir ihnen Weihrauch oder etwas anderes opfern? Wir selbst können sagen, dass wir von der Existenz der Götter profitieren. Aber was die

Götter von uns haben, das weiß man nicht. Und dennoch lässt sich Euthyphron nicht darauf festlegen, das Ritual und die Beziehung zu den Göttern als Handelsgeschäft zu beschreiben.

In einem Punkt nimmt Sokrates in der »Apologie« das Bild wieder auf und erklärt, dass es eine Art Dienst für die Götter sei, also eine Bedienung zwischen Herrn und Diener. Dieses Dienen nimmt er auch für sich Anspruch:

> Unter euch ihr Menschen ist der der Weiseste, der wie Sokrates einsieht, daß er in der Tat nichts wert ist, was die Weisheit anbelangt. Dieses nun gehe ich auch jetzt noch umher nach des Gottes Anweisung zu untersuchen und zu erforschen, wo ich nur einen für weise halte von Bürgern und Fremden, und wenn er es mir nicht zu sein scheint, so helfe ich dem Gotte und zeige ihm, daß er nicht weise ist. Und über diesem Geschäft habe ich nicht Muße gehabt weder in den Angelegenheiten der Stadt etwas der Rede wertes zu leisten, noch auch in meinen häuslichen, sondern in tausendfältiger Armut lebe ich wegen dieses dem Gotte geleisteten Dienstes.[77]

Er legitimiert hier seine Tätigkeit mit dem Nachweis, dass eigentlich nur Gott weise sei und nicht die Menschen weise seien, und betont zudem, dass ihm dieser Dienst an Gott nicht viel eingebracht habe, lebe er doch in Armut. Das ganze Argument legitimiert seine Tätigkeit, insofern sie mehr ist als eine bloß individuelle, nämlich eine Art Gottesdienst. Philosophieren ist hier Gottesdienst, weil er sagt, wirklich weise ist nur ein Gott.

Nun antizipiert er eine Frage der Athener: »Sokrates, was machst du überhaupt, wenn du weder Geld verdienst noch Wahrheit vermittelst?« Er nimmt solche zu erwartenden Fragen rhetorisch in seine Verteidigungsrede auf:

> Vielleicht nun möchte jemand von euch einwenden: Aber Sokrates, was ist denn also dein Geschäft? Woher sind diese Verleumdungen dir entstanden? Denn gewiß, wenn du nichts besonders betriebest

> vor andern, es würde nicht solcher Ruf und Gerede entstanden sein, wenn du nicht ganz etwas anders tätest als andere Leute. So sage uns doch, was es ist, damit wir uns nicht auf Geratewohl unsere eignen Gedanken machen über dich.[78]

Mit dieser rhetorischen Frage verteidigt er sich gegen ein verbreitetes Vorurteil gegen ihn und sagt: »Das ist gefährlicher für mich als die Anklagepunkte, die Meletos und Amytos und alle anderen vorbringen. Das sind offenkundig Klügere, die das machen.« Aber was hat es mit den wirklichen Vorurteilen auf sich, dass er nicht an die Götter glaube, dass er die Jugend, die jungen Leute erziehe, was er da auf dem Markt überhaupt treibe. Da sagt er jetzt:

> Dies dünkt mich mit Recht zu sagen, wer es sagt, und ich will versuchen euch zu zeigen, was dasjenige ist, was mir den Namen und den üblen Ruf gemacht hat. Hört also, und vielleicht wird manchen von euch bedünken, ich scherzte: Glaubt indes sicher, daß ich die reine Wahrheit rede. Ich habe nämlich, ihr Athener, durch nichts anders als durch eine gewisse Weisheit diesen Namen erlangt. Durch was für eine Weisheit aber? Die eben vielleicht die menschliche Weisheit ist.[79]

Jetzt fragt er, was der Gott wohl meinen könnte, der ihm über das Orakel von Delphi jenes Rätsel aufgab, »niemand sei weiser als Sokrates«:

> Denn das bin ich mir doch bewußt, daß ich weder viel noch wenig weise bin. Was meint er also mit der Behauptung, ich sei der Weiseste? Denn lügen wird er doch wohl nicht, das ist ihm ja nicht verstattet. Und lange Zeit konnte ich nicht begreifen, was er meinte; endlich wendete ich mich gar ungern zur Untersuchung der Sache auf folgende Art. Ich ging zu einem von den für weise gehaltenen, um dort, wenn irgendwo, das Orakel zu überführen und dem Spruch zu zeigen: Dieser ist doch wohl weiser als ich, du aber hast auf mich ausgesagt. Indem ich nun diesen beschaute, denn ihn mit Namen zu nennen ist nicht nötig, es

war aber einer von den Staatsmännern, auf welchen schauend es mir folgendergestalt erging, ihr Athener. Im Gespräch mit ihm schien mir dieser Mann zwar vielen andern Menschen auch am meisten, aber sich selbst sehr weise vorzukommen, es zu sein aber gar nicht. Darauf nun versuchte ich ihm zu zeigen, er glaubte zwar weise zu sein, wäre es aber nicht, wodurch ich dann ihm selbst verhasst ward und vielen der Anwesenden. Indem ich also fortging, gedachte ich bei mir selbst, als dieser Mann bin ich nun freilich weiser. Denn es mag wohl eben keiner von uns beiden etwas Tüchtiges oder Sonderliches wissen, allein dieser doch meint zu wissen, da er nicht weiß, ich aber wie ich eben nicht weiß, so meine ich es auch nicht.[80]

»Im Vergleich zu diesem bin ich weise«, stellt Sokrates also fest. Er geht zu den einzelnen Berufen, zu Politikern, zu den Tragödiendichtern, und befragt alle, um zu überprüfen, ob der Orakelspruch zutrifft. Er nimmt Gerüchte von der Weisheit anderer Leute auf und stellt fest: »Im Vergleich zu diesen Menschen bin ich der Weisere, denn wahrscheinlich weiß keiner von uns beiden etwas Ordentliches und Rechtes, er aber bildet sich ein, etwas zu wissen, obwohl er nichts weiß, während ich, der ich nichts weiß, mir auch nichts zu wissen einbilde. »Ich scheine also um dieses wenige doch weiser zu sein als er, daß ich, was ich nicht weiß, auch nicht glaube zu wissen. Hierauf ging ich dann zu einem anderen von den für noch weiser als jener geltenden, und es dünkte mich eben dasselbe, und ich wurde dadurch ihm selbst sowohl als vielen andern verhaßt.«[81]

Wie nun lässt sich dieses Sokratische Verfahren als eine indirekte Methode näher beschreiben? Lust daran zu haben, einem anderen die Unwahrheit nachzuweisen, ist im Allgemeinen nicht besonders beliebt. Und wie kann man überhaupt die Unwahrheit herausbekommen, wenn man nicht weiß, was die Wahrheit ist? Es geht in der »Apologie« nicht nur um Weisheit, es geht auch schon um Wissen, und vor allen Dingen geht es um Wissen des Wissens, um eine frühe Form der Erkenntnistheorie, der Reflexion des Bewusstseins auf sich selbst. Das kehrt immer wieder: das Wissen des Wissens. Auch das Wissen um die Grenzen des Wissens ist ein Stück Weisheit. Es geht eigentlich immer um Wissen und Nicht-Wissen, aber – und das ist für Sokrates entscheidend – im Sinne der Selbstreflexion. Weisheit, das werden wir noch an bestimmten Stellen sehen, hat etwas mit der Selbsteinschätzung zu tun, mit Grenzen und rechten Maßverhältnissen.

Weise könnte ein Mensch sein, der sein eigenes Maßverhältnis kennt, etwa ein Tragödiendichter, der weiß, dass er Tragödiendichter ist und nicht mehr. Gäbe er das zu, wäre er vielleicht auf dem Wege der Weisheit. Aber der Tragödiendichter leitet anmaßend aus dem, was er kann, nämlich eine Tragödie schreiben, weitere besondere Begabungen ab:

> Und beim Hunde, ihr Athener, denn ich muß die Wahrheit zu euch reden, wahrlich es erging mir so. Die berühmtesten dünkten mich beinahe die armseligsten zu sein, wenn ich es dem Gott zufolge untersuchte, andere minder geachtete aber noch eher für vernünftig gelten zu können. [...] Aus dieser Nachforschung also, ihr Athener, sind mir viele Feindschaften entstanden, und zwar die beschwerlichsten und lästigsten, so daß viel Verleumdung daraus entstand, und auch der Ruf, daß es hieß, ich wäre ein Weiser. Es glauben nämlich jedesmal die Anwesenden, ich verstände mich selbst darauf, worin ich einen Andern zu Schanden mache. Es scheint aber, ihr Athener, in der Tat der Gott weise zu sein, und mit diesem Orakel dies zu sagen, daß die menschliche Weisheit sehr weniges nur wert ist oder gar nichts, und offenbar nicht dies von Sokrates zu sagen, sondern nur mich zum Beispiel erwählend sich meines Namens zu bedienen, wie wenn er sagte: Unter euch ihr Menschen ist der der weiseste, der wie Sokrates einsieht, daß er in der Tat nichts wert ist was die Weisheit anbelangt.[82]

Diese Haltung legt Sokrates auch gegenüber Euthyphron an den Tag. Doch von ihm will er wirklich etwas wissen, um sich verteidigen zu können, während er sich vielen Leuten gegenüber nur dumm stellt, was sie natürlich provoziert. Dass jemand, der jeden anhaut, als wolle er etwas lernen, dabei aber nichts anderes im Sinn hat, als Unwissenheit nachzuweisen, nicht als konstruktiver Bürger, als notwendiger Teil der Gemeinschaft angesehen wird, sondern dass man insbesondere in gesellschaftlichen Spannungssituationen Gründe sucht, um ihn auszugliedern oder zu verurteilen, ist leicht vorzustellen. Insofern weiß Sokrates, dass ihn nicht das offizielle Gericht zum Tode verurteilen wird, sondern es sind die Bürger, die über denjenigen urteilen, der sich ihnen in dieser Weise genähert hat.

Der Unterschied zwischen Weisheit und Wissen ist hierbei nicht unwesentlich. Was hier neu auftritt in der philosophischen Spekulation, ist die *Selbstreflexion,* ein wesentlicher Punkt des Denkens und natürlich des Handelns: Selbstreflexion in dem Sinne, dass ich alles tun kann, was nützlich und gut ist, und doch nie in den Stand des weisen Menschen komme, wenn ich nicht weiß, was ich tue. Es geht um dieses Element der Selbsterkenntnis: Erkenne dich selbst, gehe in dich, nicht im Sinne der Meditation, wie es in verschiedenen anderen Hochreligionen der Fall ist, nicht im Sinne eines meditativen Versenkens und Entfernens von der Welt, sondern im Sinne des Maßes. Soweit ist auch die Kreativität und Produktivität von Politikern, von Tragödiendichtern, von Handwerkern für Sokrates nur dann ein Element eines guten Lebens, wenn es einbezogen ist in ein Maßverhältnis des Wissens. Die Wissenden, welche die Weisheit und das Wissen hegen, sind – seit Sokrates – mit der Aufgabe bedacht, nicht nur zu wissen, sondern auch zu wissen, was sie nicht wissen. Darüber hinaus sind sie gehalten, das Wissen noch einmal dadurch in die Grenzen zu setzen, dass sie die bestimmten Bereiche, in denen sie sich für kompetent halten – wie die Handwerker, die Politiker oder die Tragödiendichter –, im gesellschaftlichen Leben kommunizieren, also öffentlich machen, folglich ihre Vernunft öffentlich gebrauchen. Wirklich weise ist allein Gott; er repräsentiert die Weisheit. Aber gemessen an diesem verkümmerten und hypertroph selbstbewussten, wuchernden, demonstrativ selbstbewussten Menschen, dieser ganzen Clique von Angebern und Weisen, ist Sokrates dann doch weiser.

Das will er gleichsam empirisch belegen, wie eine Art früher Sozialforscher, und auch begründen, warum es so viele Vorurteile gibt. Und zwar nicht dadurch, dass er die Menschen der Bösartigkeit beschuldigt, sondern indem er begründet, warum man keinen Freund gewinnt mit seiner Methode. Das ist ein wirklich empirisches Analyseverfahren. Es ist eine Meinungsanalyse auf empirischer Grundlage gegenüber denjenigen, die noch zusätzlich bösartig sind. Denn die gibt es auch. Meletos und jene Leute, die die offizielle Anklageschrift verfassen und ihm etwas anhängen wollen. Diese aber hält Sokrates für weniger gefährlich, weil deren Vorurteile genauer nachweisbar sind als die Vorurteile des Volkes, mit dem er es zu tun hat. Das ist eine großartige Beschreibung eines Krisenklimas, das überhaupt nichts zu tun hat mit den paar Leuten, die ihm übelwollen, und sich offenkundig grundlegend unterscheidet vom Klima zur Hochzeit eines Perikles. Denn von einer Hochzeit ist im Vergleich durchaus zu sprechen, auch wenn Perikles ein Gesetz einbrachte, das Fremden, wenn sie nicht in beiden Elternteilen attischer Herkunft waren, das Bleiberecht begrenzte.

Wichtig zu unterstreichen ist, dass in diesen Sokratischen Dialogen etwas entwickelt wird, was Philosophie im Sinne des Wissens von den eigenen Grenzen und den Maßverhältnissen darstellt. Der weise Mensch ist derjenige, der die Grenzen seines Wissens in sein praktisches Handeln miteinbezieht und der auf den anderen zugehen und reflektieren kann und der nicht über seine Verhältnisse lebt; so ist auch der Spruch des Protagoras vom Mensch als Maß aller Dinge zu verstehen. Der Wissensdrang oder der Wissensdurst geht aber immer über gewisse Grenzen hinweg. In der Tat ist es so, dass sich kein Entwicklungsschub der Wissenschaften, ob nun in der Astronomie, anderen Naturwissenschaften oder auch in den Gesellschaftswissenschaften, von vornherein auf Grenzen festlegen lassen kann. Dass ich das Bedürfnis nach Wissen habe, wäre an sich auch für Sokrates kein Problem, sondern die Form dieses Wissens, wie dieses Wissen eingebunden ist und vor allem wie es auf die eigene Person bezogen ist, was ich damit will. Entsprechend fragt er die Dichter nicht, »habt ihr eine gute Tragödie gemacht?«, sondern: »Was wollt ihr damit, was macht ihr damit, was ist der Zweck oder warum habt ihr sie gemacht?« Und da fangen sie zu stottern an und wissen nicht Auskunft zu geben. Den Handwerkern bescheinigt er viel Kenntnis, vielleicht auch weil er selbst ausgebildeter Bildhauer ist; sein Vater kommt aus einer Bildhauerwerkstatt, seine Mutter ist Hebamme, und die haben mit sehr praktischen Dingen zu tun. Auch die Sokratische Methode hat etwas Handwerkliches an sich, ein Ausprobieren und Überprüfen. Hier überprüft Sokrates das Delphische Orakel, aber auch sonst ist Sokratisches Denken mit dem Überprüfen von Wahrheit und Unwahrheit verbunden. Nietzsche hat einmal davon gesprochen, mit dem Hammer zu philosophieren, um auch die Hohlheit der Dinge abzuklopfen, und etwas derart Handwerkliches hat sich Sokrates vorgestellt. Den Kopf sollte man so allerdings möglichst nicht untersuchen.

Sokrates ist der erste Repräsentant einer Subjektbezogenheit des Wissens, die auf die Objekte zurückgeht. Sein Reflexionsprozess widmet sich nicht nur der Entschlüsselung der Objekte im Sinne der Erkenntnis, sondern der Entschlüsselung der Erkenntnis selbst oder, wenn man den Begriff von Fichte nimmt, der Tathandlung im Denken. Was tut das Ich, wenn es denkt und erkennt? In welcher Weise ist das Ich beteiligt an all diesen Prozessen menschlicher Angelegenheiten? Das ist Sokratisches Denken, wie es hier auftaucht, und das hat nur vermittelt etwas zu tun mit Göttern.

Sokrates weiß, dass der Vorwurf, er achte die Götter nicht, nicht der entscheidende Punkt bei seinem Todesurteil ist. Nicht was er denkt, sondern *wie* er denkt, ist für die bestehenden Herrschaftsverhältnisse gefährlich, und zwar merkwürdigerweise nicht nur für die Tyrannen. Auch für das Volk ist ein solcher Philosoph nicht integrierbar. Heute würde es sagen: »Verdammt, wo bleibt da das Positive?« Das allerdings ist bei Sokrates durchaus vorhanden, wenn auch versteckt hinter einem Wahrheitsbegriff, der zunächst nur in Negationen sichtbar ist. In den Verneinungen der Unwahrheit leuchtet etwas wie der Wahrheitsbegriff auf. Käme jetzt einer daher und sagte, das ist Wahrheit, dann würde er einwenden, das sei wiederum eine Anmaßung. Liebe zur Weisheit ist ein Prozess, der immer die Kritik an der Unwissenheit und der Unweisheit einschließt und davon gar nicht zu lösen ist. Daher steht die Selbstbildung am Anfang, arbeiten die Subjekte an sich selbst auf der Ebene des Verstandes genauso wie auf der Ebene der Gefühle, der Seele und des Körpers. Körperliche Ausbildung und Ertüchtigung haben in Athen und Sparta, überhaupt in der ganzen griechischen Stadtstaatenwelt, eine ungeheure Rolle gespielt.

Bei Aischylos gibt es Prometheus als Rebellen, doch das ist ein Halbgott. Dass sich nun aber ein Mensch wie Sokrates so rebellisch verhält, seinen Tod in Kauf nimmt für ein Prinzip wie Antigone für die Erdbestattung ihres Bruders, unabhängig von seinen Verdiensten und seinen Verbrechen, das ist neu:

> Was also verdiene ich dafür zu leiden, daß ich ein solcher bin? Etwas Gutes, ihr Athener, wenn ich der Wahrheit gemäß nach Verdienst mir etwas zuerkennen soll, und zwar etwas Gutes von der Art, wie es mir angemessen ist. Was ist also einem unvermögenden Wohltäter angemessen, welcher der freien Muße bedarf um euch zu ermahnen? Es gibt nichts, was so angemessen ist, ihr Athener, als daß ein solcher Mann im Prytaneion gespeiset werde, weit mehr als wenn einer von euch mit dem Rosse oder dem Zwiegespann oder dem Viergespann in den olympischen Spielen gesiegt hat. Denn ein solcher bewirkt nur, daß ihr glückselig scheint, ich aber daß ihr es seid, und jener bedarf der Speisung nicht, ich aber bedarf ihrer. Soll ich mir also, was ich mit Recht verdiene zuerkennen, so erkenne ich mir dieses zu, Speisung im Prytaneion.[83]

Das ist ironisch gemeint. Sokrates wehrt in der ganzen »Apologie« den Vorwurf ab, er habe für seine Dialoge Geld genommen, was er in der Tat offenbar nicht gemacht hat. Das unterscheidet ihn wesentlich von den Sophisten, die als Erzieher von jungen Leuten auftreten und dafür Geld nehmen. Sokrates ist hingegen eine Art Armenphilosoph. Ihm ist das Geld egal, der Zuhörer ist ihm wichtig, egal ob der reich oder arm ist. Allerdings betont er durchaus, in seinem Kreis hätten sich hauptsächlich junge reiche Männer befunden, die nichts zu arbeiten, nichts zu tun hatten oder sich langweilten. Aber auch von ihnen habe er nichts verlangt und sie hätten nicht bezahlt.

> Vielleicht wird euch nun, daß ich dieses sage, ebenso bedünken als was ich von dem Flehen und der Mitleidserregung sagte, als hartnäckiger Eigendünkel. Das ist aber nicht so, ihr Athener, sondern so vielmehr: Ich bin überzeugt daß ich nie jemanden vorsätzlich beleidige. Euch freilich überzeuge ich davon nicht, weil wir gar zu kurze Zeit mit einander geredet haben.[84]

Er spielt hier darauf an, das dieses Gerichtsurteil in letzter Instanz innerhalb eines Tages abläuft, was natürlich eine schwierige Gerichtssituation erzeugt. Daher sagt Sokrates, wenn er die Gelegenheit hätte, länger mit ihnen zu reden, dann wären sie von seiner Unschuld zu überzeugen:

> Aber die Ausweisung soll ich mir wohl zuerkennen? Die möchtet ihr mir vielleicht wohl zugestehen. Aber von großer Lebenslust müßte ich wohl besessen sein, ihr Athener, wenn ich so unvernünftig wäre, daß ich nicht berechnen könnte, da ihr meine Mitbürger nicht im Stande gewesen seid, meine Lebensweise und meine Reden zu ertragen, sondern sie euch zu beschwerlich und verhaßt geworden sind, so daß ihr euch nun davon loszumachen sucht, ob also wohl andere sie leichter ertragen werden? Weit gefehlt, ihr Athener! Ein schönes Leben wäre mir das also, in solchem Alter auszuwandern und immer umhergetrieben eine Stadt mit der andern zu vertauschen. Denn das weiß ich wohl, wohin ich auch komme, werden die Jünglinge meinen Reden zuhören, eben wie hier.[85]

Dann greift er einen Vorschlag von Kriton und anderen auf, eine bestimmte Geldsumme zu bezahlen, für die sich seine reichen Freunde verbürgen. Aber er nimmt diesen Gedanken eigentlich nur auf, um zu zeigen, wie jedes Maß, wie die Verhältnismäßigkeit gestört wäre, wenn sich ein unschuldig Angeklagter freikaufen sollte. Er sagt, das hat kein wirkliches Maßverhältnis, ob es da um hundert oder tausend Taler geht, die seine Jünger aufbringen wollen, oder ob er die Verbannung beantragt – das alles sei unangemessen, weil mit seiner Hinrichtung offenkundig ein Justizmord, ein Verbrechen begangen werden soll. Er weiß sehr wohl, dass es in dieser extremen Phase des drohenden Todesurteils für ihn ausschließlich angemessen ist, darauf hinzuweisen, dass ein Unrecht begangen wird. Deshalb möchte er es den Richtern nicht überlassen, gleichsam einen Freikauf zuzulassen.

Darauf folgt in der »Apologie« eine wunderbare Stelle, wo Sokrates als Ankläger gegen die Richter auftritt. Ich zitiere sie im Ganzen, stellt sie doch ein Schlüsselpassage des europäischen Denkens da:

> Es mag wohl, was mir begegnet ist, etwas gutes sein, und unmöglich können wir recht haben, die wir annehmen der Tod sei ein Übel. Davon ist mir dies ein großer Beweis. Denn unmöglich würde mir das gewohnte Zeichen nicht widerstanden haben, wenn ich nicht begriffen gewesen wäre, etwas gutes auszurichten. Laßt uns aber auch so erwägen, wieviel Ursache wir haben zu hoffen, es sei etwas gutes. Denn eines von beiden ist das Totsein, entweder soviel als nichts sein, noch irgend eine Empfindung von irgend etwas haben, wenn man tot ist, oder, wie auch gesagt wird, es ist eine Versetzung und Umzug der Seele von hinnen an einen anderen Ort. Und ist es nun gar keine Empfindung, sondern wie ein Schlaf, in welchem der Schlafende auch nicht einmal einen Traum hat, so wäre der Tod ein wunderbarer Gewinn. Denn ich glaube, wenn jemand einer solchen Nacht, in welcher er so fest geschlafen, daß er nicht einmal einen Traum gehabt, alle übrigen Tage und Nächte seines Lebens gegenüberstellen, und nach

reiflicher Überlegung sagen sollte, wieviel er wohl angenehmere und bessere Tage und Nächte als jene Nacht in seinem Leben gelebt hat, so glaube ich, würde nicht nur ein gewöhnlicher Mensch, sondern der Großkönig selbst finden, daß diese sehr leicht zu zählen sind gegen die übrigen Tage und Nächte. Wenn also der Tod etwas solches ist, so nenne ich ihn einen Gewinn, denn die ganze Zeit scheint ja auch nicht länger auf diese Art als eine Nacht. Ist aber der Tod wiederum wie eine Auswanderung von hinnen an einen andern Ort, und ist das wahr, was gesagt wird, daß dort alle Verstorbenen sind, was für ein größeres Gut könnte es wohl geben als dieses, ihr Richter? Denn wenn einer in der Unterwelt angelangt, nun dieser sich so nennenden Richter entledigt, dort die wahren Richter antrifft, von denen auch gesagt wird, daß sie dort Recht sprechen, den Minos und Rhadamanthys und Aiakos und Triptolemos, und welche Halbgötter sonst gerecht gewesen sind in ihrem Leben, wäre das wohl eine schlechte Umwanderung? Oder auch mit dem Orpheus umzugehn und Musaios und Hesiod und Homer, wie teuer möchtet ihr das wohl erkaufen? Ich wenigstens will gern oftmals sterben, wenn dies wahr ist. Ja, mir zumal wäre es ein herrliches Leben, wenn ich dort den Palamedes und Aias, des Telamon Sohn anträfe, und wer sonst noch unter den Alten eines ungerechten Gerichtes wegen gestorben ist, mit dessen Geschick das meinige zu vergleichen, das müßte, glaube ich, gar nicht unerfreulich sein. Ja, was das größte ist, die dort ebenso ausfragend und ausforschend zu leben, wer unter ihnen weise ist, und wer es zwar glaubt, es aber nicht ist. Für wieviel, ihr Richter, möchte das einer wohl annehmen, den, welcher das große Heer nach Troja führte, auszufragen oder den Odysseus oder Sisyphos, und viele andere könnte einer nennen, Männer und Frauen, mit welchen dort zu sprechen und umzugehn und sie auszuforschen auf alle Weise eine unbeschreibliche Glückseligkeit wäre. Gewiß wird man dort niemand wegen solcher Unterredungen hinrichten, denn man ist dort auch sonst glücklicher als hier und auch die übrige Zeit unsterblich, wenn das wahr ist, was gesagt wird. Also müßt auch ihr, Richter, gute Hoffnung haben in Absicht des Todes, und dies eine richtige im Gemüt halten, daß es für den guten Mann kein Übel gibt, weder im Leben noch im Tode, noch daß je von den Göttern seine Angelegenheiten vernachlässigt werden. Auch die meinigen haben jetzt nicht von ungefähr diesen Ausgang genommen, sondern mir ist deutlich, daß sterben und aller Mühen entlediget werden, schon das beste für mich war. Daher auch hat weder mich irgendwo das Zeichen gewarnt, noch auch bin ich gegen meine Verurteiler und gegen meine Ankläger irgend aufgebracht. Obgleich nicht in dieser Absicht, sie mich verurteilt und angeklagt haben, sondern in der Meinung mir Übles zuzufügen. Das verdient an ihnen getadelt zu werden. Soviel jedoch bitte ich von ihnen: An meinen Söhnen, wenn sie erwachsen sind, nehmt Vergeltung und quält sie eben so wie ich euch gequält habe, wenn euch dünkt, daß sie sich um Reichtum oder um sonst irgend etwas eher bemühen als um die Tugend, und wenn sie sich dünken etwas zu sein, sind aber nichts, so verweiset es ihnen wie ich euch, daß sie nicht sorgen wofür sie sollten, und sich einbilden etwas zu sein, da sie doch nichts wert sind. Und wenn ihr das tut, werde ich Billiges von euch erfahren haben, ich selbst und meine Söhne. Jedoch, es ist Zeit, daß wir gehn, ich um zu sterben, und ihr um zu leben. Wer aber von uns beiden zu dem besseren Geschäft hingehe, das ist allen verborgen außer nur Gott.[86]

So lautet die große Verteidigungsrede von Sokrates, in der er etwas wie ein Selbstverständnis und Selbstbewusstsein von Individuen konstituiert, Individualität, einen sehr weit gefassten Innenraum der Subjekte, und in der praktisch alle Autorität in Frage gestellt wird, nicht nur die religiösen Rituale, auch die Staatsautoritäten in ihrer Legitimität befragt werden. Sie schließt mit der Frage: Wie stehen denn diese staatlichen Mörder in der Unterwelt da, wie werden sie da selbst befragt?

Dialog und Dialektik

Vorlesung vom 23. Mai 2001

Zwei Definitionen des Menschen bilden sich, wie wir gesehen haben, allmählich im frühgriechischen Zusammenhang heraus: auf der einen Seite, was Aristoteles später das *zôon politikón* nennt, also der Mensch als politisches Wesen; und auf der anderen Seite, was sich in der Zeit von Sokrates entwickelt, die Definition des Menschen als mit Vernunft ausgestattet, der Mensch als *zôon logon echon,* mit einem Vermögen der Vernunft, des vernünftigen Redens, des Untersuchens, der Neugierde gegenüber der diesseitigen Welt. Das sind zwei Definitionen, die sich in einem jahrhundertelangen Prozess herausbilden und die eigentlich gar nicht voneinander trennbar sind. Der Mensch als ein politisches Lebewesen ist – jedenfalls in der europäischen Kultur und in ihren Ursprüngen – nicht abzutrennen von der Definition des Menschen als einem mit Vernunftfähigkeit ausgestatteten Lebewesen.

Nun, zu jener Zeit, in der Sokrates lebt, arbeitet und denkt, kommt eine dritte Definition hinzu, die etwas zu tun hat mit der Ausbildung von Individualität, mit dem Menschen als einem Lebewesen, das gewisse Instanzen in sich hineinnimmt und Urteilsfähigkeit im öffentlichen Sinne entwickelt. Das ist nicht einfach zu beschreiben, aber es vollzieht sich, wenn man so will, ein erster Individualisierungsschub, indem die Menschen jetzt nicht mehr nur politische Lebewesen, nicht nur vernunftbegabte Wesen sind, sondern mit einer ganz bestimmten Lebensführung, einem Lebensstil und einer Lebensform ausgestattet sind.

Sokrates ist – in der Darstellung Platos – das lebende Symbol eines solchen Individualisierungsstoßes, bei dem es weniger um Äußerlichkeiten wie Staat und Gesellschaft, Religion und Rituale geht, als um das, was über dem Delphischen Orakel stand: Erkenne dich selbst! Es geht um Selbsterkenntnis im Sinne der Selbstreflexion. Es ist schon merkwürdig, dass ein Delphisches Orakel, diese Priestergesellschaft, nicht irgendeinem Gott, sondern der Selbsterkenntnis gewidmet ist. »Erkenne dich selbst« als eine Art Leitspruch ist doch ungewöhnlich in den Hochkulturen. Aber gerade dieses »Erkenne dich selbst«, überprüfe, prüfe, suche, untersuche, ist ein wichtiger Gesichtspunkt bei Sokrates. Mit anderen Worten: Das, was sich vorher ausgebildet hat und worüber wir bei Heraklit in der Deutung von Heidegger laboriert haben, die Wahrheit, die *aletheia,* ist nicht nach oben gerichtet, also zu den Göttern, nicht auf die Metaphysik gerichtet oder auf das, was dahinter steht, jedenfalls nicht ausschließlich, sondern sie nimmt auch den umgekehrten Weg nach innen. Es entsteht etwas wie eine wahrhafte Lebensform als Vorbild, als Norm, der nachgelebt werden soll. Das bindet Wissen, Religion und alle anderen Dinge in einer ganz anderen Weise, als das bisher der Fall gewesen ist. Und Sokrates sagt jetzt: »Ich tue diesem athenischen Volk, das zu den großen Kulturvölkern gehört, einen ungeheuren Gefallen, indem ich es dazu veranlasse, sein Leben nicht nur in den äußerlichen Formen seiner Stämme und der Geborgenheit des Gemeinwesens zu führen, sondern an sich selbst zu arbeiten.« Dass die Menschen sich selbst zu Menschen machen, ist der Sokratische Impuls des Denkens. Das Denken, die Vernunft ist ein Hilfsmittel, ein gutes Hilfsmittel, aber es reicht bei Weitem nicht aus. Und es reicht auch nicht aus, ein Polisbürger zu sein. Wir wissen inzwischen nicht nur durch Hannah Arendt, auch durch andere Untersuchungen, dass das eben den freien Bürger bedeutet und nicht allein den Bürger als bloßes Gesellschaftsmitglied. Alle Oikos-Angelegenheiten der Selbsterhaltung und der Hauswirtschaft gehören zu den Abhängigkeitsverhältnissen der Menschen. Das ist kein *zôon politikón. Zôon politikón* ist vielmehr der freie Bürger, der seine Stadt zum Hauptgegenstand seiner Überlegungen und seines Handelns macht. Nun sagt aber Sokrates, das reiche nicht aus, denn es seien eben freie Bürger, die ihn verurteilten, und offensichtlich können solche freien Bürger also irren. Nicht nur die Tyrannen irren sich oder irgendwelche anderen Eliten, sondern auch die Masse. Das ist etwas ganz Neues und etwas geradezu Modernes, was Sokrates damit ausdrückt, der auf der Suche nach einer inneren Instanz ist, die ihm bedeutet, was richtig ist und was falsch.

Es gibt für Sokrates etwas wie eine Einbindung der Erkenntnis, des Wissens und der Wissbegierde, der Liebe zum Wissen in die Umgestaltung der eigenen Lebensform. Diese Umgestaltung der eigenen Lebensform ist nach Sokrates ein öffentlicher Vorgang. Und selbst wenn die Dialoge, die Plato niedergeschrieben hat, *seine* Position zum Ausdruck bringen, kann man davon ausgehen, dass das dialogische Verfahren als Kunst des öffentlichen Argumentierens über Jahrzehnte, wenn nicht über ein Jahrhundert geübt wurde. Die Kunst des Argumentierens ist es, was hier als Denkform entsteht und nie wieder in der europäischen Geschichte verloren geht. Man findet das Dialogische noch Jahrtausende später in der modernen Philosophie, bei Berkeley, Leibniz und anderen. Es ist eine Kunst des rationalen Argumentierens.

Doch was unterscheidet eigentlich ein Argumentieren in Dialogform von einer wissenschaftlichen Untersuchung? Der Dialog ist immer ein Gespräch, das nicht funktionieren kann, wenn man den Gesprächspartner nicht wenigstens in seinen Irrtümern aufnimmt. Darin liegt eine *Anerkennung des anderen*. Selbst wenn das Beweisverfahren belegt, dass dieser unrecht hat, ist es zunächst einmal die Kenntnisnahme davon, dass ein anderer eine bestimmte Auffassung, ein Argument hat, mag es noch so schlecht begründet sein. Das dialogische Element ist darauf gerichtet, dass auch die Irrtümer des anderen den Anspruch haben, ernst genommen zu werden. Dialogpartner teilen Wahrheiten nicht einfach mit und sagen, der andere sei blöde und habe sowieso nichts zu melden, sondern die Dialogform hat die Einbeziehung des anderen zur Voraussetzung. Insofern ist diese *Dialogform* immer auch ein Stück *Öffentlichkeit*. Sie impliziert das Öffnen des bloß privaten

Bildungsprozesses. Das Dialogische ist eine Form des öffentlichen Argumentierens und nicht einfach der Vermittlung von Wissen. Mit anderen Worten, die Vermittlungsproblematik von Wahrheit wird bei Sokrates zum ersten Mal geschichtlich artikuliert, und das ist auch in der »Apologie« der Fall. Darin sagt er, »hätte ich zwei, drei Tage Zeit, dann würde ich euch überzeugen«. Es gibt also eine Zeitstruktur einer solchen dialogischen Form; die Bildungs*prozesse* über diese dialogische Form sind andere.

Ich möchte jetzt an einem griechischen Lexikon vorführen, was dieses *dialegesthai* und *diálogos* sind. Dieses *dia* kommt auch bei uns in Fremdwörtern ungeheuer oft vor, etwa bei Dialyse, also Reinigung, Austausch. Doch was bedeutet es, wenn man *dia* ins Denken übersetzt? Trennung, da fängt Denken an. Dieses Wort, dieses Symbol der *dia,* bedeutet einen wesentlichen Akt, der mit Denken verknüpft ist, nämlich Auseinanderlegen, besser aber Entmischen. Insofern ist Dialyse die Entmischung, Entgiftung. Man findet dieses Wort in sehr vielen Verbindungen. In dem Punkt, dass die griechische Sprache eine Sprache besonderer Reichhaltigkeit und Schärfe ist, hat Heidegger natürlich absolut Recht. *Dia* bedeutet daher nicht nur auseinander, entzwei, sondern ebenfalls hindurch, durch. Damit steckt auch eine Bewegung im *dia*. Man findet immer beide Elemente: Entmischung und Bewegung. Man kann gar nicht entmischen, ohne den Gedanken oder die Sache zu bewegen. Eine große Zahl von Variationen gibt es mit »durch« im Sinne von durchschreiten, überschreiten, hinüberbringen, übersetzen, überbringen und so weiter. Dem gegenüber steht entzweien, verfeinden, verhasst machen und so weiter. Die Verbindung dieses adverbialen Kontextes mit *lógos* integriert diesen gleichsam in die Bewegungsformen des *dia*.

Es ist eine Vernunftvermutung in diesem Begriff des Dialogs geblieben oder, besser, eine Verständigungsorientierung. Aber nicht im Sinne eines bloß technischen oder strategischen Elements. Für die Griechen ist es vielmehr wesentlich, der Sprache gemäß zu denken und zu handeln. Ich habe das schon erwähnt, *kategoros,*

Kategorie, bedeutet, der Sprache gemäß zu denken und zu sprechen. Als ein mit Vernunft ausgestattetes Lebewesen erkennbar zu sein, das ist für die Griechen dieser Zeit ein sehr wichtiger Punkt. Deshalb kann auch Sokrates sagen, »ihr begeht an mir einen Justizmord«, und in der Tat werden Meletos und andere kurze Zeit nach diesen Vorfällen selbst zum Tode verurteilt. Sich aussprechen, sich besprechen, sich unterreden, sich unterhalten, überhaupt sprechen, reden – so ist der Dialog als eine Ausdrucksform des Redens, und zwar des geregelten Redens zu begreifen. Und das geregelte Reden ist eigentlich seit Sokrates etwas wie Argumentieren. Das Argument des anderen aufzunehmen, bedeutet überhaupt erst Denken, Denken im Sinne möglicher Veränderung. Denn Dialoge sind alle auf die Möglichkeit gerichtet, den Menschen durch Argumentieren zu verändern. Das Sichtbarmachen dessen, was falsch ist, soll die Veränderung des Menschen herbeiführen. Das ist ein bleibender Gedanke in der europäischen Kultur, bis hin zu therapeutischen Arrangements, bis hin zu Freud.

Der Begriff Dialektik hat eine lange Geschichte, weil er sehr starke Transformationen durchgemacht hat. Ich will das hier nur andeuten. Dialektik, soweit es sich bei Sokrates darstellt, ist unabdingbar an das dialogische Prinzip geknüpft. Noch gibt es keine systematische Zusammenfügung der Begriffe dialektischen Denkens, das gibt es erst bei Aristoteles, der Analytik und Dialektik unterscheidet. Aber auch das ist nicht so entscheidend, sondern der Begriff macht erst in der modernen Zeit bei Kant seine Geschichte, wobei bei Kant Dialektik die Argumentationsweise im Bereich des Scheins ist. Die Dialektik wird bei Kant depotenziert, verliert ihren Wahrheitsanspruch, und die analytische Philosophie ist gleichsam das Grundgerüst dieses Hausbaus der Vernunft, wie Kant sagt. Aber Kant sagt auch, in der Dialektik kommen Probleme des Menschen zum Ausdruck, die er weder wissenschaftlich oder philosophisch lösen, noch auf die er verzichten kann. Das ist der Bereich der Dialektik. Gott, Freiheit und Unsterblichkeit sind Dinge, mit denen jeder Mensch zu tun hat, über die jeder Mensch nachdenkt. Insofern ist in dieser Dialektik vieles enthalten, was die Menschen in der Tat berührt, aber nicht beweisbar ist; das Bedürfnis nach Gott ist kein Beweis seiner Existenz, das ist einer der zentralen Sätze. Dialektik nimmt bei Kant einen spekulativen Überhang an und bezeichnet jenen Bereich, in dem Erkenntnis deshalb nicht möglich ist, weil der zweite Erkenntnisstamm fehlt, nämlich die Sinnlichkeit. Sinnlichkeit und Verstand sind die beiden Grundstämme von Erkenntnis. Könnte man Gott sehen, die Unsterblichkeit nachweisen und die Freiheit dingfest machen, diese drei Postulate einer dialektischen Vernunft, dann könnte man sie auch beweisen. Sie wären zu sinnlichen Gegenständen gemacht. Da das nicht der Fall ist, sind wir eben mit unserem Vernunftvermögen nicht imstande, das zu beweisen. Aber die Annahme ihrer Existenz ist notwendig für die regulativen Postulate der praktischen Vernunft.

Hegel verleiht der Dialektik ein ganz anderes Gewicht. Er behauptet, Kant wisse nicht, was er tut, wenn er sagt – in den Antinomien und den Paralogismen –, das eine sei ohne das andere nicht möglich, Freiheit und Kausalität seien miteinander verknüpfbar, oder wenn er davon spricht, dass es ein Apriori gebe, ein Aposteriori, ein Ding an sich oder ein Phänomenon, also eine Erscheinung, die aber nichts miteinander zu tun haben sollen und getrennt seien, und dass das Ding an sich nicht erkennbar sei, aber für die Erkenntnis notwendig. Das ist das Argument von Hegel: Kant tut etwas, ohne zu wissen, was es ist, weil jeder Begriff und jede Sache in sich widersprüchlich ist, das heißt, also die dialektische Struktur in sich enthält. Sodass Freiheit und Kausalität in der Tat auch im Begriff sich gegenseitig erzeugen, und wenn ich »Ding an sich« sage, sage ich auch »Erscheinung«, also muss man auch konsequent in die Begriffe hineingehen und ihre dialektische Struktur, das Umschlagen dieser Begriffe analysieren.

Die Dialektik bei Aristoteles ist eine Verehrung der dialogischen Form, die zu einem Denkprinzip wird. Bei Aristoteles erkennt man den Begriff schon, und er löst sich von der konkreten dialogischen

Form. Im Übrigen schon bei Plato selbst. In den »Nomoi«, in der letzten Schrift, tritt Sokrates nicht mehr auf, und die Bedeutung von Sokrates nimmt bereits in der »Politeia« ab. Und auch das dialogische Prinzip verliert sich in der Entwicklungsgeschichte des Denkens. Wenn Leibniz oder Berkeley solche philosophischen Dialoge konstruieren, dann sind es weitgehend Scheindialoge. Es werden konstruierte Figuren vorgeführt, die sich nicht wirklich in einer Dialogform auseinandersetzen, wie wir sie im Sokratischen Dialog, im Sokratischen Gespräch haben. Die Dialektik wird zu einem systematischen Bereich des Korpus, der theoretischen Philosophie und verliert allmählich das dialogische Element.

Wir müssen noch einmal kurz auf die »Apologie« eingehen, weil sie für den Zweck, den ich hier mit der Erörterung verbinde, doch wichtig ist. Es gibt also drei Teile in dieser Apologie, drei große Abschnitte. Der eine Abschnitt ist die Verteidigungsrede, wo unterstellt wird, Sokrates könnte Einfluss nehmen auf das Urteil des Geschworenengerichts. Der zweite Teil bezieht sich auf die Zeit, in der das Urteil gefällt ist, wo er die Möglichkeit haben soll, Gnade zu erbitten oder ein eigenes Urteil festzulegen, über das die Volksversammlung dann noch abzustimmen hätte. Die Frage dabei ist, was seinem Verbrechen gemäß ein vertretbares Urteil wäre. Das ironisiert er, indem er einerseits sagt, »ich bin ein armer Mann und ein Mittagstisch in der Beamtenmensa wäre das richtige«. Oder aber er spielt den Vorschlag seiner Freunde durch, tausend Taler oder so zu zahlen, gibt dabei aber ironisierend zu erkennen, dass das Todesurteil unverrückbar sei. Er will das Urteil, da es letztinstanzlich ist. Es käme nur etwas wie ein Gnadenerweis in Frage, der ihn von der Schuld freispricht. Aber Zahlungen zu leisten, um gleichsam die Grundschuld anzuerkennen und sein Leben damit zu erkaufen, vermag er nicht. Und der dritte Teil dieser Apologie ist die Anklage. Sokrates selbst wird jetzt zum Ankläger gegen die Richter und auch ein bisschen gegen das Volk. Er formuliert eine Anklagerede gegen die eigentlichen Verbrecher, die ihn verurteilen, wobei Meletos und die Offizialankläger zentrale Rollen spielen.

Es tritt hier die Sokratische Dimension auf, gleichsam eine dritte Definition des Menschen, in Form des öffentlichen Dialogs als eine Art Untersuchungsarbeit, nicht um andere Menschen von der Wahrheit zu überzeugen, sie mit ihr zu konfrontieren, sondern um die Unwahrheit zu verneinen, gleichsam die Strahlen der Unwahrheit abfallen zu lassen. Nicht im bloßen Erkenntnisinteresse, sondern im Interesse der Veränderung der Lebensformen, der Gestaltung einer Lebensform, agiert Sokrates. Wenn ich überhaupt die Möglichkeit habe, etwas für diese Gesellschaft oder ihren Staat zu tun, dann auf keinen Fall indem ich immer mit der bloßen Meinung, die gerade vorherrscht, konform gehe. Es entstehen Eigensinn und Gewissen als Instanzen, in denen festgelegt wird, welches Handeln und welche Tätigkeit sinnvoll ist. Das ist der Sokratische Dialog, das ist eine Form der Selbstveränderung des Menschen, die eingeht in Weisheit. Weisheit wird hier zum ersten Mal in der Geschichte bestimmt als die Einbindung der Lebenserfahrung in eine Erkenntnis. Weisheit dient gleichzeitig der Erkenntnis, dem äußerlichen Handeln und der Stellung der Gesellschaft.

Das letzte große Gespräch im Zusammenhang mit dem Urteil und der Vollstreckung ist der »Phaidōn«. Er gehört zu den großen Dialogen, und es ist kaum zufällig, dass jetzt die Frage auftritt, was der Lebenssinn sei, wie das Verhältnis zwischen Körper und Seele. Gibt es etwas wie eine Unsterblichkeit der Seele? Was ist überhaupt mit den sichtbaren Dingen? Die Essenz des »Phaidōn« besteht darin, zu klären, ob es überhaupt etwas gibt, was über den Tod hinaus bleibt und nicht zerstört wird.

Die Körper-Seele-Problematik tritt im »Phaidōn« in den Vordergrund. Es ist praktisch die erste philosophische Auseinandersetzung zu diesem Problem, das nicht nur in den christlichen Auseinandersetzungen des Mittelalters, sondern überall bis in die modernen Zeiten hinein präsent ist. Der »Phaidōn« ist das Modell dieser Fragestellung, nicht etwa der Lösung. Deshalb möchte ich einen Überblick darüber geben: Es ist der letzte Tag von Sokrates vor dem Tode, und er versammelt seine Jünger. Nicht alle sind dabei, Plato zum Beispiel nicht, dafür sind einige Fremde unter ihnen. Plato hat als Verfasser immer gern solche Leute dabei, damit diese im Dialog die dummen Fragen stellen; sonst kommt keine Spannung auf.

Im ersten Kapitel geht es noch einmal um die Frage, ob es denn wirklich notwendig sei, dass Sokrates stirbt. Im zweiten Kapitel philosophieren sie über den Tod, das verborgene Sterben des wahren Philosophen, Ablösen der Seele vom Leib, das Treffen der Wahrheit mit der Seele allein, der Leib als Hindernis beim Erkennen des Reinen und Ungetrübten. Hier lautet die Frage, was der Leib eigentlich bedeute. Der Leib ist das Grab der Seele. *Soma* und *sema,* Körper und Grab, beides klingt sehr ähnlich, das spielt eine sehr große Rolle, der Leib als Grab der Seele und wie es ist, wenn die Seele dieses Grab verlässt. Was hat das für Erkenntnisfolgen? Im dritten Kapitel folgen der Beweis von der Unsterblichkeit der Seele und das Entstehen aller Dinge aus dem Gegenteil. Das vierte ist eines der zentralen philosophischen Kapitel bei Plato überhaupt, nämlich die Wiedererinnerungslehre: Anamnesis, Wiedererinnerung, eine ja auch in anderen Kulturen vorhandene Idee, dass schon einmal ein Leben, ein Lernen vor dem Leben stattgefunden hat. Sokrates entwickelt hier eine Lehre, die besagt, dass Erkenntnis durch Wiedererinnerung möglich werde, gleichsam auf der Wiedererinnerung basiere. Demnach waren die Seelen schon vor der Geburt und hatten Einsicht. Das vorgeburtliche Sein der Seele ist so notwendig wie das Sein der Ideen. Das fünfte Kapitel behandelt das Ähnlichsein der Seele mit dem unsichtbaren Beständigen. Hier entwickelt Plato seine Ideenlehre: das Sein der erscheinenden Welt und das, was über die erscheinende Welt hinausgeht. Der Leib ist dem Sichtbaren, Seienden ähnlich, die Seele dem Unsichtbaren. Das sechste Kapitel fragt nach der Reinheit und Befleckung, der Seelenbeschaffenheit der unrein erscheinenden Seele. Das siebte und achte »Phaidōn«-Kapitel verhandeln die Einwände gegen das Gesagte und ihre Wirkungen. Im neunten Kapitel bemüht sich Sokrates um die Erkenntnis der Ursache von Entstehen und Vergehen.

In diesem Dialog angesichts des Todes von Sokrates finden sich jene Fragestellungen, welche die europäische Philosophie bis zu Kant, Hegel und zur heutigen Zeit ausmachen. Dabei sind Fragen und Antworten nicht-religiöser Art. Nicht der Mythos, die Religion wird herangezogen, um zu begründen, sondern das vernünftige Denken. Und in den großen sokratischen Dialogen findet eine Verbindung von Philosophie und Öffentlichkeit statt. Philosophie wird zu einer öffentlichen Angelegenheit dadurch, dass sie nach Sokrates hauptsächlich dazu beiträgt, die Menschen zu verändern. Dadurch bekommt Philosophie einen anderen Zweck: die wissende Veränderung der Menschen, die Veränderung der Menschen durch Wissen, das ist neuartig und grenzt sich etwa von der meditativen Form anderer Religionen ab. Die Denkbewegung richtet sich zentral auf die anderen Menschen und am Ende auf das Gesamtglück der Polis.

Damit tritt zugleich eine Spannung zwischen Individuum und Gesellschaft auf. Selbstachtung spielt eine Rolle in diesem Prozess gegen Sokrates. »Es wäre eine Entwürdigung, eine Selbstentwürdigung angesichts des Unrechts, das mir geschieht, mich jetzt aus der Schlinge zu ziehen oder zu versuchen, zu entkommen oder zu bezahlen.« Deshalb sagt Sokrates auch sehr deutlich, »wenn ihr erwartet, dass ich aufhöre, Untersuchungen anzustellen, wenn ich mich freigekauft habe, dann täuscht ihr euch. Ich würde genauso weitermachen wie vorher.« Damit aber läuft alles auf das Todesurteil hinaus:

> [...] wenn ihr mir hierauf sagtet: jetzt, Sokrates, wollen wir zwar dem Anytos nicht folgen, sondern lassen dich los unter der Bedingung jedoch, daß du diese Nachforschung nicht mehr betreibst und nicht mehr nach Weisheit suchst, wirst du aber noch einmal darauf betroffen, daß du dies tust, so mußt du sterben, wenn ihr mich also wie gesagt auf diese Bedingung losgeben wolltet, so würde ich zu euch

> sprechen, ich bin euch zwar zugetan und Freund, gehorchen aber werde ich dem Gotte mehr als euch, und so lange ich noch atme und es vermag, werde ich nicht aufhören nach Weisheit zu suchen und euch zu ermahnen und zu beweisen, wen von euch ich antreffe, mit meinen gewohnten Reden, wie, bester Mann, als ein Athener aus der größten und für Weisheit und Macht berühmtesten Stadt, schämst du dich nicht für Geld zwar zu sorgen wie du dessen aufs meiste erlangest, und für Ruhm und Ehre, für Einsicht aber und Wahrheit und für deine Seele, daß sie sich aufs beste befinde sorgst du nicht und hierauf willst du nicht denken? Und wenn jemand unter euch dies leugnet, und behauptet er denke wohl darauf, werde ich ihn nicht gleich loslassen und fortgehn, sondern ihn fragen und prüfen und ausforschen. Und wenn mich dünkt er besitze keine Tugend, behaupte es aber, so werde ich es ihm verweisen, daß er das wichtigste geringer achtet und das schlechtere höher. So werde ich mit Jungen und Alten, wie ich sie eben treffe verfahren und mit Fremden und Bürgern, um soviel mehr aber mit euch Bürgern, als ihr mir näher verwandt seid. Denn so, wißt nur, befiehlt es der Gott. Und ich meines Teils glaube, daß noch nie größeres Gut dem Staate widerfahren ist als dieser Dienst, den ich dem Gott leiste.[87]

Das verstehe ich unter Eigensinn. Das Todesurteil könnte nur durch dieselbe Instanz zurückgenommen werden, die es ausgesprochen hat, aber es hat keinen Preis. Ginge es nur um eine Lehre, gäbe es vielleicht eine Alternative. Aber hier stünde seine Haltung, sein Einstehen, sein Dienst am Gott zur Disposition, und diese zu veräußern ist er nicht bereit. Er verneint den Selbstverrat an seiner Lebensform und stirbt dafür. Diese Lebensform ist unabänderlich eine des öffentlich tätigen freien Philosophen, freien Untersuchers, wie er sagt. Das aber setzt etwas voraus, was später als bürgerliche Öffentlichkeit bezeichnet wird.

Platon, der Tod und die Ideen

Vorlesung vom 29. Mai 2001

Für Platon ist es typisch, sich in dialogischer Form und in Situationen, heute würde man sagen, in Szenen zu bewegen, um Theorie darzustellen. Das macht die Sache auf der einen Seite sehr lebendig, auf der anderen Seite aber auch komplizierter, weil man das Ideengeflecht, das dahintersteht, zunächst herauslösen muss. Systematische Darstellungen werden erst bei Aristoteles, seinem Nachfolger, wirklich entwickelt.

Doch nun zu »Phaidōn«, der ersten philosophisch begründeten Seelenlehre. Es wird die Frage gestellt, was geht über das Sichtbare, über die Sinnenwelt hinaus? Ist mit dem Tod alles zu Ende? Ist der Körper gleichsam das einzig mögliche Gefäß all dessen, was an Geist, an Immateriellem mit tätig ist, oder gibt es etwas, was darüber hinausweist, was wenigstens so realitätshaltig ist, wenn auch anders als die körperliche Realität? Gleichsam erfolgt hier eine Spaltung der Wirklichkeit. Es gibt zwei Wirklichkeiten, und zwar nicht eine Wirklichkeit, die uns umgibt, die unseren Körper ausmacht, und eine zweite Nicht-Wirklichkeit, sondern bei Plato werden zwei Wirklichkeitsschichten auseinandergehalten, deren Wirklichkeitsgehalte nicht nur gleichgeordnet sind, sondern die sich umkehren. Was wir sehen, was wir tasten, was wir genießen, was also körperlich ist, wird im Wirklichkeitsstatus zurückgestuft, nimmt etwas vom Unwirklichen an, wogegen das, was dahintersteht, zur eigentlichen Wirklichkeit wird. Ich möchte nur die Bewegungsrichtung bezeichnen, die auf eine Spaltung hinausläuft. Hier taucht auch zum ersten Mal dieses Wort *chōrismós* auf, das ist der ontologische Grad, die Trennung von Wirklichkeit im Sinne einer sinnlichen Gegebenheit, die sich verändert, und einer Wirklichkeit, die darüber hinausgeht, aber zu einem Gesamt von Urbildern des nichtgegenständlichen Wirklichen wird. Gleichsam das, was dahintersteht, wird zu Vorbildern dessen, was wir sehen. Dadurch trennt sich die Ideenwelt von der sinnlichen Welt:

> So gehen wir denn, sprach er, zu dem, wovon wir auch vorher sprachen! Jenes Wesen selbst, welchem wir das eigentliche Sein zuschreiben in unsern Fragen und Antworten, verhält sich dies wohl immer auf gleiche Weise, oder bald so, bald anders? Das Gleiche selbst, das Schöne selbst, und so jegliches, was nur ist, selbst, nimmt das wohl jemals auch nur irgend eine Veränderung an? Oder verhält sich nicht jedes dergleichen als ein immer gleiches Sein an und für sich immer auf gleiche Weise und nimmt niemals auf keine Weise irgendwie eine Veränderung an? – Auf gleiche Weise, sprach Kebes, und einerlei verhält es sich notwendig, o Sokrates. – Wie aber das viele Schöne, wie Menschen, Pferde, Kleider oder sonst irgend etwas dergleichen Schönes oder Gleiches oder sonst einem von jenem Gleichnamiges, verhalten sich auch diese immer gleich, oder ganz jenem entgegengesetzt, weder mit sich selbst jedes noch untereinander jemals, um es kurz zu sagen, auch nur im mindesten gleich? – Wiederum so, sprach Kebes, scheint mir dieses niemals einerlei sich zu verhalten. – Und diese Dinge, sprach er, kannst du doch anrühren, sehen und mit den andern Sinnen wahrnehmen, aber zu jenen sich Gleichseienden kannst du doch wohl auf keine Weise irgend anders gelangen, als durch das Denken der Seele selbst, sondern unsichtbar sind diese Dinge und werden nicht gesehen? – Auf alle Weise, sagte er, hast du recht.
>
> Sollen wir also, sprach er, zwei Arten der Dinge setzen, sichtbar die eine und die andere unsichtbar? – Das wollen wir, sprach er.[88]

Ist ein Pferd ein Pferd? – Er geht von der sinnlichen Welt aus und sieht in den Pferden – in der tierischen Erscheinung, in den sinnlich wahrnehmbaren Dingen – die Idee des Pferdes, gleichsam den Maßstab, das Allgemeine, was dahintersteht. Das einzelne Pferd entspricht dem nicht, aber es gibt etwas wie eine Pferdheit – so heißt es später im Mittelalter –, etwas Pferdartiges, den Allgemeinbegriff Pferd. Die platonische Lehre zielt hier, indem sich die Beziehung zwischen Seele und Körper löst, auf das Beständige, Einheitliche, Unveränderliche und Unvergängliche und damit auf eine Uridee, in diesem Fall des Pferdes. Was liegt dem Pferd zugrunde, das allen Pferden, die wir sehen, die wir wahrnehmen, gemeinsam ist? Was ist gewissermaßen das Universale? Was ist das Allgemeine? Deshalb spricht man später von Universalia, Allgemeinbegriffen. Entsprechend lässt sich behaupten, der Allgemeinbegriff des Menschen, unabhängig von einzelnen Ausprägungen, sei der eines vernunftbegabten Sinneswesen.

Die Allgemeinbegriffe sind dabei jedoch nicht bloß die Summe der Einzeldinge, könnten wir doch so viele verschiedene einzelne Dinge nehmen, wie wir wollen, ohne je auf diese Weise auf einen Allgemeinbegriff zu kommen. Vielmehr, sagt Plato, müssen wir etwas haben wie Ideen des Guten, des Gerechten, aber auch von den einzelnen Dingen, an denen wir uns ausrichten, wenn wir die Wahrheit suchen. Durch die empirischen Erscheinungen hindurch blicken wir dann auf das Andere dieser Welt, ohne sie zu verlassen. Diese Erscheinungswelt bleibt, aber es ist eben nur eine Erscheinungswelt. Später heißt es, diese sei ein Kerker, eine Schattenwelt. Viele solche Symbole treten bei Plato auf. Hier wird zum ersten Mal der Körper als Kerker bezeichnet, was in der »Politeia« als Höhle wiederkehrt. Der Philosoph ist jetzt derjenige, der schon in diesem Leben versucht, die zweite Wirklichkeit, die Seele möglichst von den Verunreinigungen der Sinnlichkeit zu befreien, indem er Wahrheit sucht, die hinter den Dingen liegt. Das wiederum disponiert ihn, wie wir gleich sehen werden, für eine jenseitige Welt von Seelenbildern, von Seelenurbildern, die wiederum zurückkehren als gerechte Menschen.

Es geht anhand des bevorstehenden Todes von Sokrates um die Frage, was folgt, wenn er den Schierlingsbecher getrunken hat. Ist damit alles vorüber? War das alles? Und was bleibt? Nicht um seine Werke geht es dabei, da kann man sicher sein, sondern um die Frage, ob etwas darüber hinaus bleibt, wenn man so will, ein guter Seelenvorrat. Das ist auch eine christliche Vorstellung, dass gewissermaßen der gute Seelenvorrat erweitert wird: Das Vorratslager im Jenseits wird erweitert durch gute Menschen.

> Wenn sie [die Seele] aber, meine ich, befleckt und unrein von dem Leibe scheidet, weil sie eben immer mit dem Leibe verkehrt und ihn gepflegt und geliebt hat und von ihm bezaubert gewesen ist und von den Lüsten und Begierden, so daß sie auch glaubte, es sei überhaupt gar nichts anderes wahr als das Körperliche, was man betastet und sieht, ißt und trinkt und zur Liebe gebraucht, und weil sie das für die Augen Dunkle und Unsichtbare, der Vernunft hingegen Faßliche und mit Wahrheitsliebe zu Ergreifende gewohnt gewesen ist zu hassen und zu scheuen und zu fürchten, meinst du, daß eine so beschaffene Seele sich werde rein für sich absondern können? – Wohl nicht im mindesten, sprach er. – Sondern durchzogen von dem Körperlichen, womit sie durch den Umgang und Verkehr mit dem Leibe, wegen des ununterbrochenen Zusammenseins und der vielen Sorge um ihn, gleichsam zusammengewachsen ist? – Freilich. – Und diese, o Freund, muß man doch glauben, sei unbeholfen und schwerfällig, irdisch und sichtbar, so daß auch die Seele, die es an sich hat, schwerfällig ist und wieder zurückgezogen wird in die sichtbare Gegend aus Furcht vor dem Unsichtbaren und der Geisterwelt, wie man sagt, an den Denkmälern und Gräbern umherschleichend, an denen daher auch allerlei dunkle Erscheinungen von Seelen gesehen worden sind, wie denn solche Seelen wohl Schattenbilder von denen darstellen müssen, welche nicht rein abgelöst sind, sondern noch teil haben an dem Sichtbaren, weshalb sie denn auch gesehen werden. – Das leuchtet wohl ein, o Sokrates. – Und freilich leuchtet auch ein, o Kebes, daß dies nicht die Seelen der Guten sind, sondern die der Schlechten, welche um dergleichen gezwungen sind herumzuirren, Strafe leidend für ihre frühere Lebensweise, welche schlecht war. Und so lange irren sie, bis sie durch die Begierde des sie noch begleitenden Körperlichen wieder gebunden werden in einen Leib. Und natürlich werden sie in

einen von solchen Sitten gebunden, deren sie sich befleißigt hatten im Leben. – Was meinst du für welche, o Sokrates? – Wie, die sich ohne alle Scheu der Völlerei und des Übermuts und Trunkes befleißigten, solche begeben sich wohl natürlich in Esel und ähnliche Arten von Tieren. Oder meinst du nicht?[89]

Bei Plato zieht der Körper immer nach unten, von den Ideen weg, von dem, was wahr, was gut und was gerecht ist. Solche dem Leiblichen verhafteten Geister, solche Seelen verkörpern sich erneut in schlechten Menschen. Es herrscht sogar die Vorstellung, dass es derart viele schlechte Menschen gibt, liege auch daran, dass die Rückkehr verunreinigter Seelen wiederum die Zahl jener Menschen vergrößert, die sich körperlich verunreinigen. Deshalb ist der Philosoph, der Wahrheitsliebende, der Untersuchende, derjenige, der sich schon in diesem Leben stückweise in Liebe zum Lernen und zum Wissen entfernt von den Verwicklungen mit dem eigenen Leib, aber auch mit den leiblichen Dingen, mit Geld und so weiter:

In der Götter Geschlecht ist wohl keinem, der nicht philosophiert hat und vollkommen rein abgeschieden ist, vergönnt zu gelangen, sondern nur dem Lernbegierigen. Eben deshalb nun, o lieber Simmias und Kebes, enthalten sich die wahrhaften Philosophen aller von dem Leibe herrührenden Begierden und harren aus und geben sich ihnen nicht hin, nicht etwa, weil sie Verderb des Hauswesens und Armut fürchten wie die meisten Geldgierigen, auch nicht, weil sie die Ehrlosigkeit und Schmach der Trägheit scheuen wie die Herrschsüchtigen und Ehrsüchtigen, enthalten sie sich ihrer. – Das würd sich auch für sie nicht ziemen, o Sokrates, sprach Kebes. – Freilich nicht, beim Zeus, sagte er. Darum sagen sich auch alle solchen, o Kebes, jene alle, die irgend für ihre Seele Sorge tragen und nicht für der Leiber Bildung und Bedienung leben, los von diesen und gehen nicht gleichen Schritt mit ihnen, die ja nicht wissen, wohin sie gehen. Sie selbst aber, feststellend, daß sie nichts tun dürfen, was der Philosophie zuwider wäre und der Erlösung und Reinigung durch sie, wenden sich dorthin, jener folgend,

> die sie führt. – Wie das, o Sokrates? – Das will ich dir sagen, sprach er. Es erkennen nämlich die Lernbegierigen, daß die Philosophie, indem sie ihre Seele findet, ordentlich gebunden im Leibe und ihm anklebend, und gezwungen, wie durch ein Gitter durch ihn das Sein zu betrachten, nicht aber für sich allein, und daher in aller Torheit sich umherwälzend, und indem sie die Gewalt dieses Kerkers erkennt, wie er auch immer eine Lust ist, so daß der Gebundene selbst am meisten immer mit angreife, um gebunden zu werden, wie ich nun sage, die Lernbegierigen erkennen, daß, indem die Philosophie in solcher Beschaffenheit ihre Seele annimmt, sie ihr gelinde zuspricht und versucht, sie zu erlösen, indem sie zeigt, daß alle Betrachtung durch die Augen voller Betrug ist, voller Betrug auch die durch die Ohren und die übrigen Sinne, und deshalb sie überredet, sich von diesen zurückzuziehen, soweit es nicht notwendig ist, sich ihrer zu bedienen, und sie ermuntert, sich vielmehr in sich selbst zu sammeln und zusammenzuhalten und nichts anderem zu glauben als wiederum sich selbst, was sie für sich selbst von den Dingen an und für sich anschaut.[90]

Ich möchte jetzt auf die Anamnesis eingehen, auf die Idee der Wiedererinnerungslehre, die mit dem korrespondiert, was Plato hier sagt, dass gleichsam Urbilder der Dinge existieren, die jeder Mensch in sich hat, aber verdeckt. Körperlich verunreinigt, durch Regungen und Begierden und andere Dinge, hat ein jeder solche Urideen von zum Beispiel Gerechtigkeit, vom Guten, Schönen in sich, und die Forschungsarbeit bei ihm besteht darin, diese Uridee wieder zutage zu bringen, sodass Philosophie eigentlich ein Wegräumen des Sinnenschutts ist. Philosophie ist Wegräumen bei Plato, Wegräumen des Unrats, der auf der Seele lastet. Deshalb benötigt er für diese Vorstellung eine Idee der Urbilder und kann sagen, Lernen ist Wiedererinnern dessen, was schon da war. Die Anamnesis hat eine große Bedeutung in der Philosophie und kehrt auch später wieder, bei Leibniz und vielen anderen. Lernen heißt Wiedererinnerung an das, was wir schon seit Geburt mitbekommen haben. In der modernen Terminologie würde man sagen, das ist die Vernunftausstattung des Menschen, das ist das Vermögen der Vernunft, das schon im embryonalen Zustand vorhanden ist. Deshalb müssen wir uns von allen Barrieren trennen, die uns dabei behindern, Vernunft zu entfalten und uns zu befreien. Das ist die einzige Tätigkeit des Wissbegierigen, des Philosophen, denn dadurch bringt er seine eigene Seele in einen Zustand, in dem es gar nicht mehr so furchtbar ist, den Übergang in den Tod zu planen. Nur wer das zuvor nicht geleistet hat, muss sich fürchten. Es ist eine Drohung gegenüber den Nicht-Philosophen: Wer sich nicht anstrengt, ist nicht imstande, alles sichtbar zu machen, was er potenziell kann. Der weiß nicht, was er eigentlich kann, und dem wird es später übel ergehen. Diese Drohung mit dem Jenseits ist uralt.

Zum ersten Mal findet man hier jedoch die Vorstellung philosophisch entfaltet, dass gleichsam Freiheit, Licht, Erkenntnis, alle diese Dinge durch die Sinnenmannigfaltigkeit und die Sinnenverknüpftheit in der Entfaltung blockiert sind, sodass wir im Grunde nur durch Unterdrückung und Disziplinierung unserer Sinnenwelt imstande sind, zu den Ideen aufzusteigen. Deshalb ist die Beziehung zu den Ideen immer eine von Teilhabe. *Methexis* nennt Plato das. Wir können teilhaben und sind eigentlich als Menschen auch veranlasst, uns auf den Erkenntnis- und Untersuchungsprozess einzulassen, denn wir profitieren davon, sagt Sokrates mit Blick auf das Jenseits:

> Die aber ausgezeichnete Fortschritte in frommem Leben gemacht zu haben erscheinen, dies sind diejenigen, welche, von allen diesen Orten im Innern der Erde befreit und losgesprochen von allem Gefängnis, hinauf in die reine Behausung gelangen und dort wohnhaft werden. Welche nun unter diesen durch Weisheitsliebe sich schon gehörig gereinigt haben, diese leben für alle künftigen Zeiten gänzlich ohne Leiber und kommen in noch schönere Wohnungen als diese, welche weder leicht wären zu beschreiben, noch würde die Zeit für diesmal

> zureichen. Aber schon um deswillen, was wir jetzt auseinandergesetzt haben, o Simmias, muß man ja wohl alles tun, um der Tugend und Vernunft im Leben teilhaftig zu werden. Denn schön ist der Preis und die Hoffnung groß.[91]

Man findet auch in den Mythen das Rederecht, gewissermaßen die Bedeutung der Rede. Falls sie ihn überreden, bedeutet es nicht, dass sie ihn übertölpeln, sondern dass sie ihn überzeugen. Sie müssen sich anstrengen und die Untersuchungsmethoden von Sokrates anwenden, um Gnade zu finden. Diejenigen aber, die ausgezeichnete Fortschritte im eigenen Leben gemacht haben, gelangen endlich aus allem Gefängnis hinaus in die reine Behausung:

> Daß sich nun dies alles gerade so verhalte, wie ich es erzählt habe, das ziemt wohl einem vernünftigen Mann nicht zu behaupten, daß es jedoch entweder diese oder eine ähnliche Bewandtnis haben muß mit unsern Seelen und ihren Wohnungen, wenn doch die Seele offenbar etwas Unsterbliches ist, dies, dünkt mich, zieme sich gar wohl und lohne auch, es darauf zu wagen, daß man glaube, es verhalte sich so. Denn es ist ein schönes Wagnis, und man muß solcherlei gleichsam mit sich selbst besprechen. Darum spinne ich auch schon so lange an der Erzählung. Also um deswillen muß man guten Mutes sein seiner Seele wegen, der im Leben die andern Lüste, die es mit dem Leibe zu tun haben, und dessen Schmuck und Pflege hat fahren lassen als etwas ihn selbst nicht Angehendes, und wodurch er nur Übel ärger zu machen befürchtete, jener Lust hingegen an der Forschung nachgestrebt und seine Seele geschmückt hat nicht mit fremdem, sondern mit dem ihr eigentümlichen Schmuck, mit Besonnenheit, Gerechtigkeit, Tapferkeit, Edelmut und Wahrheit, so seine Fahrt nach der Unterwelt erwartend, um sie anzutreten, sobald das Schicksal rufen wird.[92]

Ich möchte eine philosophiegeschichtliche Linie ziehen, um zu verdeutlichen, welche Bedeutung diese Vorstellung von den Ideen hat. Man kann Folgendes unterscheiden in der Geschichte der Philosophie: Es geht um die Beziehung zwischen Einzeldingen und Allgemeinbegriffen. Ein bisschen ist dies auch schon bei den Vorsokratikern der Fall. Aber wie wir da gesehen haben, legen diese doch, mit Absehung von Anaxagoras, in den vorherrschenden Einzeldingen das Prinzip der Welt fest. Damit meine ich, wenn einer sagt, das Wasser, dann erwidert der andere, das Feuer, und der dritte behauptet, das Ausgedehnte. Aber alles ist immer noch mit der Sinnenwelt verbunden. Es sind Versuche, das Allgemeine zu finden und festzulegen, aber doch nicht ganz abzugrenzen von den Einzeldingen, von der sinnlich wahrnehmbaren Welt. Für die Vorsokratiker hat es schon ungeheure Bedeutung, die Sternenkonstellationen zu beobachten, Astronomie zu betreiben, also Nutzen aus dem zu ziehen, was es gibt. Die Suche nach den Ideen durch Wegräumen alles dessen, was den Gedanken, die Vernunft behindert, dieser Prozess der Theorie, des Schauens des Ganzen, geht darüber hinaus. Diese Methode führt jetzt dazu, jedenfalls bei Plato, dass immer stärker erkennbar wird, dass die Ideen gleichsam die Grundmuster der Dinge sind, sodass es jetzt heißt: Die Universalien gehen den Dingen voran, *universalia ante res*. Das nennt man Ontologie, und das ist eine Seinslehre. Natürlich sind diese Universalia fest. Wenn wir glauben, wir könnten definieren, was die Universalien sind, dann ist es, nach Sokrates beziehungsweise Plato, eine Täuschung, ein Unvermögen unserer Erkenntnis. Aber diesen Allgemeinbegriffen können wir uns annähern. Vielleicht erreichen wir sie ganz, aber auch wenn wir nur von Annäherung sprechen, müssen wir so etwas wie eine Seinslehre der Idee unterstellen, das heißt eine idealistische Ontologie.

Aber natürlich ist es immer so, dass die folgende Philosophie irgendetwas richtigstellt. Hieß es zuvor, die Universalien gehen den Dingen voran, so heißt es jetzt: *universalia in res,* die Universalien stecken in den Dingen. Das ist das Denken von Aristoteles, der gleichsam die Ideen in die Dinge zurückholt. Nur als ein empirisches Beispiel: Die Idee, der ein Schiffsbauer in seinem Handeln folgt, das *telos,* das Ziel, die Idee ist eben, ein Schiff zu bauen. Aristoteles sagt: Wie nähert sich der Baumeister dieser Idee an, wie kommt er dem nahe, was ein wirkliches Schiff ist? Ein Kriegsschiff, ein Handelsschiff? Das sind empirische Ausprägungen eines Schiffes. Insofern arbeitet er einer Idee des Schiffes entgegen, dem *telos* eines Schiffes, indem er Werkzeuge und Materialien kombiniert im Hinblick auf diese Idee. In *res,* in den Sachen arbeitet die Idee, da gibt es Universalia.

Und auf diese Überzeugung folgt schließlich die nominalistische Variante: *universalia post res.* Die Allgemeinbegriffe kommen nach den Einzeldingen, die Einzeldinge sind die einzige Wirklichkeit, die Allgemeinbegriffe sind nichts weiter als Denkoperationen des Subjekts. Diese drei Positionen ziehen sich durch die ganze Geschichte der Philosophie bis zum heutigen Tag.

Man findet bei Plato und Sokrates den Versuch, das philosophische Denken so zu organisieren, dass es sich auf diese Allgemeinbegriffe ausrichtet. Die Ideenlehre bezeichnet etwas wie eine Fixierung, eine begriffliche Markierung jener Urbilder der Dinge, an denen wir messen, was gut, gerecht und lebenswürdig ist. Es ist die Suche nach Maßstäben, nach fixen Punkten, die aber nicht etwas gänzlich anderes als Denken sind. Der Sokratische Dialog steht in diesem Spannungsgefüge, mit der Kraft des Denkens etwas zu finden, was außerhalb des Denkens ist. Das Denken des Denkens, aber so, dass nicht alles Denken ist. Gerade für die platonische Philosophie, aber dann auch für die des Aristoteles sind das Denkformen, die eine Seinsschicht festmachen und begründen, die über unseren Körper hinausgeht und trotzdem vom Denken nicht unabhängig ist. Das ist schwer vorstellbar, prägt aber das europäische Denken bis weit in den deutschen Idealismus hinein. Bei Kant ist es so, dass die empirische Welt – von der aufzusteigen bei Sokrates und Plato Hauptziel des philosophischen Denkens ist, um das, was dahinter ist, zu erkennen, auch im Sinne der Veredelung der eigenen Lebensleistung – der einzige Gegenstand der Erkenntnis ist. Wir können nur das erkennen, worauf sich die beiden Erkenntnisstämme richten, die Sinnlichkeit und der Verstand. Verstand liefert die Kategorie und Sinnlichkeit die Wahrnehmung unter Bedingungen von Zeit und Raum, die sinnliche Kausalität. Beides muss für Erkenntnis zusammenkommen. Und da sagt Kant, das sei aber ein ganz eingeschränkter Bereich des Denkens, und nimmt die Ideen von Plato und seine Philosophie, aber als Postulat, als Vernunftpostulat. Er sagt, von den Ideen von Gott, Freiheit und Sterblichkeit und so weiter können sich die Menschen nie entfernen. Es sei notwendig, dass wir uns Gedanken machen über Gott, Freiheit und Sterblichkeit, die drei Postulate der reinen praktischen Vernunft, obwohl wir nicht imstande sind, diese zu erkennen und zu beweisen. Alle Ideen, die Plato entwickelt, sind auch bei Kant zu finden, als notwendige, unser Leben bestimmende, unser Denken und meinetwegen auch unser Seelenheil bestimmende Postulate der Vernunft, aber es sind keine ontologisch festgelegten Urbilder. Trotzdem gilt: Das Bedürfnis nach Gott ist kein Beweis seiner Existenz, das Bedürfnis nach Unsterblichkeit ist kein Beweis, dass es die Unsterblichkeit gibt, und das Bedürfnis nach Freiheit ist auch kein Beweis dafür, dass es sie gibt. Hier übernimmt das bürgerliche Denken einen Ideenvorrat aus der Antike, aber dieser bekommt einen ganz anderen Charakter. Die Ideen haben eine ganz andere Bedeutung bei Kant als bei Plato. Und wie wir sehen werden, ist es mit den Kategorien nicht anders.

Im Zusammenhang mit der für uns zentralen Frage, was eigentlich die europäischen Denkformen sind, gilt es zu berücksichtigen, dass solche Denkformen nicht aus dem Nichts und nicht aus bloß individuellem Denken entstehen, sondern dass diese Denkformen soziale Denkformen sind. In Sokrates' »Apologie« wird der Lebensstil eines idealisierten Polisbürgers entscheidend. In Persien hätte Sokrates keine Chance gehabt, auf dem Markt seine Fragen zu stellen. Das setzt einen bestimmten Begriff von Gedankenfreiheit voraus. Und auch die perikleischen Gebilde haben bei allen Einschränkungen doch etwas wie eine Gedankenfreiheit festgelegt.

Ein bestimmtes kulturelles Klima ist folglich entscheidend für das Erfinden und Prägen solcher Denkformen. Wenn sich aber solche Denkformen einmal entwickelt haben, dann bekommen sie etwas wie einen übergeschichtlichen Geltungsanspruch. Es ist geschichtlich nie vorgekommen, dass solche Denkformen gänzlich vergessen werden. Sie sind zeitweilig unterbelichtet, geraten vorübergehend in Vergessenheit, aber das europäische Denken besteht im Grunde in einer Abfolge von Renaissancen. Die Renaissance des 13., 14. und 15. Jahrhunderts ist eine Wiedererinnerung einer bestimmten Antike. Und auch mit dem deutschen Idealismus hat man wiederum etwas wie eine Renaissance des philosophischen Denkens. Deshalb kann Hegel noch einmal zurückgehen in der Gedankengeschichte und die gesamte Geschichte der Philosophie in ein System bringen. Man findet bei Hegel in jeder seiner Schriften eine Stufe des bisherigen Denkens, zum Beispiel in der »Phänomenologie« insbesondere Sokrates und die Antigone. Aber Renaissancen findet man auch in ganz anderer Weise, etwa im Zeitalter des deutschen Idealismus eine Rezeption des römischen Privatrechts. Im 18. und 19. Jahrhundert wird hier rezipiert, was in Rom schon 300 Jahre vor unserer Zeitrechnung im Privatrecht entwickelt wurde. Die entfaltete Warenproduktion wendet sich jetzt zurück auf das, was an Kategorien schon 2000 Jahre alt ist und im Mittelalter überhaupt keine Rolle gespielt hatte. Das römische Privatrecht war weit entfaltet als ein privatrechtliches Vertragsrecht, das auch mit Anwaltstätigkeit verbunden ist; viele große Politiker in Rom waren Anwälte.

Es treten also immer wieder Renaissancen auf, in denen Rückgriffe stattfinden auf bestimmte historische Stufen, von denen man sagen kann, dass sie bestimmte Kategorien neu einbringen. Zum Beispiel das Leib-Seele-Problem, das das ganze Mittelalter beherrscht. Plato und Aristoteles werden eigentlich in den christlichen Zusammenhang völlig integriert. Aristoteles allerdings mehr als Plato, weil Letzterer gefährlicher ist. Er ist sektenanfälliger insofern, als seine Leidenschaft des Denkens und sein Begriff von Wahrheit kein ausgleichendes Element der Mitte haben wie bei Aristoteles. Die Unausgewogenheit des Denkens bei Plato ist größer, ist extremer, das Denken widersprüchlicher, während die denkende Mitte bei Aristoteles sich für das Mittelalter vorzüglich geeignet hat.

Wir haben es also einerseits mit weltlichen gesellschaftlichen Zuständen zu tun, in denen bestimmte Kategorien einmal entstehen. Jene Denkformen, die hier von Plato und Aristoteles entwickelt werden, gehören in einen Kulturzusammenhang, der mit der Polis zu tun hat, auch mit ihrem Niedergang; Plato reagiert auf den Niedergang der Athener Polis. Andererseits ist der Geltungsanspruch, der mit diesen Kategorien verknüpft ist, nicht erschöpfend in der Zeit, in der sie entstehen. Insofern ist die *Dialektik von Genesis und Geltung* im Denken festzuhalten und nicht einfach abzutransportieren. Deshalb bin ich auch darum bemüht, manchmal historische Stufen heranzuziehen, in denen dieselben Begriffe ganz andere Konstellationen bilden. So ist beispielsweise wiederum bei Kant die Entmischung wichtig. Die Kant'sche Philosophie besteht eigentlich in einer ungeheuren Sortierung von Begriffen. Er sortiert alle empirischen Begriffe, auch das, was Plato versucht, das Leib-Seele-Problem. Insofern ist das Problem ein prägendes für die philosophische Entwicklung, weil hier zum ersten Mal das Nicht-Empirische und das Empirische, das Sinnliche und das Verstandesmäßige radikal auseinandergezogen werden. Bei Kant hat man immer eine radikale Trennung und Sortierung. Sinnlichkeit und Verstand sind die Erkenntnisstämme. Denken kann jeder, was er will. Man kann sich auch Geister ausdenken, würde er einwenden, vielleicht gibt es die sogar. Jedenfalls gibt es Menschen, die sie sehen. Erkenntnis aber besteht, wenn sie zwingend wenigstens ein zweiter Mensch intersubjektiv nachvollziehen kann, sonst gibt es keine Erkenntnis. Es muss demonstrierbar sein. Beweis und Nachweis im bloßen Syllogismus, das heißt im logischen Schlussverfahren, ist für sachhaltige Erkenntnis nicht hinreichend; die Logik ist nur ein negatives Wahrheitskriterium.

Damit hat Kant einen restriktiven Erkenntnisbegriff, den Plato nicht hat. Plato hat einen sehr weiten Erkenntnisbegriff, der darauf gerichtet ist, dass gerade die Urrichtung der Dinge nur dann zu erkennen ist, wenn sie von der Sinnlichkeit entfernt ist. Der Mensch ist mit Vernunft ausgestattet. Er kann auch eine Welt konstruieren, die weit über das hinausgeht, was ein pragmatisch denkendes und handelndes Wesen im Poliszusammenhang vermag. Gerade das Sokrates-Beispiel besteht ja darin, dass es mehr und anderes gibt als die Polis. Sokrates ist nicht mehr der mythisch gefangene Mensch in dieser Gemeinschaft der Polis, sondern er springt heraus. In seiner körperlichen Anwesenheit ist er in der Polis, unterliegt er ihrem Strafgericht. Mit seinem Körper respektiert er die Gesetze des Gemeinwesens, aber was Wahrheit und Gerechtigkeit ist, weist über dieses Gemeinwesen hinaus, und das ist für Sokrates beziehungsweise Plato das Wesentliche des Denkens.

Ideenlehre und Höhlengleichnis I

Vorlesung vom 30. Mai 2001

Was ist wirklich? – Diese Frage ist in der europäischen Philosophie von großer Bedeutung. Mit ihr beginnt die Suche nach dem, was in letzter Instanz bestimmend ist für Menschen und Dinge. Wir haben bei den Vorsokratikern gesehen, in welcher Weise die Suche nach bestimmenden Ursachen, nach Grundbewegungen oder dem Zugrundeliegenden immer auch Antworten gibt darauf, was hinter den Veränderungen der Erscheinungen steht. Daraus folgt die Frage, was eigentlich das Unveränderliche sei, das Prinzip, das hinter allem steht und die Welt mitbestimmt, die wir sehen und die doch in unseren Sinneswahrnehmungen flüchtig ist, die sich verändert und die mit einer Vielzahl von Sinnestäuschungen verknüpft ist. Der Versuch, etwas herauszufinden, was weder das völlige Jenseits ist noch die diesseitige Sinnenwelt, ist ein Grundproblem dieser Philosophie. Deshalb kann man grob von drei Wirklichkeitsebenen sprechen, die sich durch die ganze antike Philosophie ziehen: Eine Wirklichkeitsebene, die es mit der Sinnenwelt und dem Körper zu tun hat. Was wir sehen, was wir tasten, was unsere Sinne erfassen, was wir hören, was uns umgibt, womit wir es alltäglich zu tun haben, ist die eine Wirklichkeitsebene. Diese können wir überprüfen. Darüber hinaus haben wir eine zweite Wirklichkeitsebene, die nicht mehr an Körper gebunden ist, die ein Jenseitiges darstellt. Ob man das nun Tartaros, Hades oder die Hölle nennt, ist gleichgültig. Jedenfalls handelt es sich um eine Wirklichkeitsebene, von der wir nur durch Legenden und Erzählungen wissen. Die Hochreligionen sind voll mit solchen Erzählungen von einem Jenseits, einem Leben nach dem Tode, und es ist nicht nur typisch für die antike Philosophie, sondern wahrscheinlich ein Urbedürfnis des Menschen, sich ein Jenseits vorzustellen, in dem es einigermaßen gerecht zugeht, wenn es denn hier schon Ungerechtigkeit gibt. Ein Jenseits, in dem das Leid aufhört, die hiesigen Beschwernisse ein Ende haben. Es ist häufig eine Reichsvorstellung, eine Kollektivvorstellung, wo die Menschen, die toten Seelen, die Abgeschiedenen, sich aufhalten und etwas wie ein Gemeinwesen formen, wobei die Negativdarstellungen literarisch immer besonders gelungen sind. Auch bei Dante ist die Beschreibung der verschiedenen Kreise der Hölle ausgesprochen spannend und der Himmel eher etwas langweilig.

Jetzt aber entsteht in der griechischen Philosophie eine dritte Ebene, eine dritte Wirklichkeitsschicht. Diese ist sehr eng verknüpft mit den Erscheinungen und erweckt doch den Eindruck, als ob sie etwas Jenseitiges wäre, ist aber eine eigene Wirklichkeitsschicht. Plato nennt sie die Ideen. Das sind nicht-empirische Dinge, Begriffe, Bilder, Vorbilder, in denen etwas vorgeprägt ist, wovon die Erscheinungswelt nur ein Abbild ist. Es entspricht nicht dem Jenseits abgeschiedener Seelen, aber es hat doch etwas mit diesen sich vom Körper wegarbeitenden Seelen zu tun. Deshalb ist auch im »Phaidōn« die Seelenarbeit so wichtig. Der Mensch kommt nicht einfach durch einen Sprung ins Jenseits oder ins gute Leben, sondern durch innere Arbeit oder – wie es dann später in der »Politeia« immer deutlicher wird – durch Lernen in den Status dieser Wirklichkeit, die eben eine Art Zwischenebene ist. Das Charakteristische der antiken Philosophie besteht darin, dass diese Zwischenwirklichkeitsebene nicht auf das Jenseits gerichtet ist, sondern auf das Diesseits, oder in anderen Worten: dass diese Ebene als Norm für eine Bearbeitung des Diesseits gilt.

Anhand der »Politeia« lässt sich fragen, was eigentlich die Darstellung der Schrecken der Unterwelt für das Diesseits bedeutet. Plato fordert, man solle die Dichter verbieten, weil sie das Jenseits so schrecklich beschreiben und eine solche Darstellung feige Menschen erzeuge, die sich nicht mehr auf einen Kampf einlassen, nicht sterben, sich nicht in diesen Schreckgebilden aufhalten wollen. Also solle man solche Darstellungen zugunsten einer Staatsdoktrin oder Staatsräson verbieten, in der die Tapferkeit eine wesentliche Tugend ist. Plato funktionalisiert damit das Jenseits für die Umgestaltung des Diesseits, für bestimmte Tugenden. Das mag etwas damit zu tun haben, dass die griechische Philosophie in den Denkformen und Denkbestimmungen wesentlich mit einer aktiven Umgestaltung der diesseitigen Welt verknüpft ist, was natürlich später, im Zeitalter des Kapitalismus, eine ganz andere Dynamik bekommt. Aber immer ist dort, wo antike Philosophie gegenwärtig ist, das Diesseits eine entscheidende Komponente in Bezug auf jene Wirklichkeitsebene, die entweder das Jenseits bezeichnet, oder auf jene Wirklichkeitsebene, die man als eine normative Ebene bezeichnen kann. Man hat einmal mit Recht Plato den »Begriffsethiker« (Th. Gomperz) genannt.[93] Die platonischen Begriffe haben alle eine normative Seite, das heißt, das sind Aufforderungen, sein Verhalten zu ändern. Offensichtlich normativ sind Begriffe wie die Gerechtigkeit, das Gute, das Schöne, die nicht rein analytisch, also wertfrei, wertneutral sind. Aber das gilt auch für eine ganze Reihe von anderen Begriffen.

Ich spreche bewusst bei allen Ebenen von Wirklichkeit, weil man nicht sagen kann, das eine sei unwirklich und das andere wirklich. Auch die Wirklichkeitsschicht des Jenseitigen ist insofern von Bedeutung, als gewisse Kausalitäten über sie vermittelt sind und auch das Verhalten oder die Lebensformen mit ihr vermittelt werden. Die griechischen Denker haben diesen ganzen homerischen Erzählzusammenhang vom Jenseits sehr bewusst aufgenommen, denn er hat eine ungeheure Gegenwartsbedeutung. Das ist nicht einfach etwas, was man aus der eigenen Lebensform ausklammern kann. Wirklichkeit bedeutet ja auch in dieser Hinsicht etwas, das Wirkungen hat, was wirkt, und das muss nicht immer eine gegenständliche Wirklichkeit sein.

Es bildet sich jetzt in dieser Ideenwirklichkeit, was ich Ihnen mit *universalia ante res, universalia in res* und *universalia post res* bereits kurz angedeutet habe. Die *universalia ante res,* vor den sinnlich wahrnehmbaren Dingen, sind zunächst einmal der platonische Ausgangspunkt. Er fragt, was sind eigentlich die Begriffe, die Bilder, die Urbilder und die Urformen, auf die hin wir unsere gegenständliche Welt orientieren, und welche Lernprozesse sind im Spiel, wenn wir uns von der Schwerkraft der Materie unseres Körpers und der Außenwelt lösen? Das ist ein Lernprozess des Aufsteigens, oder – wie er sagt – der *methexis,* das heißt Teilhabe an den konstitutiven Ideen. Wir steigen auf durchs Denken. Wir kommen nicht ganz an, aber wir haben ein Ziel. Wir wissen, wohin wir wollen. Das ist gleichsam die platonische Linie in der Philosophie: von unten nach oben. Daraus folgt das Erstreben einer möglichst weitreichenden diesseitigen Ablösung der Seelenteile und der Seeleneigenschaft von den Verwicklungen, von den dunklen Dingen des Körpers und des sichtbaren Wesens. Das ist eine Bewegungsrichtung, zunächst. Dennoch ist das ein diesseitiges Denken, und es ist ein Denken – das ist ein zweiter wichtiger Punkt –, das immer in Kategorien einbezogen ist, die kollektive Organisationsformen des Lebens in den Gestaltungszusammenhang einbeziehen. Mit anderen Worten: Es ist ein *genuin politisches Denken,* was hier geschichtlich in Erscheinung tritt. Politisches Denken bedeutet immer, dass es keine vollständige individuelle Befreiung von der Schwerkraft der Materie, den Beschwerlichkeiten und den Dunkelheiten gibt, sondern dass die Menschen miteinander leben und ihre Welt miteinander gestalten. Die politische Philosophie ist zentral eingebunden in diesen Kategorialzusammenhang. Hannah Arendt schrieb einmal:

> Die abendländische Tradition politischen Denkens hat einen klar datierbaren Anfang, sie beginnt mit den Lehren Platos und Aristoteles'. Ich glaube, sie hat in den Theorien von Karl Marx ein ebenso definitives Ende gefunden. Den Anfang setzte Plato in der »Politeia«, genauer im Höhlengleichnis, das, weil es weder von Philosophie noch von Politik an sich handelt, sondern von der Beziehung zwischen ihnen, den eigentliche Kern von Platos politischer Philosophie darstellt. Das

> Politische gilt hier ganz allgemein als der Bereich nur menschlicher Angelegenheiten [...], aller Dinge, die zum Zusammenleben der Menschen in einer gemeinsamen Welt gehören; und was sie kennzeichnet, sind Dunkelheit, Verwirrung, Täuschung, so daß der nach wahrem Sein strebende Mensch, der Philosoph, sich von ihm abwenden und dieser Höhle entsteigen muß, um den klaren Himmel zu entdecken, der sich über der Höhle wölbt und an dem die ewigen Ideen erscheinen. Am Ende dieser Tradition steht Marx' Behauptung, daß Philosophie und die Wahrheit der Philosophen nicht außerhalb der ›Höhle‹ menschlicher Angelegenheiten, sondern in eben ihrem Bereich und der allen Menschen gemeinsamen Welt beschlossen liegt. Philosophie kann wirklich, nämlich »verwirklicht« nur im Zusammenleben der Menschen werden, das er Gesellschaft nannte, und seine Hoffnung für diese kommende Verwirklichung der Philosophie setzte er auf den »vergesellschafteten Menschen«.[94]

Die platonische Philosophie entwickelt sich, wie wir gesehen haben, in der Zeit des Niedergangs von Athen. Aristoteles arrangiert sich dann mit demjenigen, der für den Niedergang der antiken Städte mitverantwortlich ist, mit Philipp, und das makedonische Großreich geht auch in die athenische Philosophie ein. Sokrates, Plato, Aristoteles prägen über gut ein Jahrhundert oder noch einige Jahrzehnte mehr im Niedergang der Polis das Nachdenken darüber, was ein Staat, was eine Gesellschaft ist, wie sie zustande kommt, wie ihre Balance garantiert werden kann und so weiter. Darin eingebunden ist die Ideenlehre, und Plato zu behandeln, ohne sich an diesem Höhlengleichnis zu orientieren, auf das auch Hannah Arendt anspielt, ist schwierig, weil es prägnant für eine ganze Reihe von politischen, philosophischen Dingen ist.[95]

Es geht immer um den intellektuellen Prozess, den Erkenntnisprozess. Wir kommen ohne Wissen aus dieser Höhle nicht heraus, nicht durch Gesinnungsschulen, wie man das gern ausdrückt, sondern durch mehr Wissen. Wissen von den Wesen schafft uns einen Ausgang aus der Höhle. Diese Metapher kehrt auch in der kleinen Aufklärungsschrift von Kant wieder: Aufklärung ist der Ausgang aus der selbstverschuldeten Unmündigkeit. Dieses Ausgehen ist auch bei Plato verbunden mit Bildung und Selbstbildung. Selbstbildung ist jedoch immer eine Angelegenheit des Wissens von der Begrenztheit.

Es geht also hier bei Plato in der Tat um die Frage, was ist wirklich? Ist diese Höhle, diese Existenz wirklich? Oder ist das, was dem Seienden näherkommt, wie er sagt, dem Wirklicheren, der wirklicheren Wirklichkeit näherkommt, für die Menschen entscheidend, die in dieser Weise gefesselt sind und nur Schatten sehen? Das Eingekerkertsein, das die eigenen Sinne verstellt, wird hier in diesem Gleichnis pointiert dargestellt.

Der zweite Vorgang ist das Hinaufsteigen zum Licht und die Rückkehr in die Höhle. Denn er sagt, wenn die Menschen aufsteigen und plötzlich von der Sonne geblendet werden, dann wollen sie wieder zurück in die Höhle, weil sie unmittelbar nichts sehen. Das ist sehr interessant. Warum sehen sie nichts? – Die Menschen haben nicht vorgearbeitet. Sie sind gefesselt, sehen nur Schatten, bleiben darin gefangen und haben nicht der Sonne entgegengearbeitet. Das ist ein wesentliches Element an diesem Höhlengleichnis, zu sagen, »löst du einfach die Fesseln, dann stehst du vor der Sonne, vor dem Licht und bist geblendet. Weil das schmerzhaft ist, willst du dann schnell wieder zurück in deine muffige Höhle, in der du mit Schatten umgehst. Die sind zwar nicht sehr befriedigend, und du bist auch gefesselt, aber irgendwie kann man sich damit schon arrangieren.«

Die Fesselung ist dabei nicht buchstäblich zu nehmen, sondern es ist eine Metapher für den in seiner Sinnenwelt verhafteten Menschen. Und das ist so realitätslos nicht. »Was über meinen Horizont hinausgeht, das interessiert mich nicht« – diese Haltung ist damit gemeint. Plato beschreibt Menschen, die vielleicht nicht zufrieden sind, die vielleicht auch ein bisschen darunter leiden, dass sie nur ihren Sinnengenuss haben und in ihrer Sinnenwelt verhaftet sind, die aber nichts anderes kennen. Und diese in der

Sinnenwelt gefesselten Menschen steigen jetzt plötzlich auf, wenn man ihnen gleichsam die Philosophie zeigt und sagt, »das ist das wahre Sein«. Daraufhin erwidert ein solcher Mensch: »Das ist aber abstrakt, damit kann ich nichts anfangen, also gehe ich zurück in meine Sinnenhöhle.« Dass diese Analogie so zu verstehen ist, deutet Plato auch an anderer Stelle an:

> Dieses ganze Bild nun, sagte ich, lieber Glaukon, mußt du mit dem früher Gesagten verbinden, die durch das Gesicht uns erscheinende Region der Wohnung im Gefängnisse gleichsetzen und den Schein von dem Feuer darin der Kraft der Sonne; und wenn du nun das Hinaufsteigen und die Beschauung der oberen Dinge setzt als den Aufschwung der Seele in die Region der Erkenntnis, so wird dir nicht entgehen, was mein Glaube ist, da du doch dieses zu wissen begehrst. Gott mag wissen, ob er richtig ist; was ich wenigstens sehe, das sehe ich so, daß zuletzt unter allem Erkennbaren und nur mit Mühe die Idee des Guten erblickt wird, wenn man sie aber erblickt hat, sie auch gleich dafür anerkannt wird, daß sie für alle die Ursache alles Richtigen und Schönen ist, im Sichtbaren das Licht und die Sonne, von der dieses abhängt, erzeugend, im Erkennbaren aber sie allein als Herrscherin Wahrheit und Vernunft hervorbringend, und daß also diese sehen muß, wer vernünftig handeln will, es sei nun in eigenen oder in öffentlichen Angelegenheiten.[96]

Also um den Aufstieg zu den Ideen geht es. Dieser Aufstieg vollzieht sich durch Erkenntnis und Erziehung, durch Lernen. Das sind kleine Zeittakte oder kleine Raumbewegungen im Gefängnis, wenn man das bildhaft nimmt. Das ist nicht die Explosion oder Revolution der Befreiung, sondern weist darauf hin, dass wir uns erst dann allmählich aus diesem Gefängnis, aus dieser Höhle befreien, wenn wir das Gute und Schöne und so weiter in reiner Form kennen, kennenlernen und wissen wollen. Plato fordert in der »Politeia« – und das ist nicht zufällig, das ist Staatstheorie –, dass die Herrschenden Philosophen sind; auf den Philosophenkönig steuert das hin. Die besten Herrscher sind jene, die Politik und Herrschen nicht als ihre beste Lebensform betrachten, sondern die gezwungen werden, Politik zu machen, obwohl sie eine andere Lebensform bevorzugen. Man soll sich nicht zu sehr identifizieren, man soll nicht von der Politik leben, sondern den *bios theoretikos,* die Lebensform des Philosophen, als die höchste Lebensform ansehen. Regenten mit dieser Überzeugung würden den Staat so gestalten, dass er immer auf die höchste Lebensform gerichtet ist. Die Rede von den Philosophenkönigen machte natürlich in der damaligen Welt die Runde und erreichte auch einige Tyrannen, die wirklich glaubten, das Staatswesen nach ihrem Bilde oder auch nach dem Bilde eben eines Philosophen umgestalten zu können. Unter anderem auch Dionysios von Syrakus, der dann Plato einlud, seine Verfassungsideen umzusetzen. Plato geht auch tatsächlich nach Syrakus, gerät aber sehr schnell in Konflikt mit dem Tyrannen, der ihn auf dem Sklavenmarkt verkaufen lässt. Plato hat Glück, weil ihn jemand, der ihn und seine Philosophie kennt, freikauft. Allerdings kehrt Plato noch einmal nach Syrakus zurück, um sein Projekt umzusetzen. Aber auch das ist nicht sehr glücklich ausgegangen.

Bei der Ideenlehre geht es, wie wir gesehen haben, um die Gestaltung der Welt, und dabei sind drei Grund- oder Urideen zu erkennen, die den Kanon anführen: Das sind die Gerechtigkeit, das Schöne und das Gute, zusammengefasst sogar als das Schön-Gute. Das Gute und das Schöne ist eigentlich die oberste Idee dieser Konstellation, denn das Streben danach macht die Menschen zu Philosophen, führt sie zur Lebensform der Theoretiker, die dem Philosophen angemessen und die höchste ist. Das Denken, das Untersuchen, das Philosophieren ist für einen Menschen der antiken Welt, wie Plato und Aristoteles ihn in diesem Mußezusammenhang sehen, die erstrebenswerteste Lebensform. Der *bios politikos,* also die Lebensform des Politikers, ist hingegen eine dazwischen, ist auf die Gestaltung der menschlichen Angelegenheiten bezogen und deshalb mit den Turbulenzen, mit den Begierden, den Schlechtigkeiten, der Geldgier und allen diesen Eigenschaften der

Menschen verknüpft. Weil das so ist, weil die Menschen nicht gut sind, braucht man Verfassungen und braucht man eine Polis. Doch die Wiederherstellung der Demokratie bringt nicht irgendeinen Tyrannen, sondern Sokrates zu Tode. Das hat Plato erlebt. Deshalb bindet er in sein Verfassungsgebot oder seine Verfassungsform die Ideenlehre ein. Im achten Buch werden dann verschiedene Arten von Verfassungen erörtert. Es ist nicht eine Ethik im Sinne des bloßen individuellen Verhaltens, sondern wenn hier gesagt wird, Plato sei Begriffsethiker, dann bezieht sich das auf das gemeinschaftliche Leben der Freien. *Politik ist der Bereich der Freiheit.* Gestaltungszusammenhänge des Politischen kommen von den Menschen, nicht aus dem Oikos, wo alle Sorge zu tragen haben für das Leben ihrer Familien und ihrer Angehörigen. Das bedeutet aber nicht, dass Menschen in den politischen Gestaltungszusammenhängen frei sind von Begierden und all diesen Dingen, von Hass und anderen die Polis zerstörenden Untugenden. Deshalb hat eine Verfassung diejenige Lebensform zu entwickeln, bei der die Untugenden am wenigsten Geltung haben. Nicht dass die Verfassung die Menschen gut machen könnte, das glaubt auch Plato nicht. Vielmehr fördern bestimmte Verfassungen die negativen Eigenschaften der Menschen, verwenden diese sogar als Antriebsmomente, und andere Verfassungen fördern wiederum Tugenden wie Tapferkeit und so weiter. Darum geht es hier: Wenn Plato fünf Arten des Staates unterscheidet, müssen auch die Seelen der Einzelnen auf fünferlei Art eingerichtet sein. Das heißt, die Seelenteile sind entsprechend den Verfassungen organisiert. Und Platon zeigt auch, wie die Verfassungen sich ineinander verwandeln, umschlagen, dass es also eine Dynamik zwischen den Verfassungen gibt.

Diese Verknüpfung von Ethik und Politik nach den Prinzipien der Ideen ist zentral, wobei der Staat selbst zwischen den genannten drei Wirklichkeitsschichten liegt. Wenn ich die sinnlich wahrnehmbare körperliche Welt, die Welt der Ideen und jene Welt, die etwas Jenseitiges ist, als die Großschichtungen von Wirklichkeit unterscheide, dann liegt Politik an der Grenze zwischen ihnen, an der Schnittstelle. Es geht darum, das Menschliche so zu organisieren, dass der *bios politikos* hin orientiert ist auf den *bios theoretikos*. Das fängt schon mit dem Dichterverbot an, die Schrecken der Unterwelt darzustellen:

> Wenn sie tapfer werden sollen, muß man ihnen nicht dieses sagen, und was nur im Stande ist darauf zu wirken, daß sie wenigst möglich den Tod fürchten? Oder glaubst du, es sei irgend jemand tapfer der diese Furcht in sich hat? Nein beim Zeus, sprach er, ich nicht. Und wie? wenn einer glaubt daß es eine Unterwelt gibt, und zugleich daß sie furchtbar ist, meinst du der werde irgend ohne Furcht vor dem Tode sein, und in Gefechten lieber den Tod als Niederlage und Knechtschaft wählen? Keineswegs. Wir müssen also, wie es scheint, auch über diejenigen Aufsicht führen, die hierüber Erzählungen vortragen wollen, und sie ersuchen nicht so schlechthin die Unterwelt zu schmähen, sondern sie lieber zu loben, weil sonst was sie sagten weder richtig sein würde noch auch denen nützlich welche wehrhaft sein sollen. [...] Dieses und alles dergleichen wollen wir bei dem Homeros und den andern Dichtern bevorworten, uns nicht zu zürnen wenn wir es ausstreichen, nicht als ob es nicht dichterisch wäre und dem Volk angenehm zu hören, sondern weil es je dichterischer um desto weniger darf gehört werden von Knaben und Männern, welche sollen frei gesinnt sein und die Knechtschaft mehr scheuen als den Tod.[97]

Die Funktionalisierung dieser Jenseitswirklichkeit wird hier überdeutlich, die ja ganz klar auch in Legenden gefestigt ist und die von Plato sehr wohl als ein Erziehungsmittel eingesetzt und nicht geringgeschätzt wird. Auch das Jenseits hat in der Antike diesen Diesseitsbezug beziehungsweise einen politischen Aspekt, auch weil – nach dem »Phaidōn« – die allmähliche diesseitige Trennung der Seele vom Körper auf etwas wie ein Jenseits vorbereitet. Was im Jenseits verhandelt wird, sagt Plato, ist einfach nur, was im Diesseits immer gegeben ist. Das ist nicht einfach die Trennung von Wenigen, die in die Hölle kommen und verdammt sind. Wir haben ja gesehen, dass es keine auf Ewigkeit Verdammten gibt, sondern diese kommen immer wieder. Die bitten diejenigen, die sie getötet oder beleidigt haben, um Vergebung. Wird ihnen nicht vergeben, müssen sie wieder zurück und kommen irgendwann wieder. Das ist nicht einfach durch ein Wort zu erledigen, sondern nur durch Geduld. Auch die Toten müssen sich was einfallen lassen. Das ist nicht mit einem einfachen »Vergib mir« abgetan, sondern das sind Lernprozesse, die in die andere Wirklichkeitsschicht zurückwirken, und das ist eine sehr interessante Idee.

Ideenlehre und Höhlengleichnis II

Vorlesung vom 12. Juni 2001

Die Entwicklung der griechischen Denkweise eröffnet bei Plato und Aristoteles ein sehr weites Feld. Immer wieder geht es um die Frage »was ist Wirklichkeit?«, und die Differenzierung von Wirklichkeitsschichten nimmt immer stärkere Bedeutung an. Es ist nicht mehr so, dass das Diesseitige und das Jenseitige die übersichtliche Welt definieren. Vielmehr differenziert, was im Diesseitigen Seiendes ist, was Werden ist und Bestand hat, die Wirklichkeit derart, dass sie sich für den Erkennenden auch unterschiedlich ausnimmt. Das ist ein diesseitiges Denken, das aber doch versucht, was hinter den Dingen steht, nicht einfach einem Gedanken des Jenseitigen zuzuschreiben, sondern eine Art Dialektik oder Verbindung zwischen dem Sichtbaren und dem Unsichtbaren in der diesseitigen Welt zu konstruieren. Ich erläutere das deshalb, weil der etwas merkwürdige Zusammenhang, in dem das Höhlengleichnis bei Plato steht, im Grunde nicht verständlich ist, wenn man den Grundgedanken nicht kennt. Es geht hier um eine sehr differenzierte Erörterung dessen, was aufklärungsfähig ist. »Wie sehe ich das, was hinter den Dingen steht, was Dinge, Schatten und Bewegung sind?« Plato erläutert in diesem Höhlengleichnis im Grunde etwas wie einen Bildungsprozess, ein Aufsteigen und ein Zurücksteigen, also wie Menschen Dinge bewerten im Blick auf Werden und Beständigkeit, auf Vergehen und Sein.

Ich halte das für einen wichtigen neuen Gesichtspunkt in jenen Denkformen, die Aristoteles später in der Kategorienlehre systematisiert. Unter anderem in der Logik ist zu erkennen, dass es um Wirklichkeitsschichten geht. Im »Phaidōn« haben wir gesehen, dass sich für Sokrates angesichts des Todes die Frage stellt, was eigentlich die Seele ist: Trennt sich die Seele vom Körper? Was bleibt und was ist vergänglich? In dieser Trennung vom Körper zeigt sich ein Aspekt dieser Veränderung von Wirklichkeit und vom Wirklichkeitsbegriff. Man kann daran auch sehen, dass die Flucht ins Jenseits oder etwas wie das Nirwana-Prinzip – Ruhe, Beständigkeit und das Ende von Unruhe et cetera – allmählich als etwas Erstrebenswertes schwindet. Hier waltet kein Fluchtmechanismus, und schon Plato hat sich damit befasst. Darf man die Unterwelt gezielt darstellen, um diese Flucht zu erschweren oder zu begünstigen, um Leute zu gewinnen, die auch den Tod riskieren? Die Unterwelt wird damit selbst zur Funktion des Diesseits. Was trägt der homerische Hades zur Erziehung des Menschen zur Tugend bei? – Das ist für Plato die zentrale Frage. Wenn der Hades so schlimm dargestellt wird, dass keiner hin will, dann begibt sich auch keiner in den Kampf und riskiert etwas. Dann lieber Tagelöhner in der diesseitigen Welt, als König im Hades zu sein! – Wenn dem so ist, entfalten die Menschen keine Tugenden, dann lassen sich die Leute nicht mehr auf den Kampf für das Gemeinwesen ein. Dies bezeichnet eine Veränderung der Wirklichkeitsdimension. Es geht um die Gestaltungstätigkeit im Denken: Wer weiß, wie die Wirklichkeitsschichten sind, was Schatten, was Abbilder, was wirkliche Dinge sind und was das Leben ist, der kann gestalten.

Im 7. Buch der »Politeia« unternimmt Plato noch keine wirkliche Entfaltung der einzelnen Wirklichkeitsschichten, sondern es bleibt ein Gleichnis, ein Gleichnis aber, an dem er das differenzierte Gewebe dieser Wirklichkeitsschicht erläutert. Es geht schon gleich am Anfang um die Frage: Was ist Bildung? Was ist Unbildung? Was ist Unkenntnis? Was ist Erkenntnis? Es geht mit anderen Worten auch um Erziehung zum Erkennen, zum Durchsichtigmachen der Dinge.[98] Es ist ein Gleichnis des Aufsteigens zum Licht. Aber was will Plato damit ausdrücken?

Der Weg in die Erkenntnis ist ein schrittweiser und beschwerlicher Aufstieg. Plötzliches Blenden führt dazu, dass die Menschen zurückgehen und sagen, »das ist doch das, was Menschen immer gesehen haben und was wir seit Kindheit so sahen«. Erst mit Drehen und Wenden durch das Erkenntnissubjekt geht es voran. Auch Kasperlefiguren bewegen sich, und es sind auch Stimmen zu hören, die einen reden oder die anderen schweigen, wobei die Vorbeitragenden teils sprechen, teils schweigen. Aber es ist eben in der Form eines Echos, das von der Wand kommt, nicht die Stimme selbst erkennbar. Hier geht es um Stufen des Seins und der Wirklichkeit. Auch das ist interessant: Man kann einem anderen Menschen, der das selbst nicht erkennt, etwas nicht bloß als wahr darstellen, sondern er muss es selbst als wahr erfahren. *Glaubwürdigkeit des Wahren liegt in der Selbsterfahrung des Erkenntnissubjekts:*

> Wenn einer entfesselt wäre, und gezwungen würde sogleich aufzustehen, den Hals herumzudrehen, zu gehen und gegen das Licht zu sehen, und indem er das täte immer Schmerzen hätte, und wegen des flimmernden Glanzes nicht recht vermöchte jene Dinge zu erkennen, wovon er vorher die Schatten sah: was meinst du wohl, würde er sagen, wenn ihn einer versicherte, damals habe er lauter nichtiges gesehen, jetzt aber dem seienden näher und zu dem mehr seienden gewendet sähe er richtiger, und ihm jedes vorübergehende zeigend ihn fragte und zu antworten zwänge was es sei? meinst du nicht er werde ganz verwirrt sein und glauben, was er damals gesehen sei doch wirklicher als was ihm jetzt gezeigt werde? Bei weitem, antwortete er. Und wenn man ihn gar in das Licht selbst zu sehen nötigte, würden ihm wohl die Augen schmerzen und er würde fliehen und zu jenem zurückkehren was er anzusehen im Stande ist, fest überzeugt, dies sei weit gewisser als das letzt gezeigte? Allerdings. Und, sprach ich, wenn ihn einer mit Gewalt von dort durch den unwegsamen und steilen Aufgang schleppte, und nicht losließe bis er ihn an das Licht der Sonne gebracht hätte, wird er nicht viel Schmerzen haben und sich gar ungern schleppen lassen? Und wenn er nun an das Licht kommt und die Augen voll Strahlen hat, wird er nichts sehen können von dem was ihm nun für das wahre gegeben wird. Freilich nicht, sagte er, wenigstens sogleich nicht. Gewöhnung also, meine ich, wird

> er nötig haben um das obere zu sehen. Und zuerst würde er Schatten am leichtesten erkennen, hernach die Bilder der Menschen und der andern Dinge im Wasser, und dann erst sie selbst. Und ebenso was am Himmel ist und den Himmel selbst würde er am liebsten in der Nacht betrachten und in das Mond- und Sternenlicht sehn als bei Tage in die Sonne und in ihr Licht.[99]

Mit der Gewohnheit, dem Gewöhnen an Abbilder oder Schattengestalten, verkehrt sich allmählich der Wirklichkeitsgehalt der Dinge. Wenn die Menschen aber hinter die Dinge geschaut haben, haben sie das Bild ausgedrückt und sich verändert. Es ist ein Versuch, die Wirklichkeitsschichten als Seinsstufungen zu begreifen, wobei im Höhlengleichnis klar ist, dass sich der gefesselte Mensch mit Schattenbildern auf der untersten Seinsstufe mit dem geringsten Gehalt befindet. Materieller Zwang, die Nichtautonomie, generiert das geringste Maß an Erkenntnis. Auf dieser Stufe ermöglicht gewissermaßen nur der geschulte Blick auf die Schattenwand eine Art Erkenntnis. Die Menschen entwickeln, wenn sie nichts anderes zu tun haben, anhand der Schatten Spekulationen. Plato sagt, das sei das Schicksal des Höhlenbewohners, des ungebildeten Menschen. Die in der Höhle starren auf die Schattenwand und haben am Ende gar nicht mehr das Bedürfnis, sich umzudrehen, zu sehen, was Schatten wirft, wo das Feuer herkommt.

Wo ist also das Erlebnis, das Motiv, die Höhle zu verlassen und aufzusteigen? Warum gibt es Menschen, die sagen: »wir sind es doch eigentlich ganz zufrieden, im Schatten zu sitzen«, und die es als Anmaßung empfinden, wenn man sie zu Höherem führt?

> Zuletzt aber, denke ich, wird er auch die Sonne selbst, nicht Bilder von ihr im Wasser oder anderwärts, sondern sie selbst an ihrer eigenen Stelle anzusehen und zu betrachten imstande sein. Notwendig, sagte er. Und dann wird er schon herausbringen von ihr, daß sie es ist die alle Zeiten und Jahre schafft und alles ordnet in dem sichtbaren Raume,

> und auch von dem was sie dort sahen gewissermaßen die Ursache ist. Offenbar, sagte er, würde er nach jenem auch hierzu kommen. Und wie, wenn er nun seiner ersten Wohnung gedenkt und der dortigen Weisheit und der damaligen Mitgefangenen, meinst du nicht er werde sich selbst glücklich preisen über die Veränderung, jene aber beklagen? Ganz gewiß. Und wenn sie dort unter sich Ehre, Lob und Belohnungen für den bestimmt hatten, der das vorüberziehende am schärfsten sah und sich am besten behielt was zuerst zu kommen pflegte und was zuletzt und was zugleich, und daher also am besten vorhersagen konnte was nun erscheinen werde: glaubst du es werde ihn danach noch groß verlangen, und er werde die bei jenen geehrten und Machthabenden beneiden? oder wird ihm das Homerische begegnen und er viel lieber wollen das Feld als Tagelöhner bestellen einem dürftigen Mann und lieber alles über sich ergehen lassen als wieder solche Vorstellungen zu haben wie dort, und so zu leben?[100]

Wie ist das zu deuten? – Einer ist in die Sonne gestoßen, nehmen wir mal an, er ist nach oben auf den Ausgang zu gestolpert; stolpern kann auch ein Bildungsmotiv sein, über irgendetwas stolpern. Nehmen wir also an, der hat die Sonne gesehen und kann jetzt schlussfolgern, dass, was er bisher gesehen hat, abgeleitet ist aus dem, was er jetzt sieht, eben von der Sonne. Ein Minimum an Intelligenz ist dafür Voraussetzung und auch bei Plato gegeben. Denn schon zuvor fangen die Menschen zu denken an: Derjenige, der in der Höhle Kombinationen herausbekommt, der bekommt Ehrenämter oder Preise; es gibt Auszeichnungen für den Menschen, der die vorbeiziehenden Gegenstände am schärfsten erkannt und sich am besten gemerkt hat. Das entspricht einem modernen Ratespiel: sich am laufenden Band Dinge, Kombinationen zu merken, was vorher, was nachher und was zugleich vorbeizog. Wer dazu in der Lage ist, wird auch auf das Kommende schließen können. Es ist also schon hier eine Denkkraft im Spiel. Da Intelligenz zur anthropologischen Grundausstattung des Menschen gehört, ist sie auch für die Gefängnisinsassen gesichert; auch sie können denken.

Insofern geht es für Plato auch nicht darum, nachzuweisen, dass der Mensch von einem nicht-intelligenten Wesen aufsteigt, sondern von einem *ungebildeten* Menschen. Die Voraussetzung ist in ihm angelegt, es bedarf jedoch der Befreiung. Es geht um Bildung und Unbildung, eine geistige Kraft muss befreit werden, die an sich da ist. In jedem Menschen glimmt etwas wie dieser göttliche Funke oder Funke der Erkenntnis, aber der schlägt nicht von allein Flammen, es entsteht nicht von allein Erkenntnis, sondern das ist ein beschwerlicher Weg, ein Gang nach oben, und vor allen Dingen ist dieser Gang nach oben verbunden mit einer stufenweisen Ablösung von der eingeschränkten und einschränkenden Sicht im Erkennen. Es ist gewissermaßen das Freischaufeln der Seele, die zur Sonne aufsteigt.

Interessanterweise weist Plato schon dem Schattenmenschen bei seinem Ratespiel eine ganze Reihe von Eigenschaften des Wiedererkennens zu. Dieser kann Differenzen wahrnehmen und sich merken, das heißt, das Erinnerungsvermögen wird angesprochen. Das Vorher und Nachher, die Bewegung in der Zeit der Dinge und die Identität werden aufgeführt, das zugleich Vorbeiziehende und die Fähigkeit, auf das Kommende zu schließen, also das Schlussverfahren von bestimmten Primärsätzen. Es ist also eine Vielzahl von Fähigkeiten, von Vernunftfähigkeiten bereits in der Höhle im Spiel.

Die Menschen in der Höhle sehen aber nur Abbilder und Schatten in verschiedener Form, die künstlich erzeugten Dinge, nicht das reine Licht, das dahinter waltet. Auch bei Goethe und anderen spielt das eine Rolle: in Farbabstufungen, im Farbenspektrum liegt gleichsam die Erkenntnis, nicht im reinen Licht. Insofern ist für Plato nicht der Sprung ins Licht entscheidend, die Erleuchtung, sondern bei den griechischen Denkern spielt eben die *Erziehung* zum Erkennen die zentrale Rolle, die nicht einfach unmittelbar zu haben ist. Insofern steckt Arbeit drin, obwohl das keiner der Griechen so nennen würde. Doch es ist mühevoll und kompliziert, dieses Aufsteigen von der Sinnenwelt in die Welt der Ideen, zur

Sonne, an das Tageslicht der Erkenntnis. Denn es ist klar, dass die Sonne und nicht das Feuer eine originale Quelle ist. Das Feuer liegt in der Höhle, jenes Licht, das Schatten wirft, und auch das Feuer ist abgeleitet. Der Schatten künstlicher Gegenstände ist für diese Menschen der Sinnenwelt eine Wirklichkeitsstufe. Die künstlichen Gegenstände selbst sind eine andere, aber nicht das Wesen, das ihnen zugrunde liegt. Schatten und Abbilder der Dinge und dann die Dinge selbst sind Wirklichkeitsabstufungen.

Wenn ich Plato richtig verstehe, geht er davon aus, dass Menschen, die sich nicht nach oben zu den Ideen arbeiten, in dieser Höhle sitzen bleiben. Insofern kann man sagen, wer sich nicht bildet, der bleibt ein Höhlenmensch. Der sitzt möglichst Tag und Nacht vor dem Fernseher. Die Idee des Höhlenmenschen ist ja gar nicht so absurd. Sie scheint in vielen Bildern wieder auf, unter anderem in den Monaden bei Leibniz. Die Monaden haben keine Fenster, keine Ausblicke. Sie brauchen keine. Warum nicht? Alles ist drin. Gewissermaßen das Universum ist in der Monade drin. Aber die Fensterlosigkeit der Monade zeigt natürlich doch ein ähnliches Bild der nun bei Leibniz einbezogenen Individualität. Er ist einer der großen Weltbürger gewesen, aber die Monadologie zeichnet etwas wie die bürgerliche, isolierte Individualität aus; Adorno hat das auf die soziale Kälte bezogen. In seinen Schriften über Auschwitz kommt die Monade als bürgerliche Subjektivität vor, die sich nicht mehr auf den anderen, auf die Gefühle des anderen bezieht.

Diese Höhlenbewohner des platonischen Gleichnisses sind natürlich später herangezogen worden, etwa von Francis Bacon in seiner Idolenlehre. Dort haben die Höhlenbewohner bestimmte Vorurteile; Idola sind Vorurteile. Aber das ist ein Modell für den Durchschnittsmenschen. So kommt der Mensch für Plato auf die Welt, und wenn er sich nicht bildet, dann bleibt er eben in diesem Status des Höhlenmenschen. Deshalb ist es auch wichtig, was Plato hier sagt, nicht zu sehr metaphysisch zu überhöhen, sondern konkret eingebunden in Bildungsprozesse zu verstehen.

Auch in diesem Zusammenhang bleibt die platonische Dialogform zentral. Auf der einen Seite ist gewissermaßen der Irrende oder, wie Sokrates sagt, der Untersuchende, die gedankliche Hebamme im Spiel. Es handelt sich immer um eine Art Hilfsangebot an den Dümmeren, sich dessen zu besinnen, was eigentlich in ihm steckt. Und darauf folgt immer Zustimmung oder eine dumme Antwort. Zustimmung wird von Sokrates wohlwollend entgegengenommen, die dumme Antwort widerlegt. Dieser Prozess ist gleichsam das Hilfsangebot des Denkens von dem, der eine oder mehrere Stufen höher ist. Der belehrt aber den anderen nicht nur, sondern versucht aus den Irrtümern des anderen gewissermaßen die Wahrheit zu gewinnen. Und das ist auf der anderen Seite die Selbsttätigkeit. So verlaufen Lernprozesse wirklich, und wo sie nicht gelingen, ist oft ein Überwältigungselement im Spiel. Die Selbstbefreiung und die Befreiung der anderen sind Elemente des platonischen Dialogs, des platonischen Erkenntnisgewinns im Aufsteigen vom Gefesseltsein in der Sinnenwelt.

Wichtig ist es nun, den vollkommen erzogenen Philosophen gegen seine Neigung zur Regierung zu nötigen, in der Höhle politische Verantwortung zu übernehmen:

> Du hast wieder vergessen Freund, sprach ich, daß der Gesetzgeber sich nicht dieses angelegen sein läßt, daß Ein Geschlecht im Staat sich ausgezeichnet wohl befinde, sondern daß er im ganzen Staate Wohlsein muß hervorzubringen suchen, indem er die Bürger ineinander fügt und sie teils überredet, teils nötiget einander mitzuteilen von dem Nutzen den jeder dem gemeinen Wesen leisten kann, und indem er Männer dieser Art dem Staate selbst zuzieht, nicht um sie hernach gehen zu lassen wohin jeder will, sondern um sich selbst ihrer für den Verein, des Staates zu bedienen. Richtig, sagte er; das hatte ich freilich vergessen. Betrachte nun, o Glaukon, fuhr ich fort, daß wir den bei uns sich bildenden Philosophen kein Unrecht tun werden, sondern ganz gerechtes gegen sie aussprechen, wenn wir ihnen zumuten für die Andern Sorge zu tragen und sie in Obhut zu

halten. Wir werden ihnen nämlich sagen, daß die in andern Staaten Philosophen werden billigerweise an den Arbeiten in denselben keinen Teil nehmen; denn sie bilden sich zu solchen von freien Stücken wider Willen der jedesmaligen Verfassung, und das sei ganz billig, daß was von selbst gewachsen ist, da es niemanden für seine Kost verpflichtet ist, auch nicht Lust hat jemanden Kostgeld zu bezahlen. Euch aber haben wir zu eurem und des übrigen Staates Besten wie in den Bienenstöcken die Weisel und Könige erzogen und besser und vollständiger als die übrigen ausgebildet, so daß ihr tüchtiger seid an beidem teilzunehmen. Ihr müßt also nun wieder herabsteigen jeder in seiner Ordnung zu der Wohnung der Übrigen, und euch mit ihnen gewöhnen das Dunkle zu schauen. Denn gewöhnt ihr euch hinein: so werdet ihr tausendmal besser als die dortigen sehen, und jedes Schattenbild erkennen was es ist und wovon, weil ihr das schöne, gute und gerechte selbst in der Wahrheit gesehen habt. Und so wird uns und euch der Staat wachend verwaltet werden und nicht träumend, wie jetzt die meisten von solchen verwaltet werden, welche Schattengefecht miteinander treiben und sich entzweien um die Obergewalt, als ob sie ein gar großes Gut wäre. Das Wahre daran ist aber dieses, der Staat, in welchem die zur Regierung berufenen am wenigsten Lust haben zu regieren, wird notwendig am besten und ruhigsten verwaltet werden, der aber entgegengesetzte Regenten bekommen hat, auch entgegengesetzt.[101]

Das ist doch eine bemerkenswerte Feststellung. Der Staat, in welchem die zum Herrschen Bestellten am wenigsten Verlangen und Lust zu regieren haben, ist notwendig der am besten und ruhigsten verwaltete. Es geht also darum, dass die staatliche, die politische Tätigkeit nicht die höchste Lebensform ist. Wenn ein Politiker das als höchste Lebensform betrachtet – was nicht so selten ist –, dann ist etwas schiefgegangen. Wenn die regieren, denen das Herrschen Spaß macht, ist das gefährlich für den Staat. Deshalb muss man diejenigen drängen, die eine höhere Lebensform haben, die noch etwas anderes als regieren können, sich der Politik anzunehmen:

> Denn so verhält es sich, Freund, sprach ich. Wenn du denen, welche regieren sollen, eine Lebensweise ausfindest, welche besser ist als das Regieren, dann kannst du es dahin bringen, daß der Staat wohl verwaltet werde; denn in einem solchen allein werden die wahrhaft Reichen regieren, die es nicht an Golde sind, sondern woran der Glückselige reich sein soll, an tüchtigem und vernunftmäßigem Leben. Wenn aber Hungerleider und Arme an eigenem Gut an die öffentlichen Angelegenheiten gehen, in der Meinung von dort her Gutes an sich reißen zu müssen: so geht es nicht. Denn wird die Verwaltung etwas, worum man sich reißt und schlägt: so muß ein solcher einheimischer und innerer Krieg die Kriegführenden selbst und den übrigen Staat verderben.[102]

An sich wäre es also gut, wenn die Aufgestiegenen, die Philosophen Könige wären, aber man muss sie dazu bringen. Die aber wollen das nicht mehr, weil die politische Lebensform, der *bios politikos,* in Griechenland gegenüber dem Denkenden, den mußefähigen Philosophen eine defizitäre Lebensform ist. So gelingt es Plato nicht wirklich, die Philosophen in die Funktion der Regierenden zu bringen. Sokrates sagt in der »Apologie« ausdrücklich: »Ich weiß ja, warum ich nicht Staatsmann werden wollte.« Er lässt die Gründe in dieser Verteidigungsrede offen, aber es ist klar, dass er eine höhere Lebensform vorzieht. Was diese Beratungstätigkeit und die Verachtung der Philosophen im Zusammenhang von kriegerischer und staatsmännischer Tätigkeit betrifft, so ist von Friedrich dem Großen der Satz überliefert: »Wenn ich eine Provinz bestrafen will, dann schicke ich ihr einen Philosophen als Gouverneur.«

Das Höhlengleichnis und die Bildungsfrage

Vorlesung vom 20. Juni 2001

Da es sich beim Höhlengleichnis um einen zentralen Text von Plato handelt, möchte ich noch einige Erläuterungen hinzufügen. Das Wesentliche ist einigermaßen klar: Es geht um verschiedene Schichten der Wirklichkeit, Bilder, Abbilder und verschiedene Beleuchtungen, um die Sonne, das Licht und das Feuer in der Höhle. Plato will damit andeuten, dass die Wirklichkeitsverfassung der Dinge verschieden ist. Noch ist nicht ganz klar, was Kriterien für die Härte oder die Haltbarkeit der Dinge sind, aber es geht um Realitätsschichtungen, bei denen der Aufstieg vom Dunklen zum Hellen über verschiedene Seinsverfassungen abläuft. Das ist der Sinn dieses Bildes der Höhle und des Höhlengleichnisses. Ebenfalls unklar ist, wie dieser Aufstieg verläuft. Was sind Motive eines solchen Aufstiegs? Sind die Menschen, die dort gefesselt sind, auf ewige Zeiten festgehalten? Ist Selbstbefreiung möglich oder können sie nur von außen befreit werden?

Dass der Mensch etwas wie ein Vermögen hat, mit dem er geboren wird, interessiert Plato besonders. Wir kommen auf die Welt mit bestimmten Ausstattungen, was aber nicht bedeutet, dass diese Sinne schon entfaltet wären. Das heißt, wir werden von der Natur zunächst lediglich mit Potenzialen ausgestattet. Plato geht davon aus, dass auch unser Denkvermögen ein solches Potenzial darstellt. Das nennt er *phronesis,* was später im Griechischen auch die Bedeutung von Klugheit und klugem Umgang hat. Zunächst aber bedeutet *phronesis* das ursprüngliche Vermögen des Menschen, die Kraft des Denkens, Denkvermögen und natürlich damit verknüpft das Urteilsvermögen. Das bedeutet, die Menschen haben ein Vermögen, mit dem sie sich aus den Fesseln befreien können, müssen es allerdings nicht benutzen. Es ist nicht teleologisch, also nicht auf einen Zweck hin ausgerichtet. Die Menschen sind durch ihre Ausstattung nicht zum Befreiungsakt gezwungen, etwa um ein bestimmtes Ziel zu erreichen, um sich zum Beispiel selbst zu verwirklichen in der Erkenntnis. Deshalb bedürfen sie der Hilfe. Sie sind nicht fertig und bedürfen derjenigen, die sie anstoßen, führen, erziehen oder die ihnen Erkenntniswege öffnen.

Periagoge, das ist der Zentralbegriff, an dem ich das festmachen will, also das Umdrehen. Das Umdrehen bedeutet bei Plato gleichsam, dass sich die Blickrichtung verändert. Dass die Menschen aus ihrer starren Blickrichtung erst einmal herausgebracht werden, ist der entscheidende Schritt. Das ist ein sehr schönes Bild für den Anfang, wobei dieses Periagoge nicht zu verwechseln ist, wie häufig in der Plato-Rezeption geschehen, mit christlicher Umkehr, also mit dem Glaubenswandel. Dreht der Mensch sich um, ist das erst der Anfang seines Weges und noch nicht seine Menschwerdung. Erst muss er weiter aus der Höhle hinaus:

> Wir müssen daher, sprach ich, so hierüber denken, wenn das Bisherige richtig ist, daß die Unterweisung nicht das sei, wofür Einige sich vermessen sie auszugeben. Nämlich sie behaupten, wenn keine Erkenntnis in der Seele sei, könnten sie sie ihr einsetzen wie wenn sie blinden Augen ein Gesicht einsetzten. Das behaupten sie freilich, sagte er. Die jetzige Rede aber, sprach ich, deutet an, daß dieses der Seele eines Jeden einwohnende Vermögen, und das Organ, womit jeder begreift, wie das Auge nicht anders als mit dem gesamten Leibe zugleich sich aus dem Finstern ans Helle wenden konnte, so auch dieses nur mit der gesamten Seele zugleich von dem Werdenden abgeführt werden muß, bis es das Anschauen des Seienden und des glänzendsten unter dem Seienden aushalten lernt. Dieses aber, sagten wir, sei das Gute; nicht wahr? Ja. Hiervon nun eben, sprach ich, mag sie wohl die Kunst sein, die Kunst der Umlenkung, auf welche Weise wohl am leichtesten und wirksamsten dieses Vermögen kann umgewendet

> werden, nicht die Kunst ihm das Sehen erst einzubilden, sondern als ob es dies schon habe und nur nicht recht gestellt sei und nicht sehe wohin es solle, ihm dieses zu erleichtern.[103]

Es geht also mit der »gesamten Seele zugleich« hinaus aus der Welt des Werdens. Gleichsam liegt der Drehpunkt im Menschen selbst. Man muss etwas drehen, etwas wenden. Das ist eine Form der Selbstregulierung des Menschen und für den antiken Begriff der Erziehung sehr wichtig. Niemand kann, wie die Sophisten das versuchen, gewissermaßen mit Gewalt oder mit etwas rein Äußerlichem infiltriert werden. Das wäre die Trichtermethode, oben etwas hineinzuschütten, auf dass unten etwas herauskomme. Letzteres ist zwar meistens der Fall, doch ob unten das Richtige herauskommt, bleibt fraglich. Deshalb geht es hier nicht um eine solche Trichtermethode, sondern um etwas wie Hilfe zur Selbsthilfe, sich selbst drehen zu können. Dieses Drehen, das Umdrehen ist der Anfangspunkt der Pädagogik, der Erziehung bei Plato. Deshalb ist es so wichtig, dass die Menschen anfangen, das Licht zu sehen und nicht nur die Schatten. Darum geht es und um die Erziehung der Menschen, diese umwenden zu können, und zwar auf die leichteste und erfolgreichste Art. Es geht nicht um die Kunst, ihm das Sehen einzupflanzen; er kann ja sehen. Und da er die Kraft besitzt, sie nur nicht richtig gewendet hat, muss sich das Sehen wenden. Hat der Mensch zuvor immer auf die Schatten geschaut, so muss er sich jetzt umdrehen, um die Dinge selbst zu sehen. Und um dieses Herumdrehen geht es hier hauptsächlich, um den Umschwung, das Umbrechen der Motive, gewissermaßen dieses Anstoßen der Anamnesis, der Erinnerung dessen, was jeder in sich trägt. Sich zum Licht umzudrehen und die wahren Dinge oder die seienden Dinge zu erblicken, wäre der Akt des beginnenden Aufstiegs aus der Höhle. Geleistet ist damit noch nicht alles, und es ist auch keine Umkehr im Glaubenssinne. Mit dem Umdrehen allein sieht man noch nichts, schon lange nicht das volle Sein, eben die Sonne, sondern es ist mit einem beschwerlichen Aufstieg verbunden. Erziehung, Bildung und Lernen sind nach Plato ein beschwerlicher Aufstieg aus der Höhlenexistenz. Und daran schließt sich bei Plato und später bei Aristoteles die Frage an, welche Tugenden damit verknüpft sind:

> Die anderen Tugenden der Seele nun, wie man sie zu nennen pflegt, mögen wohl sehr nahe liegen denen des Leibes; denn in der Wirklichkeit früher nicht vorhanden, scheinen sie erst hernach angebildet zu werden durch Gewöhnungen und Übung; die des Erkennens aber mag wohl vielmehr einem göttlicheren angehören, wie es scheint, welches seine Kraft niemals verliert, nur aber durch Lenkung nützlich und heilbringend oder auch unnütz und verderblich wird.[104]

Die übrigen Fähigkeiten, die man der Seele gewöhnlich zuschreibt, sind mit jenen des Körpers verwandt. Sie sind zunächst nicht vorhanden und werden erst früher oder später durch Gewöhnung und Übung beigebracht. *Phronesis* hingegen ist eine angeborene Denkkraft, während die anderen Tugenden alle anerzogen sind und sich nicht aus diesem angeborenen Vermögen ergeben. Deshalb unterscheidet später Aristoteles zwischen dianoetischen und ethischen Tugenden. Die dianoetischen sind Denktugenden. Was aber ist Denken? Was kann man als Denktugenden bezeichnen? Das sind Tugenden, Verhaltenseinstellungen des verlässlichen Argumentierens. Den anderen nicht zu betrügen im Denken, konsequent zu sein im Denken, das wären solche dianoetischen Tugenden. Die Potenziale der dianoetischen Tugenden sind angelegt, aber Plato würde sagen, damit diese zur Tugend werden, bedarf es der Übung.

Diese Umdrehung, darum geht es eigentlich: Den Menschen diese Umdrehung zu ermöglichen, dass sie vom Schatten wegkommen und ins Licht zu blicken beginnen, ist der erste entscheidende Erziehungs- und Lernakt. Und dieser sorgt auch dafür, dass sich aus dem reinen Potenzial brauchbare Tugenden entwickeln. Es ist klar, dass die Höhle in Platos Bildwelt das Umdrehen behindert.

Die Menschen dort sind gefesselt, blicken auf eine Wand und werden an der Drehung gehindert:

> Eben dieses indes an einer solchen Natur, wenn sie von Kindheit an gehörig beschnitten und das dem Werden oder der Zeitlichkeit verwandte ihr ausgeschnitten worden wäre, was sich wie Bleikugeln an die Gaumenlust und andere Lüste und Weichlichkeiten anhängt und das Gesicht der Seele nach unten wendet, würde dann hievon befreit sich zu dem wahren hinwenden und dann bei denselbigen Menschen auch dieses auf das schärfste sehen, eben wie das dem es jetzt zugewendet ist.[105]

Wo also ist das Motiv für den Aufstieg und das Lernen? – Denn das kommt nicht aus einem selbst, sondern es ist immer ein Prozess zwischen zwei Personen. Daher rührt auch die ungeheure Bedeutung der Erziehung in der griechischen Antike, der körperlichen wie der seelischen Ertüchtigung. Sie ist nie ohne das Gefälle der Lehrer und Schüler zu bewältigen, wobei sich, wie es im Sokratischen Dialog der Fall ist, beide auf das Abenteuer der Wahrheitssuche einlassen. Und ein Abenteuer ist es deshalb, weil – jedenfalls für Sokrates – nicht sicher ist, was am Ende steht.

Dies alles ist eingebaut in eine Hierarchie der Lebensformen. Die Lebensform des Philosophen, die sich an der großen Bedeutung der Sonne orientiert, wird als die höchste erstrebenswerte Lebensform betrachtet, und daran relativieren sich die übrigen Lebensformen, unter anderem auch jene des Staatsmannes, des Politikers, des politisch Handelnden, des *bios politikós*. Während nun dieser Aufstieg zur Wahrheit erfolgt, so Platos Vorstellung, werden die Zusammenhänge von allem immer deutlicher erkannt. Erkenntnis ist für Plato ein Begreifen des Zusammenhangs, und wer den Zusammenhang schaut, der denkt dialektisch. Die Lösung von den Fesseln, die Abkehr von den Schatten hin zur Lichtquelle in der Höhle, der Aufstieg dann von der Höhle zur Sonne, diese Wanderung nennt er dialektisch. Es ist eine Wanderung, die dialektisch in dem Sinne ist, dass immer mehr von dem erkannt wird, wovon die Höhle nur ein Ausschnitt ist. Der Umkreis wird einbezogen in die Erkenntnis. Erst erfolgt die Lösung von den Fesseln, die Abkehr von den Schatten zu den Bildwerken, zur Lichtquelle der Höhle, dann der Aufstieg zur Sonne. Dort ist der Mensch dann anfänglich noch unfähig, die Lebewesen, die Pflanzen, die Sonne anzuschauen, dafür ist ihm aber der Blick auf die wirklichen Abbilder im Wasser und die Schatten der wahren Bilder möglich. Hier sind die Abbilder, diese haben ja die Schatten geworfen vor diesen wahren Bildern. Die Abbilder werfen die Schatten. Wenn man aus der Höhle herauskommt, merkt man erst, was im Wasser und was wirklich geschaffen ist, was die wirklichen Dinge sind. Es ist also ein Aufstieg:

> Oder wissen wir nicht, daß alles dies nur das Vorspiel ist zu der Melodie, welche eigentlich soll erlernt werden? Denn du meinst doch nicht, daß die in diesen Dingen stark sind, schon die Dialektiker sind? Nein beim Zeus, außer nur gar wenige von denen die mir bekannt geworden. Aber auch das doch nicht, daß solche, die nicht einmal vermögen irgend Rede zu stehen oder zu fordern, irgend etwas wissen werden von dem was man wie wir sagen wissen muß? – Auch das gewiß nicht, sagte er. Also dieses, o Glaukon, ist nun wohl die Melodie oder der Satz selbst, was die Dialektik ausführt? Von dem auch, wie er nur mit dem Gedanken gefaßt wird, jenes Vermögen des Gesichts ein Abbild ist, von welchem wir sagten, daß es bestrebt sei auf die Tiere selbst zu schauen und auf die Gestirne selbst ja zuletzt auch auf die Sonne selbst. So auch wenn einer unternimmt Rede zu geben, der zielt ohne alle Wahrnehmung nur mittelst des Wortes und Gedanken auf das selbst was jedes ist; und wenn er nicht eher abläßt, bis er, was das Gute selbst ist, mit der Erkenntnis gefaßt hat, dann ist er an dem Ziel alles Erkennbaren, wie jener dort am Ziel alles Sichtbaren.[106]

Dialektik und Erkenntnis wachsen also. Erkenntnis ist immer damit verknüpft – das ist auch eine sehr schöne Definition –, dass der Blick für den Zusammenhang geschärft wird und sich dadurch die einzelnen Dinge zusammenfügen. Dialektik ist das Wissen über das Wesen der Dinge. Aber wenn es so ist, dass das Wissen über das Wesen der Dinge in diesem dialektischen Prozess des Wanderns und des Aufstiegs zustande kommt, mit Hilfe eines anderen, der eine oder vielleicht sogar mehrere Stufen höher steht, dann sind in diesem Prozess weder Gewalt noch Macht nötig. Gerade Plato wendet sich deshalb in der Erziehung – in dem, was er als Erziehungsprozess versteht – gegen jede Form der Gewalt. Denn jede Form der Gewalt unterbricht den Dialog und zerstört den Zusammenhang. Das ist ein sehr interessanter Gesichtspunkt, weil diese Form des Dialogs und der Dialektik sehr viel mit der Einsicht des anderen und der eher milden Umgangsweise mit den Irrtümern des anderen zu tun hat; zweifellos in der Überzeugung gerade durch Nicht-Gewalt, durch gewaltlose Arbeit des Entwickelns etwas wie Überwindung von Irrtümern zu erreichen:

> Was nun zum Rechnen und zur Meßkunde und zu allen den Vorübungen gehört, die vor der Dialektik hergehen sollen, das müssen wir ihnen als Knaben vorlegen, indem wir jedoch die Form der Belehrung nicht als einen Zwang zum Lernen einrichten. Warum nicht? Weil, sprach ich, kein Freier irgendeine Kenntnis auf knechtische Art lernen muß. Denn die körperlichen Anstrengungen, wenn sie auch mit Gewalt geübt werden, machen den Leib um nichts schlechter, in der Seele aber ist keine erzwungene Kenntnis bleibend. Richtig, sagte er. Nicht also mit Gewalt, o Bester, sprach ich, sondern spielend beschäftige die Knaben mit diesen Kenntnissen, damit du auch desto besser sehn könnest, wohin ein jeder von Natur sich neigt.[107]

Das ist pädagogisch doch interessant: Kein gewaltsam erzwungenes Wissen bleibt haften; jedenfalls nicht im Sinne der dianoetischen Tugenden, als ein Motiv, weiterzudenken, sondern allenfalls im Sinne einer Fixierung. Im Folgenden denkt man allenfalls darüber nach, welche Gewalt einem der Lehrer angetan hat. Sowohl der Lehrer als auch der Schüler denkt nur an die Leidensgeschichte der Schule. Noch die Alpträume vieler Erwachsener spielen auf das Prinzip eines Leidens an der Übernahme von Gedanken an, die sie aus sich heraus gar nicht haben, die sie nicht wissen wollen. Dieses Einstecken und Einpflanzen aber ist der platonischen Dialektik zuwider, weil es nicht Erkenntnis ist. In dem Maße, wie Gewalt auf den jungen Menschen ausgeübt wird, werden die Selbstmotive des Lernens, die Bereitschaft etwas aufzunehmen, behindert, fragmentiert und schlagen ins Gegenteil um, weil der Freie kein Lehrfach unter Zwang lernen soll. Da heißt es dann, »hör auf zu weinen« oder »halt den Mund«. Der normative Überhang ist in den Lernprozessen sehr verbreitet: »Ich weiß besser, was du denkst.« Das aber ist nicht sokratisch. Natürlich hat Plato dabei die Sophisten im Auge, die festlegen, was richtig und was falsch sei, während bei Plato die Entwicklung dessen, was richtig und falsch ist, im Prozess mit anderen erfolgt. Es ist ein *gemeinsames* Projekt. Lernen erfolgt bei Plato durch Übung, durch Einübung, aber in diesen Übungsprozessen müssen Erkenntnismotive anwesend sein. Und er sagt auch, an Beispielen sei zu lernen. So führt er im Höhlengleichnis an, dass junge Männer reale Kriegssituationen erfahren sollen; man solle sie mit in die Schlacht nehmen, wenn auch nicht direkt, aber sie sollen schauen und probieren, vielleicht werden sie sogar verwickelt. Das heißt, man führt die jungen Männer an ernste Situationen heran, nachdem sie auf dem Übungsfeld fechten und körperliche Ertüchtigung gelernt haben. Aber er würde nicht sagen: »Wir schicken mal die jungen Leute an die vorderste Front, damit sie ihre Angst überwinden und die wirkliche Schlacht kennenlernen.«

Anamnesis bringt etwas zum Ausdruck, was der Mensch eigentlich immer sein sollte, aber nicht ist, worauf er hinauswill, wozu er eigentlich Mensch ist: Das ist der Weg der Bildung. Sich einzulassen auf den anderen bedeutet, dass wir im Prozess dieser dialektischen Bewusstseinsbildung allmählich herausbekommen, was der Mensch immer schon war und sein sollte.

Nehmen wir den idealtypischen Lehrer nach Platos Vorstellung: Dieser Idealtypus ist natürlich Sokrates, und der tritt hier auch überall als Lehrer auf. Sokrates betont immer, die Untersuchungen, die er bei den Menschen vornehme, seien das, was er von ihnen lerne. Er lernt von anderen und erfährt vor allen Dingen, was diese nicht wissen. Dadurch bekommt er wiederum heraus, was er selbst weiß. Das ist in der »Apologie« der Hauptgesichtspunkt und kaum mit dem Vorgehen eines herkömmlichen Lehrers oder Hochschullehrers zu verwechseln. Wissensvorräte anzulegen und zu akkumulieren, darüber spricht Plato nicht. Er spricht vielmehr über die Prozesse, mit denen durch Kritik des Nichtwissens Wissen entsteht. Denn so versucht er Wissen aus einer dialogischen Situation zu gewinnen.

Eigentlich gibt es erst mit Aristoteles, der Akademie und ihren Schülern etwas wie eine Schulbildung, indem Lehrer anfangen, Platos Wissen zu vermitteln und weiterzugeben. Es ist ganz klar, dass Aristoteles aus der Akademie aussteigt, weil ihn stört, dass die Schüler nur Plato weiterdenken. Denn da tritt etwas wie eine Schulbildung anhand von Wissensbeständen auf, die einfach vermittelt werden – obwohl die Akademie zu einer internationalen Einrichtung für die besten Mathematiker und Physiker wird. Sie wird eine berühmte Forschungsstätte, aber auch eine Stätte der mehr oder weniger dogmatischen Vermittlung der von Plato angelegten Wissensbestände, was dem platonischen Prinzip zuwiderläuft. Natürlich entwickelt sich Wissen nicht immer aus dem Nichts, und im Grunde weiß Sokrates am Ende, wo er hingekommen ist. Auch die Dialoge laufen alle darauf hinaus, dass bereits ein Wissen von Sokrates vorliegt. Und doch ist es in dieser antiken Welt entscheidend, dass ein Vermitteln von Wissensbeständen ohne Einbeziehung der Schüler und desjenigen, der das aufnimmt, undenkbar ist. Niemand würde – auch in der Akademie nicht – auf den Gedanken kommen, lediglich das Wissen der Vorhergehenden zu übernehmen und zu übermitteln. Erst die Selbsttätigkeit und das aktive Element des Lernens macht das Wissen aus. Das ist eine große Errungenschaft des griechischen Geistes.

Widmen wir uns weiterhin Aristoteles. Dieser ist insofern ein ganz anderer Denker, als er viel stärker Empiriker ist, also Erfahrungssammler, Erfahrungswissenschaftler, sodass sich das Prinzip der Orientierung des Denkens auf die großen Wahrheitsideen bei ihm umdreht. Er geht, wenn man so will, in vielen Punkten in die Fläche und sammelt das damalige Wissen der antiken Welt. Er ist ein großer Wissenssammler, man würde heute sagen: ein enzyklopädischer Denker. Über wirklich jeden Gegenstand hat er sich Gedanken gemacht, über jede Krankheit, über jeden Stein, diese organologischen Strukturen, über die Seele – ein weites Feld –, über die Verfassungen, die Staatsverfassungen, und zwar wiederum in anderer Art als Plato. Letzterer maß die Verfassungen an den Ideen, was Aristoteles nicht so sehr interessiert. Der studiert hingegen alle ihm damals greifbaren Verfassungen und überprüft sie nach dem Prinzip ihrer Haltbarkeit. Er formuliert die erste *empirische* Verfassungslehre.

Die eine Linie des aristotelischen Denkens ist also, in die Fläche zu gehen. Die zweite ist es, deutlicher und systematischer zu reflektieren, was der Mensch macht, wenn er denkt. Fichte hat einmal davon gesprochen, er wolle wissen und sehen, wie die Menschen sich selbst beim Denken ertappen. Doch wie kann man das näher beschreiben? Was heißt ertappen? Das ist ein schöner Ausdruck für das darin enthaltene Element des Unbewussten, sich ertappen, nicht zu wissen, was man macht: »Sich bei dem Gedanken ertappen …« Dieses Sich-Ertappen auf eigener Tat spielt bei Aristoteles eine zentrale Rolle.

Was haben wir eigentlich, wenn wir von Begegnung reden? Was denken wir, wenn wir bestimmte Kategorien benutzen? Was fürchte ich, wenn ich denke? Was heißt »Bewegung«, was heißt »Werden«, was ist »Substanz« und so weiter? All diese Begriffe, die Plato noch mehr oder weniger vorreflektiert benutzt – er benutzt sie, aber er kategorisiert sie nicht –, bringt Aristoteles in eine systematische Kategorienlehre. Das ist etwas zentral Neues: eine Kategorienlehre, die entwickelt wurde, indem die vorhandenen, benutzten Denkformen nebeneinandergestellt werden. Erst Kant wird viel später wieder eine solche Kategorienlehre entwickeln. Nichts anderes macht auch Aristoteles, indem er fragt: »Was mache ich im Denken und was benutzt das Denken, wenn es denkt?«

Neben dem Sammeln des Wissens in der Fläche und der systematischen Reflexion des Denkens stellt bei Aristoteles die Metaphysik eine dritte Ebene dar, und zwar in einem von Plato ganz verschiedenen Sinne. Bei Aristoteles liegen die Ideen in den Dingen. Er holt die Ideen vom Himmel herunter und sagt, eigentlich arbeiten sie als Muster der Dinge in den Dingen selbst. Alle Dinge – nicht die einzelnen Dinge, sondern gewissermaßen die Dingheit – haben ihre eigenen Energien, ihre eigenen Urbilder. Um es erneut am Beispiel eines Schiffsbauers zu verdeutlichen, kann man sagen, die Idee des Schiffes ist es, die der Schiffsbauer aufgreift in der Realisierung eines *telos*, eines Ziels. Nach der Idee des Schiffs, nicht eines einzelnen, baut der Schiffsbauer das seine. Das Schiff ist gut und meinetwegen sogar schön. Dabei geht es jedoch nicht um die Partizipation an einer Idee vom Guten und Schönen, an der auch die anderen alle teilhaben, wie im Falle eines schönen Körpers. Es geht um etwas, das nicht zu verwechseln ist mit einer menschlichen Gestalt, sondern um ein Schiff, um die Schiffheit. Diese hat zwar viele empirische Ausprägungen – so kann es ein Kriegsschiff sein oder auch nicht –, aber es gibt doch eine begrenzte Zahl von Merkmalen, an denen eindeutig festzustellen ist, ob es ein Schiff oder beispielsweise ein Wagen ist. Die entscheidende Frage ist: Was ist das Wesentliche? Und diese eröffnet der Erkenntnis einen riesigen Untersuchungsraum.

Damit sind einige Facetten des aristotelischen Denkens benannt. In den kommenden Ausführungen werden wir diese weiter behandeln, weil das Spannungsverhältnis zwischen dem Idealismus eines Plato und dem Materialismus eines Aristoteles eine ungeheure

Auseinandersetzung in der ganzen philosophischen Welt nach sich zieht und sich in den sehr kontroversen Orientierungen der nachfolgenden Schulen niederschlägt. Das Wissen der Welt, das Plato – der allerdings auch nicht im selben Maße Zugriff hatte – gar nicht interessierte, ist bei Aristoteles versammelt. Aristoteles ist das sehr wichtig, und auch Alexander der Große hat immer wieder vor bestimmten Entscheidungen bei ihm um Rat gefragt. Aristoteles hat entweder gar nicht oder ausweichend geantwortet, aber angesichts dieser flächengreifenden imperialen Macht war es naheliegend, die Ideen in die Wirklichkeit zurückzuholen. Mit Aristoteles arbeiten die metaphysischen Prinzipien nun in den Dingen selbst, in der Dingwelt, und dadurch eröffnet sich ein ungeheurer Forschungshorizont.

Aristoteles' Kategorienlehre

Vorlesung vom 26. Juni 2001*

Wenn wir uns weiterhin mit Aristoteles befassen, so immer vor dem Hintergrund der Entstehung von Denkweisen, die sich zu kulturellen Normen verfestigen. Dass die Denker, die ich hier behandele, ursächlich sind für die Entstehung einer europäischen Denkweise, dass etwa dieser Begriff von Aristoteles oder jener von Plato gekommen und dann zum Bestandteil unserer Kultur geworden sei, lässt sich zwar nicht behaupten. Aber es ist doch so, dass sich reale Prozesse des gesellschaftlichen Verkehrs mit bestimmten Denkweisen verknüpfen und darin auch eine gewisse Befestigung erfahren. Deshalb mein ständiger Hinweis darauf, dass die ganze antike Philosophie gebunden ist an die Art und Weise, wie man mit dem Gemeinwesen umgeht, was dessen politische Gestalt ist. Beides ist in der griechischen Antike überhaupt nicht voneinander zu trennen. Man denkt eben in Kategorien der Polis, und vieles von dem, was daran überschüssiges Denken ist, wird auf indirekte Weise in den Zusammenhang der politischen Philosophie zurückgeworfen. Wenn man zum Beispiel sagt, der Staat trennt sich

* Dieser Vorlesung geht eine Vorlesung vom 21. Juni 2001 voraus, die sich wiederum auf einen Vortrag von Professor Wang vom 13. Juni 2001 bezieht. Negt macht hier Ausführungen zu China, die sich fast vollständig auf seine Studie *Modernisierung im Zeichen des Drachen. China und der europäische Mythos der Moderne,* Frankfurt/M. 1988, beziehen. Da weder der Zusammenhang mit dem Vortrag von Herrn Prof. Wang dokumentiert ist noch Negts eigene Ausführungen zu China gegenüber bereits veröffentlichtem Material Neues beinhalten, wurde auf eine Wiedergabe verzichtet. Es sei stattdessen hier auf das Kapitel »Gedankenexperimente. Dritter Teil Strukturelemente der chinesischen Lebenswelt« aus Negts China-Studie verwiesen.

allmählich von den Begründungen in der Mythologie, dann hat das zweifellos damit zu tun, dass das Denken aus diesen mythischen Zusammenhängen allmählich herausgelöst wird. Dadurch ist die Entmythologisierung des Denkens auch eine Grundlage für die vergleichende Verfassungslehre. Wer die Polis auf einen spezialisierten Gott zurückführt, entwickelt keine vergleichende Verfassungslehre. Der wird nur sagen, diese Polis hat Zeus als Urvater.

Es muss also atmosphärisch etwas wie eine Ernüchterungsaufklärung im Denken vorherrschen, damit sich das vergesellschaftete Gemeinwesen als ein Produkt von Menschen begreift. Für den Produktionsprozess dieses Produktes begibt sich jetzt das Denken auf die Reise und fängt grundsätzlich zu fragen an, was zum Beispiel eine dauerhafte Verfassung sei. Was ist überhaupt dauerhaft in dieser Welt, der diesseitigen Welt, was dauert? Und schon ist ein Begriff entstanden – indem ich frage, was dauert, was überlebt, was wird wiederaufgebaut, wenn es zerstört wird –, ein Begriff nämlich, der in der Philosophie als Substanz firmiert.

Was ist Substanz? Selbstverständlich ist Substanz nicht etwas in sich Begrenztes, sondern das ist ein Begriff, in dem sich etwas bewegt, verändert und doch bleibt. Also nehmen wir mal an, die Polis sei Substanz in diesem Sinne. Dann haben die Griechen einen großen Anschauungsunterricht über mehrere Jahrhunderte genossen, in dem Städte immer wieder geplündert, zerstört und wiederaufgebaut wurden oder auch andere Städte nach demselben Muster erbaut wurden, sich die Substanzen also örtlich verlagern; man findet plötzlich Pflanzstädte, über hundert einzelne Städte, und kann sagen, hier vervielfältigt sich eine Substanz, die Substanz Polis, der Stadtstaat im griechischen Sinne.

Haben wir aber Substanz, gewinnen wir auch einen ganz anderen Begriff, der ebenfalls bei Aristoteles aufkommt und von ihm geprägt wird, nämlich Akzidenz. Das bezeichnet, was hinzukommt, ohne zwingend zu sein, was gewissermaßen um die Substanz herumkreist. Doch was ist jetzt das Bleibende und was kann verschwinden und durch anderes ersetzt werden? Das ist eine der wesentlichen Fragen der griechischen Philosophie. Es gibt mehrere Begriffe dafür, was Substanz ist. Der eine, das ist *ousia,* das bedeutet gleichzeitig Substanz, Wesen und Besitz. *Ousia* umreißt gleichzeitig, wie man sich Substanz vorstellen kann, nämlich als etwas Bleibendes, Besitz, das Beständige, was natürlich auch bestimmte rechtliche Anforderungen stellt.

Man findet praktisch keine Hochkultur, in der es kein Erbschaftsrecht gibt. Übertragen auf diesen Zusammenhang, erscheint Erbschaftsrecht als eine Form der Substanzerhaltung. Die verschiedenen Variationen des Erbschaftsrechts bringen interessanterweise auch verschiedene Formen der Substanzerhaltung hervor, so zum Beispiel die Substanzerhaltung durch Testierfreiheit. Das ist das Recht des Erblassers, frei über sein Erbe zu verfügen. Eine andere Variante wäre die der Realteilung des Erbes. Das bedeutet für Bauernwirtschaften, dass jeder Erbe seinen Teil bekommt. Daran sind ganze landwirtschaftliche Regionen zugrunde gegangen. Dabei geht es bei der Realteilung darum, alle Kinder gleich auszustatten. Das heißt, die Substanz hängt hier nicht am Besitz, sondern an der Ausstattung der nachfolgenden Generation. Damit ist es ein relativ humanes Erbrecht, während sonst meist der älteste Sohn alles bekommt und die anderen leer ausgehen oder ausgezahlt werden, was unter Gesichtspunkten der Gerechtigkeit nicht immer als gelungen anzusehen ist.

Substanz in diesem Sinne ist ein Begriff, den es bei Plato derart explizit nicht gibt. Bei Aristoteles aber ist es ein, vielleicht sogar *der* zentrale Begriff. Der zweite, der etwas Ähnliches bezeichnet, ist *hypokeimenon.* Das ist das Zugrundeliegende und enthält deshalb den Begriff der Folge. Damit gibt es das Zugrundeliegende und das Dazukommende, was die Folge ist. Es systematisieren sich eine ganze Reihe von Begriffen, indem man sich fragt, was sich im Denken abspielt, wenn jemand spricht und etwa von einer Sache sagt, »sie ist«. Das Denken fängt an, sich explizit selbst zu reflektieren, und auch dieses »ist«, die Kopula, etwa in »ein Mensch *ist* schön«, wird reflektiert.

Was ist ein Mensch in den Kategorien, und was ist schön? Was *ist* überhaupt, und wie ist es möglich, dass eine Sache, die als einzelne bezeichnet wird, derart viele widersprüchliche Eigenschaften haben kann? Derselbe Mensch ist fleißig und faul, ist schön und hat hässliche Seiten, das heißt, die Frage nach Identität und Differenz stellt sich, nicht nur nach Wesen und Erscheinung und dem Zugrundeliegenden und dem Abgeleiteten, sondern auch nach Identität und Nicht-Identität. Die ganzen platonischen Dialoge sind voll mit Andeutungen darüber. Im Spätdialog »Sophistes« heißt es etwa:

> FREMDER: Wir sagen doch von einem Menschen gar vielerlei, indem wir ihn danach benennen, wenn wir ihm Farbe beilegen und Gestalt und Größe, auch Fehler und Tugenden, in welchen und hunderttausend anderen Fällen wir denn nicht nur sagen, daß er ein Mensch ist, sondern auch, daß er gut ist und unzähliges andere, und ebenso verhält es sich mit allen andern Dingen, daß wir jedes als Eins setzen, und hernach doch wieder Vieles davon sagen, mit vielerlei Benennungen erklären durch vielerlei Worte.
>
> THEAITETOS: Wahr gesprochen.
>
> FREMDER: Wodurch wir nun Jünglingen und schwerköpfigen Alten, denke ich, ein Mahl bereitet haben. Denn das hat ja jeder leicht bei der Hand aufzugreifen, daß es unmöglich ist, daß vieles Eins und Eins vieles sei, und sie haben zumal ihre Freude daran, nicht zu leiden, daß man einen Menschen gut nenne, sondern das Gute gut und den Menschen Mensch.[108]

Wie etwas zu bestimmen und nicht nur zu beschreiben ist, ist eine Grundfrage von Aristoteles. Welche Kategorien sind hier im Spiel, um das Eine mit vielen und ja keineswegs einhelligen und in sich stimmigen Bezeichnungen zu benennen? Das ist eine wichtige Frage der Kategorienlehre, in der sich eine ganz neue Identitätsproblematik findet. Vor diesem Hintergrund geht es Aristoteles jetzt um die Funktion der Sprache in den Bezeichnungen, welche Prädikate man den Dingen, den Subjekten zusprechen kann. Deshalb nennt er seine Kategorienlehre auch Prädikadilien, die Lehre von den Prädikaten. Welches Prädikat hat eigentlich ein Ding?

Natürlich geht Aristoteles zunächst von den Beobachtungen aus. Wenn man ein Ding nimmt, ein beliebiges Ding, so hat es eine Farbe, eine Gestalt, eine Form, es ist in der Zeit und im Raum. Es sind wahrnehmbare Dinge, die man so im Einzelnen auch bezeichnen kann. So ist es die Frage, unter welchen Bestimmungen die Prädikate stehen. Was sind die Kennzeichen der einzelnen Prädikate? Wenn man zum Beispiel sagt, »dieser Tisch *ist* weiß«, dann stellt »ist« die verbindende Kopula dar. »Ist« ist eine Totalitätsaussage über das logische Subjekt, das sprachliche Subjekt: »Der Tisch ist weiß« ist eine Existenzaussage über den Tisch mit weiß, er ist als ganzer weiß. Wie kann man das jetzt in einen Gattungszusammenhang bringen? Was ist »weiß« als Eigenschaft des Tisches? Und es geht nicht nur um den Tisch, denn es sind ja offenkundig auch andere Dinge weiß. Dabei geht es schon um die Frage des Status der Prädikate, nicht nur um den einzelnen Tisch. Das ist ganz wichtig, denn Aristoteles fängt an, darüber nachzudenken, was das über ein Ding aussagt, wenn die Farbe benannt ist. Oder nehmen wir ein anderes Prädikat, das ähnlich ist. Wenn wir das einmal durchspielen anhand des Tisches, bekommen wir unendlich viele Prädikate, mit denen man zu bestimmen versucht, was ein Tisch *ist*.

Die Aufforderung von Aristoteles, alle Prädikate aufzuzählen, welche die Identität oder das Wesen des Tisches ausmachen, ist zunächst kein besonders intelligentes Spiel. Doch wir reflektieren dabei, was wir tun, wenn wir denken und wenn wir uns den Dingen, nicht nur dem Tisch, sondern dem Seienden nähern. Als denkende Lebewesen müssen wir die Fragen allgemeiner stellen, und darin besteht das Element der Philosophie von Aristoteles. Er bestimmt die Denkformen sprachlich, mit denen wir uns den Dingen annähern, um sie zu begreifen. Nicht dass jemand, der sagt, »der Tisch ist weiß«, völlig verdutzt wäre, wenn er einen Stuhl sieht, der ebenfalls weiß ist, und behauptete, das sei nicht möglich, das lasse sich mit der Identität nicht verbinden. Das wäre die Suche nach allgemeinen Prädikaten der Prädikate. Was ist das allgemeine Prädikat des Prädikats weiß? Das ist doch sehr sinnvoll, eine solche Frage zu stellen. Qualität, Quantität, das sind zwei solche Prädikate vom Prädikat, vom möglichen Prädikat, die subsumierbar sind. Aber was gibt es noch? Material, Festigkeit, was schwierig näher zu bestimmen ist. Bei Aristoteles kann auch der Stoff Substanz sein. Holz kann als Substanz betrachtet werden, aber ebenso gut die Form, der Ort und das Alter. Ob er mürbe ist. Das schwerköpfige Alter, ein schöner Ausdruck. Der Ort, *situs* – diese Begriffe sind alle latinisiert durch das Mittelalter –, bezeichnet noch die Lage. Der eingedeutschte Begriff »Situieren« ist eine Ortsbestimmung, das gilt aber auch als Prädikat. Jedes Ding in der Welt, alles Seiende hat einen *situs,* einen Ort, die gegenständlichen Dinge haben einen Ort. Sie haben eine Quantität, eine Qualität und einen Ort.

Und was haben die Dinge noch? Die Zeit. Wie wäre diese auf die Dinge zu beziehen? Sicher nicht im Sinne eines Verfallsdatums des Tisches. Aber Vorher und Nachher sind bei Aristoteles Kategorien. Es gibt eine Zeitlokalisierung von Dingen – was ist vorher, was ist nachher, was ist gegenwärtig –, hauptsächlich aber die Zeitdimension. Und was ist Umkehr? Er erläutert die Nichtumkehrbarkeit in einem Zahlen-Beispiel. Wer zwei sagt, setzt die eins voraus, als Vorhergehendes. Wer aber eins sagt, sagt nicht zwangsläufig, dass die Zwei folgt, denn es könnte auch etwas ganz anderes folgen, etwa die Fünf. In diesem Sinne sind Vorher und Nachher Kategorien von Aristoteles. Wir müssen nicht alles durchspielen, ich will nur das Prinzip dieser Kategorienlehre andeuten, die wahrscheinlich 347 v. Chr. entstanden ist: Kategorien sind Eigenschaftsprädikate von Dingen, von Verhältnissen oder von Bezeichnungen, von sprachlichen Bezeichnungen, die den Dingen, den Substanzen und den Subjekten zugesprochen werden können, aber so, dass sie *allgemeine* sind.

Machen wir einmal einen Sprung zu Kant, der die Kategorienlehre ins Zentrum jenes Teils der »Kritik der reinen Vernunft« stellt, der sich um die Konstitution dreht, die Konstitution von Dingen und der Erkenntnis von Dingen. Er sagt: Wir bringen Kategorien einfach mit, wenn wir denken und uns auf Dinge außer uns beziehen. Sie sind *a priori,* wir entnehmen sie also nicht der Erfahrung. Ganz im Gegenteil: Um Erfahrung machen zu können, bedürfen wir solcher apriorischer Kategorien. Wir sehen nicht die Kausalität, wir sehen Dinge, an denen wir erläutern können, dass sie kausal miteinander verknüpft sind. Aber die Kategorie der Kausalität ist kein Produkt sinnlicher Erfahrung. Kant hat zwölf dieser Kategorien, wobei er sagt, warum es zwölf sind, wüsste er nicht; es seien eben nur zwölf. Aristoteles hat in der Kategorienschrift zehn solcher allgemeinen Begriffe herausgefunden, die wir benötigen und voraussetzen, wenn wir Dinge erkennen und betrachten wollen, und die eigentlich immer schon da sind. Es geht hier ein bisschen wie im Märchen vom Hasen und vom Igel zu: Die sind immer schon da, diese Kategorien, mit denen ich arbeite, um die Dinge zu erkennen. Ich kann nicht anders als unter solchen Kategorien erkennen. Und Kant sagt zu Aristoteles, dieses ist nun das Verzeichnis aller ursprünglich reinen Begriffe der Synthesis, die der Verstand *a priori* in sich enthält. Kant geht noch einen Schritt über Aristoteles hinaus. Bei Aristoteles sind die Dinge in sich konstituiert. Sie sind so, dass ich sie im Spektrum meiner Urteile, die mit Subjekt und Prädikat arbeiten, nur sprachlich fassen muss. Bei Kant geht es weiter. Er sagt, wir haben es eigentlich, wenn wir die Kategorien nicht benutzen, nur mit einem chaotischen Sinnenmaterial zu tun. Nicht nur die Erkenntnis ist konstituiert, sondern auch die Gegenstände der Erkenntnis sind konstituiert. Wenn wir diese Kategorien in unserem Kopf nicht hätten, würden wir wirres Zeug und alles durcheinander denken. Wir hätten weder Kausalität noch irgendetwas anderes. Das heißt, das transzendentale Ich, die Ichheit, konstituiert auch die Gegenstände der Erkenntnis, nicht nur die Erkenntnis.

Davon abgesehen, dass Kant gegenüber der aristotelisch-thomistischen Tradition große Vorbehalte gehabt hat, geht es hier um ein Prinzip, das Kant feststellt. Dieses Prinzip oder die Grundfrage besteht darin, was die synthetisierende Vernunft leisten kann. Es geht immer um Verbindung. Kant spricht von einer ursprünglich synthetischen Apperzeption des Verstandes. Das bedeutet, jeder Mensch, die Menschengattung, hat im Verstand ein zentrales Vermögen, nämlich Dinge miteinander zu verbinden. Er sagt, der Verstand ist das Hauptvermögen der Verbindung, Verbindungen herzustellen. Natürlich kann der dumme Mensch keine Verbindung herstellen oder nur die falschen. Aber die synthetisierende Funktion, dieses Vermögen der Verbindungen, ist bei Plato im »Sophistis« und dann bei Aristoteles entwickelt. Der Grundzug der modernen Logik ist da entwickelt oder wenigstens angedeutet, bei Aristoteles hauptsächlich in Gestalt eines solchen Organons. Organon ist Werkzeug, hier des Denkens, des Erkennens, um sich mit den Prädikaten und den Klassen von Prädikaten auseinanderzusetzen und sich dann den Dingen zu nähern. Es gibt keine von den Dingen unabhängige Sprachphilosophie bei Aristoteles, sondern die Sprache ist selbst ein Organon, ein Mittel, ein Medium, um uns sachgemäß, wahrheitsgemäß den Dingen zu nähern. Und diese Prädikatenlehre entfaltet eine ungeheure geschichtliche Bedeutung.

Kategorienlehre II

Vorlesung vom 27. Juni 2001

Waren die Vorsokratiker noch sehr daran interessiert, herauszufinden, was der letzte Ursprung der Dinge sei, entweder das Feuer, das Wasser oder etwas anderes, so treibt Aristoteles diese Frage nicht mehr im gleichen Maße um. Und auch eine Wirklichkeitsschicht, die sich wie bei Plato auf die Muster der Dinge konzentriert, auf die Urbilder der Sinne, interessiert ihn nicht. Was hingegen für Aristoteles in seinem Denken wichtig wird, ist die gesamte Dingwelt, auf die wir uns beziehen können, die wir sehen, die wir materiell wahrnehmen. Er will sie ordnen und klassifizieren, also in Begriffe bringen, unter welche die einzelnen Dinge subsumiert werden können, sodass es große Klassen der Begriffe gibt. Er wirft gleichsam ein begriffliches Netz aus über die Welt, um die Einzeldinge nicht so zerstreut zu lassen, wie sie sind, wie sie uns erscheinen, sondern sie in bestimmte Kategorien zu ordnen und zu subsumieren. Man kann davon sprechen, dass Aristoteles ein zentrales neues philosophisches Problem darin sieht, die Beziehung zwischen Allgemeinem und Besonderem neu zu definieren. Dabei hat das Allgemeine nicht immer die selbstverständliche ontologische, also seinsmäßige Priorität vor dem Besonderen, geht es nicht nur um Klassifikation des Besonderen unter das Allgemeine, sondern das Besondere hat eine eigene Bedeutung.

Das Besondere wird dabei nicht freigesetzt wie in den empiristischen Philosophien, etwa bei David Hume und seinen *matters of fact*. Die Disparatheit der Dinge wird nicht unterstellt, sondern es wird das philosophische Denken bemüht, um ein Organon, also ein Werkzeug des Denkens zu entwickeln, mit dem wir sprachlich imstande sind, die Dinge zu benennen, ihnen Namen zu geben und sie damit zu einem Ausgangspunkt des philosophischen Denkens zu machen. Also was Plato mit seinem Höhlengleichnis andeutete – das nach außen und oben Gehen, um dann wieder zurück und nach unten zu kehren, das Licht der Erkenntnis und die Dunkelheit der Einzeldinge, der Schatten – und alles, was bei ihm im vergänglichen Sein abgewertet ist, bekommt jetzt bei Aristoteles einen eigenen Status, eine eigene Dignität. Die Welt, wie wir sie vorfinden, ist nicht gerechtfertigt als die beste aller Welten, aber es ist eine Welt, die überhaupt nicht mehr auf einen Begriff oder eine Idee zu bringen ist, sondern, das kann man sich gut merken, die Ideen wandern gleichsam in die Dinge selbst. Die Entelechie, die Zielbestimmung, arbeitet in den Dingen selbst. Da wir hier erst annäherungsweise versuchen, das Denken oder die Denkformen von Aristoteles zu bezeichnen, will ich das mit dem Anfang der »Nikomachischen Ethik« erläutern. Dort wird klarer, was damit gemeint ist, dass die Muster, die Urbilder in den Tätigkeitsbereich der diesseitigen Welt kommen und nicht etwas Jenseitiges bleiben, an dem man nur teilhaben kann.

Jede Kunst und jede Lehre, ebenso jede Handlung und jeder Entschluss scheint irgendein Gut zu erstreben. Darum hat man mit Recht das Gute als dasjenige bezeichnet, wonach alles strebt. Es zeigt sich aber ein Unterschied in den Zielen, denn die einen sind Tätigkeiten, die andern sind bestimmte Werke außer ihnen. Wo es Ziele außerhalb der Handlungen gibt, da sind ihrer Natur nach die Werke besser als die Tätigkeiten. Da es nun viele Handlungen, Künste und Wissenschaften gibt, ergeben sich auch viele Ziele: Ziel der Medizin ist die Gesundheit, der Schiffsbaukunst das Schiff, der Strategik der Sieg, der Ökonomik der Reichtum. Wo nun immer solche Künste einer einzigen Aufgabe untergeordnet sind, wie etwa der Reiterkunst die Sattlerei und die andern der Reitkunst dienenden Künste, und wie die Reitkunst wiederum und die gesamte Kriegskunst der Strategik untergeordnet ist und so andere unter anderen, in alle diesen Fällen sind die Ziele der leitenden Künste insgesamt vorzüglicher als die der untergeordneten.

> Denn diese werden um jener willen verfolgt. Dabei macht es keinen Unterschied, ob die Tätigkeiten selbst das Ziel des Handelns sind oder etwas anderes außer ihnen, wie bei den genannten Künsten.[109]

In den Dingen vollzieht sich eine Dynamik, eine Art Tätigkeitsform. Hier in der »Nikomachischen Ethik«, einem relativ späten Werk von Aristoteles, werden die Urbilder dessen, worauf die Tätigkeit gerichtet ist, das Telos, das Ziel. Die Ziele werden gleichsam das Gute. Was bei Plato Ideen wie Gut und Schön sind, die man nur annäherungsweise erreicht, erlangt ein Künstler, ein Staatsmann oder ein Kriegsherr im Umkreis seiner Berufung. Er ist gut, erreicht das Gut, wenn er es realisiert und es ihm gelingt, ein gelungenes Werk vorzuweisen. Die Idee des Guten transformiert sich in ein Gut, was das Ziel des jeweiligen Berufs ist.

Jetzt kann Aristoteles anfangen, die einzelnen Berufe durchzugehen. Was ist gut und was nicht? Das konnte Plato so nicht, weil bei ihm, gemessen an der obersten Idee, alles Gemachte mehr oder weniger unvollkommen war. Jetzt aber wird der Vollkommenheitsbegriff von Aristoteles in die Dinge selbst gelegt und damit auch für die Analyse der Dinge freigesetzt. Nun lässt sich fragen, was die einzelnen Dinge ausmacht:

> Wenn es aber ein Ziel des Handelns gibt, das wir um seiner selbst willen wollen und das andere um seinetwillen; wenn wir also nicht alles um eines andern willen erstreben (denn so ginge es ins Unbegrenzte, und das Streben wäre leer und sinnlos), dann ist es klar, daß jenes das Gute und das Beste ist. Wird nun das Erkennen jenes Zieles nicht auch für das Leben ein großes Gewicht haben, und werden wir nicht wie Bogenschützen, wenn wir unser Ziel vor Augen haben, das Gehörige besser treffen? Wenn dies der Fall ist, müssen wir versuchen, wenigstens im Umriß zu erfassen, was es wohl sein mag und welcher Wissenschaft oder Fähigkeit es zugeordnet ist. Man wird wohl an die wichtigste und leitendste Wissenschaft denken wollen. Dies scheint die politische Wissenschaft zu sein. Denn sie bestimmt, welche Wis-

senschaften in den Staaten vorhanden sein müssen, welche ein jeder lernen muß und bis zu welchem Grade man sie lernen muß. Wir sehen auch, daß die angesehensten Fähigkeiten ihr untergeordnet sind: Strategik, Ökonomik, Rhetorik und andere. Da sie sich also der übrigen praktischen Wissenschaften bedient und außerdem Gesetze darüber erläßt, was man zu tun und zu lassen habe, so dürfte wohl ihr Ziel die Ziele aller anderen mit umfassen; dann wäre also dieses das Gute für den Menschen.[110]

Da hat man eine Form der Integration von Ideen und Urbildern in die Handlungszusammenhänge und in die Dinge. Das Wort Gut bezeichnet, was gelungen ist und was gelungen ist im Werk, was aber auch einer bestimmten Soll-Vorschrift folgt. Der Staatsmann soll sich der Künste anderer bedienen, weil er für das Ganze verantwortlich ist, und das höchste Gut des Staates ist die *eudaimonía,* die Glückseligkeit. Der Staatsmann muss daher Kenntnis von den Dingen haben, um das Glück des Gemeinwesens zu fördern. Wir haben hier eine Veränderung des Umgangs mit den diesseitigen Dingen, die *dynamis,* Kraft, Energie, Dynamik aus sich selbst entfalten müssen.

Das Gut ist bei jeder Handlung ein anderes. Es ist relativiert beziehungsweise auf das je Besondere bezogen. Auf dieses Besondere gilt es sich einzulassen, denn ich kann nicht einfach die Arztpraxis auf die des Staatsmanns oder des Schiffbauers übertragen. Jeder hat sein Gut, auf das hin die Tätigkeit, die Kunst gerichtet ist. Und vor allen Dingen: Jeder hat auch seine eigenen ethischen Normen dafür, was er tun und was er lassen soll, an denen er sich orientiert:

Wir wollen abermals auf das gesuchte Gute zurückkommen und fragen, was es wohl sei. Offenbar ist es in jeder Handlung und Kunst ein anderes. Denn ein anderes ist es in der Medizin und in der Strategik und so fort. Welches ist nun das Gute in jedem einzelnen Falle? Wohl das, um dessentwillen alles übrige geschieht. Dies ist in der Medizin

> die Gesundheit, in der Strategik der Sieg, in der Baukunst das Haus, anderswo wieder anderes. Bei jedem Handeln und Entschlusse ist es das Ziel. Denn dieses ist es, wegen dessen man stets das übrige tut. Wenn es also ein Ziel allen Handelns überhaupt gibt, so wäre dies das zu verwirklichende Gute, und wenn es mehrere solche Ziele gibt, dann sind es diese. So ist die Untersuchung auf einem anderen Wege zu demselben Punkte gelangt. Wir wollen versuchen, dies noch etwas besser zu verdeutlichen. Da sich viele Ziele zeigen, wir aber von diesen manche um anderer Dinge wählen, wie den Reichtum, Flöten und überhaupt alle Instrumente, so ist es offenbar, daß nicht alle Endziele sind. Das vollkommen Gute scheint aber ein Endziel zu sein. Wenn es also nur ein einziges Endziel gibt, so wäre dies das Gesuchte, wenn aber mehrere, dann das vollkommenste unter diesen. Vollkommener nennen wir das um seiner selbst willen Erstrebte gegenüber dem um anderer Ziele willen Erstrebten [...]; allgemein ist das vollkommene Ziel dasjenige, was stets nur an sich und niemals um eines anderen willen gesucht wird. Derart dürfte in erster Linie die Glückseligkeit sein.[111]

Das verdeutlicht ganz gut den Unterschied zwischen der Ideenlehre und dem Zugang von Aristoteles, der eben eine Vervielfältigung der begrifflichen Welt darstellt, um die Dinge gleichsam einzufangen, sie in einem Korpus anzusammeln. Aber auch dieses Sammeln lenkt auf einen Einheitspunkt, auf das Vollkommene als das um seiner selbst willen Erstrebte.

Doch von der Ethik zurück zur Kategorienlehre. Es geht hier darum, einen Kategorienzusammenhang, jene Begriffe zu finden, ohne die wir die Dinge nicht begreifen können. Oder anders ausgedrückt: Immer wenn wir eine Sache erklären wollen, müssen wir auf diese zunächst von Aristoteles als zehn Kategorien benannten sprachlichen Ausdrucksformen zurückgreifen. Oder noch anders ausgedrückt: Die Bedingung für das Begreifen von Dingen besteht darin, dass wir diese Begriffe verfügbar haben. Ich habe das an Kant zu erläutern versucht, der sagt, es gibt einfach Stammbegriffe des reinen Verstandes, die gleichsam Strukturen oder Raster in unserem Kopf sind, und wo immer wir auftauchen und etwas in Verbindung miteinander bringen wollen, sind diese Kategorien tätig. Deshalb ist es nicht der empirische Verstand des Einzelnen, sondern Kant spricht von einem transzendentalen Vermögen, das die Bedingungen für Denken und Erkenntnis an sich beziehungsweise universell bestimmt. Die Kategorien gelten bei Kant als reine Leitbegriffe, die nicht aus der irdischen Welt genommen sind. Sie sind an einem Prinzip festgemacht, das man als das synthetisierende Ich bezeichnen kann. Das Ich wird – auch von Kant, nicht erst bei Freud – als ein Vermögen der Verbindung betrachtet. Die Haupttätigkeit ist, Verbindung herzustellen. Das Vermögen des Verstandes ist es, Verbindung herzustellen, das Vermögen der Vernunft ist es, Gesetze zu geben, moralische Gesetze, aber auch juristische. Die Vernunft ist ein normatives Vermögen, und der Verstand ist ein analytisches. Da sitzt eine Triebwelle in diesem Verstand, die eigentlich immer tätig ist. Die Ich-Tätigkeit im Kopf ist eine Urquelle von Tätigkeit. Und deshalb nennt Kant das die ursprüngliche Spontaneität der Apperzeption.

Kant listet dann, ich will das nur andeuten, die Kategorien auf: Quantität, eine Gruppe von Kategorien, die Aristoteles schon angedeutet hat, dazu gehören als Unterkategorien Einheit, Vielheit und Allheit. Dann Qualität: Realität, Negation, Limitation. Ich habe schon die Begrenzung, wie Aristoteles es nennt, Begrenztes, latinisiert Limitation. Kant würde sagen, wenn ich die Kategorie Qualität nehme, benutze ich zwingend auch jene der Limitation. Der dritte Kategorienblock ist zentral, nämlich jener der Relation. Das haben wir, wie wir gleich bei Aristoteles sehen werden, in Bezug auf oben, unten, vorher, nachher; eine ganze Reihe von Begriffen, die mit Relationen zu tun haben. Kant spricht von einer Relation der Inhärenz und Subsistenz, was Substanz und Akzidenz entspricht. Was ist eine Substanz und was das Drumherum, das man im Grunde auch weglassen oder verändern kann. Was ist an einem Pferd Substanz und was ist Akzidenz? Das Pferde-Beispiel bringt auch Aristoteles an. Ich weiß nicht, welche Beispiele heute zu wählen wären, aber damals war das Pferd ein kulturell höchst besetztes Lebewesen, deshalb erläutert Aristoteles vieles am Pferd. Wenn man das Pferd und den Namen Pferd als Substanz nimmt und die entsprechenden Prädikate, was könnte dann bei einem Pferd akzidentiell sein? Farbe ist sicher nicht akzidentiell, denn das Pferd wird irgendeine Farbe haben. Wenn man die Kategorie Farbe als Qualität nimmt, kann man sie nicht entfernen. Das ist subtil gedacht. Man kann die einzelne Farbe wechseln, aber man kann nicht dem Pferd *die* Farbe nehmen. Die hinzugefügten Eigenschaften könnten möglicherweise akzidentiell sein, das wäre eine Möglichkeit, denn akzidentiell bedeutet auch hinzugefügt. In der Tat liegt die Nutzbarmachung eines Pferdes nicht unbedingt in seiner Natur, es sei denn, es ist schon ein Kulturprodukt, ein Züchtungsprodukt, aber das sind Grenzfälle. Es geht bei Relation, Substanz und Akzidenz eher um etwas, das von anderen hinzugefügt worden ist und deshalb auch weggelassen werden kann.

Über Quantität, Qualität und Relation haben wir bereits gesprochen, und ich will die übrigen Kategorien ergänzen. Aristoteles hat nicht behauptet, die seinen seien vollständig, obwohl er immer stärker meinte, die Grundkategorien identifiziert zu haben, auch wenn er einige noch hinzugefügt und variiert hat. Dennoch bleibt sein System offen, es ist nicht so dogmatisch wie bei Kant, der auf exakt zwölf Kategorien in vier Gruppen beharrt. In der dritten Kategoriengruppierung, der Relation, ist neben Substanz und Akzidenz die Kausalität die wichtigste. Die vierte Gruppe bezeichnet den Modus, die Modalität. Ihr untergeordnet sind die Kategorien Möglichkeit, Unmöglichkeit, Dasein, Nichtsein, Notwendigkeit, Zugehörigkeit. Sie alle gehören in diese Kategorisierung der Wirklichkeitsmodalitäten, der Wirklichkeitsschichtung. Kant behauptet nun, mehr reine Verstandesbegriffe gebe es nicht, aber woher das komme, wisse er nicht und wolle er auch gar nicht wissen, weil es zu nichts führe. Wir, jedes vernünftige Wesen, besitzen Verstand, doch ohne die Verwendung eben dieser Kategorien sieht dieser nur Chaos und kann nicht tätig werden. Die bloßen Sinne vermitteln ihm ein völlig disparates Sinnenmaterial. Deshalb beruht Erkenntnis für Kant auf zwei Stämmen, nämlich Sinnlichkeit und Verstand. Ich nehme das Sinnlichkeitsmaterial auf und konzentriere mich, präge es und mache zusammenhängendes Material, Sinnlichkeit allein aber verschafft mir völlig diffuse Wahrnehmungen. Alles, was Zusammenhang in der Welt ist, kommt durch den transzendentalen Verstand, nicht durch den empirischen. Das ist schwer nachzuvollziehen, und doch ist die Behauptung, in den sichtbaren Dingen sei immer Vernunft, Verstand, intellektuelle Tätigkeit, Arbeit, lebendige Arbeit enthalten, also Tätigkeit, gar nicht so absurd. Das gilt beispielsweise auch in der Natur, so wir sie erkennen. Natürlich gibt es etwas wie eine vom Menschen unabhängige Natur, aber das wissen wir nicht. Alles was wir von der Natur wissen, wissen wir durch Menschenerkenntnis. Auch das, was wir als vom Menschen unabhängige Natur bezeichnen, ist geprägt durch die Erkenntnismöglichkeiten des Menschen. Insofern ist der Mensch immer da, solange es Erkenntnis gibt. Für Kant gibt es eben diese zwei Stämme, und sie machen das eigentlich kritische Geschäft von Kant aus: Sinneswahrnehmung ohne Begriffe ist blind. Begriffe ohne Sinneswahrnehmung sind leer; denen fehlt die Stofferkenntnis. Wenn wir die Sinnlichkeit weglassen, eröffnet sich uns allerdings ein weiter Raum der Spekulation. Unsterblichkeit, Freiheit, Gott sind Postulate der reinen und praktischen Vernunft, aber, sagt Kant, das Bedürfnis nach Gott ist kein Beweis seiner Existenz.

Zurück zu Aristoteles und seiner Lehre der zehn Kategorien. Bei ihm ist *ousia,* die Substanz, die erste Kategorie. Die zweite die Quantität, immer wieder, groß, klein, die messbaren Dinge. Quantität kommt auch bei Kant vor, wie wir gesehen haben, und umfasst Einheit, Vielheit und Allheit. Insofern steht Kant durchaus in der Tradition der aristotelischen Kategorienlehre. Was er jedoch kritisiert, ist, dass Aristoteles Dinge aufnimmt, die mit Sinnen behaftet sind, also sinnliche Elemente. Der zweite Kritikpunkt ist, wie Aristoteles mit dem Wesen arbeitet, was für Kant das unerkennbare Ding an sich ist. Das Ding an sich kann man ihm zufolge als Wesen bezeichnen, aber das Wesen der Dinge erscheint nicht an sich, sondern die Welt der Phänomene ist völlig abgekoppelt vom Wesen der Dinge. Warum können wir das Wesen der Dinge nicht erkennen? Wir können es nicht sinnlich wahrnehmen, sodass es völlig außerhalb der Sinnenwelt ist. Man kann es zwar denken, aber eben nicht erkennen, was sinnliche Erfahrbarkeit voraussetzt. Das Ding an sich hat eine Funktion. Es ist nur funktional bezogen auf die Erscheinungswelt. Wir müssen uns die Dinge an sich oder das Ding an sich vorstellen als ein großes X, so steht es auch in der »Kritik der reinen Vernunft«, ein großes X, ein großes Unbekanntes. Aristoteles jedoch zieht das Wesen in die diesseitige Welt hinein.

Seine dritte Kategorie ist dann jene der Qualität. Viele Prädikationskategorien fallen darunter, wie Beschaffenheit. Die vierte aristotelische Kategorie ist die Relation, der Bezug auf etwas. Man muss bei jedem Ding gleichsam die Relation miteinbeziehen, in der es zu anderen Dingen steht, um es zu erkennen. Denn es geht bei all diesen Kategorien darum, Dinge so zu erkennen, dass sie nicht völlig vereinzelt sind, sondern einzuordnen in bestimmte Klassifikationen. Die fünfte Kategorie ist das Wo, die Ortsangabe, worauf das Wann, also die Zeitbestimmung folgt. Dann kommt die siebte Kategorie der Lage, wie etwas steht oder liegt, gleichsam die Situierung. Achtens folgt das Haben, neuntens die aktiven Formen des Tuns und zehntens das passive (Er-)Leiden.

Der Begriff Kategorie kommt, wie bereits gesagt, aus der forensischen, der juristischen Sprache und bezeichnet den Ankläger, Anklagen. Kategoros ist der Ankläger oder der Verteidiger. Die zweite Bedeutung von Kategorie ist »der Sprache gemäß«, und beides hängt zusammen. Das habe ich schon einmal angedeutet, weil die Treffsicherheit in der Sprache in der antiken Denkweise eine große Bedeutung hatte. Ein Redner in einem Gerichtsprozess konnte nicht einfach auftreten und sagen, »ich habe mich geirrt«. Seine eigene Sprache vermochte er nicht zurückzunehmen.

Das Bekennen von Irrtümern bei solchen Prozessen galt als ein Hinweis der Götter, dass etwas nicht in Ordnung sei. Ein guter Anwalt musste geregelt argumentieren, sprechen und begründen. Wenn er das nicht konnte, kein »Rhetoriker« im aristotelischen Sinne war, war er nicht überzeugend. *Génos symbouleutikón* ist die beratschlagende Rede, die eigentlich politische Rede, die an den Dingen das für den Menschen überzeugendste öffentlich macht. Das ist eine wunderbare Formulierung, die ausdrückt, dass gerade in diesen rhetorischen Zusammenhängen die Sprache noch besetzt war mit einem mythischen Element der Glaubwürdigkeit. Die Sprache bedeutete etwas, was die Wahrheit der Dinge ausdrückte.

Diese Kategorien sind so gedacht, dass aus ihrem Zusammenhang eine Erklärung der Dinge erfolgt. Es ist eine Klassifikation der Welt im Sinne einer Wesensbestimmung der Dinge im Zusammenhang mit der Tätigkeit des Menschen und dessen, was die Dinge aus sich heraus bezeichnen. Beides gehört auch bei Aristoteles zusammen. Es ist zwar immer von der Natur und vom Wesen der Dinge die Rede, aber im Grunde doch im Tätigkeitszusammenhang der Menschen. Entscheidend ist die mannigfaltige Verwendung der Sprache, die der Dinge mächtig ist. Aristoteles unterstellt, dass es eine Art Parallelität von Dingentwicklung und Sprachentwicklung gebe. Wir müssen sehen, dass wir die Dingwelt so aufnehmen, dass sie uns veranlasst, die Sprache differenziert zu benutzen, damit die Bewegungsart, der Ortswechsel, die Situation von Dingen beschreibbar wird. Philosophie besteht ja eigentlich darin, das, was man vielleicht bloß weiß, im Erkenntnisprozess noch einmal zu reflektieren. Also ist große Philosophie eine wirklich ungeheure Alltagsangelegenheit. Entfernt sich große Philosophie hingegen völlig vom Alltag, wird sie sich irgendwann als ganz kleine Philosophie erweisen.

Die große Philosophie von Plato, Aristoteles oder Kant ist immer mit Beispielen bestückt, das gilt insbesondere bei Kant in der praktischen Philosophie, aber auch in der »Kritik der reinen Vernunft«, wo am Beispiel etwas wie der gesamte kategoriale

Zusammenhang herausspringen soll. Und darum geht es auch Aristoteles eigentlich, um dieses Klassifikationsprinzip, also die Welt einteilen zu können zum Beispiel in die belebte Natur und die unbelebte Natur. Was sind Steine, was sind Bäume, was sind menschliche Lebewesen und so weiter?

> Wenn das eine von dem anderen als von einem Zugrundeliegenden ausgesagt wird, wird alles, was von dem Ausgesagten gilt, auch von dem Zugrundeliegenden gelten. Zum Beispiel wird Mensch von einem individuellen Menschen und das Lebewesen vom Menschen ausgesagt. Mithin wird auch von einem individuellen Menschen das Lebewesen ausgesagt werden; denn der individuelle Mensch ist ein Mensch und auch ein Lebewesen. Die Differenzen von Gattungen, die verschieden und nicht einander untergeordnet sind, sind selbst der Art nach verschieden. Zum Beispiel die von Lebewesen und Wissenschaft: auf dem Lande lebend, geflügelt, im Wasser lebend, zweifüßig sind Differenzen von Lebewesen, aber keine von diesen ist eine Differenz von Wissenschaft; denn eine Wissenschaft unterscheidet sich nicht dadurch von der anderen, daß sie zwei Füße hat. Aber nichts hindert, daß einander untergeordnete Gattungen dieselben Differenzen haben. Denn die höheren Gattungen werden von den Gattungen darunter prädiziert, so daß alle Differenzen der prädizierten Gattung auch Differenzen der zugrunde liegenden Gattung sein werden.[112]

Aristoteles nimmt bestimmte Merkmale und gemeinsame Gattungsmerkmale auf, um die Wesen innerhalb größerer Zusammenhänge einzuteilen und logische Verbindungen zwischen diesen Lebewesen herzustellen. Das bedeutete auch für die Forschungslandschaft, die sich auf Aristoteles bezog, eine ungeheure philosophische Öffnung. Es muss Anschauung und gleichzeitig diese Wesenheiten geben, die in der Metaphysik und Logik eine Rolle spielen, gleichsam über die Dinge geworfen und als Organon betrachtet werden und die nicht aus dem Ich selbst entwickelt sind. Alles richtet sich bei Aristoteles vom Gedanken, vom Denken, vom Kategorisieren auf das Begreifen der Dingwelt, was fast zwei Jahrtausende lang den Wissenshorizont erweitert hat, ohne jetzt die philosophische Ebene zu verlassen. Weil Aristoteles alles Göttliche ausgelassen hat, konnten alle seine Lehre so weit assimilieren, auch im christlichen Kontext, sodass Aristoteles in der Tat im ganzen Mittelalter, vor allem im Spät- oder Hochmittelalter, als die Autorität schlechthin galt. Bei Thomas von Aquin etwa tritt Aristoteles schlicht als *der philosophus* auf.

Aristoteles und der Aristotelismus

Vorlesung vom 3. Juli 2001

Das ursprüngliche Erstaunen bei Aristoteles bezieht sich darauf, dass zum Beispiel ein Prädikat wie »weiß« mit unendlich vielen Substanzen oder Subjekten zu verbinden ist. Wie ist ein solches Prädikat zu begreifen, das ein Allgemeines von Dingen ist? Was ist überhaupt mit der Sprache in den Urteilen über die Dinge möglich? Dieser Baum, dieser Tisch, was bringt der in Gang, wenn wir anfangen darüber nachzudenken? Welche Gattungen müssen wir bilden, welche Differenzen, welche Beziehungen müssen wir herstellen, damit wir einen Gegenstand erkennen? Es geht hier bei Aristoteles gewissermaßen zum ersten Mal um eine sprachphilosophische Qualifizierung des Denkens – nicht aber um der Sprache willen, sondern um des Gegenstandes willen.

Wir haben gesehen, wie sich durch Aristoteles' objektbezogenes Denken ein ungeheuer weiter Horizont von Forschung und Neugierde auf die Dinge und die Veränderung der Dinge eröffnet, sodass er der erste große Philosoph mit enzyklopädischem Anspruch ist und einer enzyklopädischen Entfaltung der materiellen Welt sowie logischer und sprachlicher Mittel, um diese materielle Welt zu begreifen. Bezeichnend ist die Untersuchungsrichtung der Sprache, die bei Aristoteles eher nach unten gerichtet ist. Plato strebt nach oben zur Sonne, zu den Ideen, mit Aristoteles hingegen geht es umgekehrt in Richtung der Dinge. Was die Dinge an Urmustern oder Ideen in sich enthalten, interessiert ihn, immer eingebunden in eine Reflexion darauf, was jemand tut, wenn er denkt, wie er überhaupt denkt. Der Fichte'sche Ansatz: die Gedanken auf eigener Tat zu ertappen, findet sich schon bei Aristoteles entfaltet, beginnend mit der Kategorienlehre und dann sehr ausführlich und systematisch in seiner »Metaphysik«. Anhand der Kategorie des Habens lässt sich das erläutern. Unter Abschnitt 15 der Kategorienlehre heißt es:

> Vom Haben redet man auf mehrfache Weise: als Haltung und Zustand oder als sonst einer Qualität (man sagt, daß wir ein Wissen und eine Tüchtigkeit haben); oder als Quantität, wie der Größe, die einer hat (man sagt, daß er eine Länge von drei Ellen oder vier Ellen hat); oder als Dinge, die man am Leib hat, wie einen Mantel oder ein Gewand; oder als an einem Teil des Leibes, wie einen Ring an einer Hand; oder als Teil, wie einer Hand oder einen Fuß; oder als in einem Gefäß, wie der Scheffel den Weizen oder der Krug den Wein (man sagt, daß der Krug den Wein hat und der Scheffel den Weizen; von diesen wird also gesagt, daß sie haben als in einem Gefäß); oder als Eigentum (man sagt, daß wir ein Haus oder ein Feld haben). Man sagt auch, daß wir eine Frau haben und Frau einen Mann hat. Aber diese Redewendung von »haben« scheint eine sehr sonderbare zu sein, denn mit »eine Frau haben« bezeichnen wir nichts anderes, als daß man verheiratet ist. Vielleicht ließen sich noch weitere Redewendungen von »haben« aufzeigen, aber die gebräuchlichsten sind wohl alle aufgezählt.[113]

Was wir *haben* und wofür wir das Wort »haben« verwenden, ist also vielfältig und keineswegs so eindeutig, dass man es klar definieren könnte. Dem liegen hier griechische Ausdrücke zugrunde, die noch ein bisschen verschieden sind, aber – das kann ich vielleicht allgemein sagen – in der Vielfältigkeit von Bedeutungen hat die griechische Sprache eine viel größere Ähnlichkeit mit der deutschen als das Latein. Das gilt zum Beispiel in Bezug auf die Substanzbildungen durch Komposita wie »Stiftungsrat« oder sogar »Stiftungsratssitzung«. Solche Zusammensetzungen sind im Lateinischen nicht möglich und auch im Französischen nicht, aber im Griechischen schon. Die deutsche Substanzbildung von Worten ist folglich dem Griechischen ähnlicher als der lateinischen Sprache, insofern sind diese deutschen Übersetzungen keine beliebigen

Konstruktionen, sondern entsprechen durchaus einer griechischen Denkweise.

Man kann also ein Ding oder ein Objekt *haben*. Man kann es bewegen, es bewegt sich, früher, später in der Zeit, es hat eine Beziehung zu anderen Dingen, es hat einen Ort und so weiter. Auf diese Weise definiert Aristoteles die Dinge nach und nach, ordnet sie in bestimmten Gattungen ein und sortiert damit die ganze empirische Welt. Man kann sich vorstellen, was das für ein Gewicht hatte in einem Zeitalter, in dem die Besetzung der Welt mit Namen insgesamt große Bedeutung hatte. Auch das ptolemäische System war eine ungeheure und exakte Besetzungsarbeit von enormer Bedeutung, weil die Beschreibung der Gestirne und die Lokalisierungen dessen, was zu sehen ist, für die Orientierung des Menschen überlebenswichtig war. Insofern gehört zum Herausarbeiten aus dem Mythos auch, dass man Dinge mit Namen versieht und kategorisiert, also einteilt, sodass sie für die Menschen wiedererkennbar sind. In dem Maße, wie man die Wiedererkennbarkeit des Mythos überwindet, muss man eine andere Form der Wiedererkennbarkeit schaffen. In diesem Sinne ist auch Aristoteles' Kategorienlehre und Metaphysik gleichsam ein Wiedererkennbarmachen durch Bezeichnung. Was ein Lebewesen, was eine Pflanze und was eine Pflanze in ihrem Gattungs- und Artenzusammenhang ist, führt er insbesondere in der »Metaphysik« aus und dort wiederum hauptsächlich im 5. Buch. Dort treten alle diese Kategorien noch einmal auf, und auch das »Haben« wird dort noch einmal durchdekliniert. Ich will damit nur andeuten, dass diese eine Kategorie in ihrer Vielfältigkeit der Bedeutungsunterschiede dargestellt wird und anzeigt, wie stark das, was wir mit Denken verbinden, sprachlich vermittelt ist. Diese Dimension, auf die Sprachqualität eines Ausdrucks zu reflektieren, gibt es bei Plato fast noch nicht und auch bei den anderen, den Vorsokratikern, nur am Rande. Die sprachphilosophische Dimension, die Hermeneutik, die Deutungskunst, ist noch abwesend.

Alles, was Aristoteles hier zum Haben erwähnt, lässt sich in Einzelteilen herauslösen und mit dem Subjekt gleichsam in einem eigenen Bedeutungshorizont entwickeln. Es ist eine Besitzkategorie, die an den Dingen hängt oder ihnen angehängt wird. Dabei geht es Aristoteles darum, diese Kategorie durchzugehen und zu zeigen, wie vielfältig und zugleich identisch sie ist. Denn es drückt bei aller Verschiedenheit auch etwas Identisches aus, wenn man sagt, das Bild *hat* die Farbe blau, *hat* an sich, in sich die Farbe blau; oder das Erz *hat* die Form einer Statue; oder aber das ist meine Frau, das ist mein Mann. Was ist all diesen Varianten von »Haben« gemeinsam? Was ist das Spezifische?

Nehmen wir ein anderes Beispiel, das er in der »Metaphysik« etwas ausführlicher anbringt. »Haben oder Halten wird in mehrerlei Bedeutung gebraucht; einmal bedeutet es nach eigner Natur oder nach eigenem Triebe etwas bewegen und führen; darum sagt man, das Fieber habe den Menschen, die Tyrannen haben die Städte, die Bekleideten haben das Kleid.«[114] Solche Ausdrucksweisen sind ja durchaus geläufig: Das Fieber schüttelt den Menschen. Aber was bedeutet das, »das Kind *hat* Fieber«? Aristoteles würde fragen, »wer hat da wen«, das Fieber das Kind oder das Kind das Fieber? Im »Erlkönig« zum Beispiel packt das Fieber das Kind, reißt der Erlkönig es an sich; da ist das »Haben« durchaus auf der tätigen Seite dessen, was man als Prädikat benutzt. Es geht Aristoteles darum, dass sich die Vielfältigkeit der Kategorien in Prädikaten ausdrückt, die sich an identisch bleibende Subjekte heften, und dass diese Prädikate selbst ein Identisches erhalten. Dieses »Haben« bezeichnet eben etwas im Beziehungsgeflecht zwischen Subjekt und Prädikat. Nimmt man das Prädikat Fieber, so lässt es sich auf alle Lebewesen oder auf eine bestimmte Gattung von Lebewesen übertragen. Jedenfalls erfasst es nicht nur diesen einen Menschen, dieses eine Kind. Und das gilt auch für Farben, für alle Dinge, die mit Qualität zu tun haben. Sie sind gleichzeitig allgemein und besonders. Sprache muss deshalb im Grunde »dieses eine da« bezeichnen können und gleichzeitig ein

Allgemeines. Selbstverständlich ist das Weiß oder das Blau, ist die Farbe nicht beschränkt auf das eine Bild, sondern es ist ein Allgemeines am Besonderen.

Dass etwas Allgemeines am Besonderen haftet, macht diesen Kategorienzusammenhang aus, und die Seinsweise des Prädikats am Besonderen ist laut Aristoteles kategorisierbar oder klassifizierbar nach zehn verschiedenen Existenzweisen. Kant wiederum besteht auf exakt zwölf Kategorien, und wo immer sich jemand auf Dinge bezieht, sie erkennt und erkennen will, seien diese Kategorien anwesend. Es ist kein Ding sinnlich wahrnehmbarer Art, das nicht in einer Kausalitätsbeziehung, in einer Modalität, Wirklichkeit und so weiter steckt und diese Zustände ausdrückt. Deshalb sind wir als Subjekte veranlasst, darüber nachzudenken, was wir tun, wenn wir uns auf Dinge beziehen und die Dinge prägen, auf die wir uns dann erkennend rückbeziehen. Bei Kant allerdings handelt es sich um reine Verstandesbegriffe, die nicht aus der Sinnlichkeit kommen. In diesem Punkt kritisiert Kant Aristoteles und dessen Prädikabilien, denn »Bewegung« sei beispielsweise ein sinnlicher Begriff, kein reiner Verstandesbegriff. Es ist nur möglich, sich darüber zu verständigen, was Bewegung ist, was ein »Früher«, was ein »Nachher« und was gleichzeitig ist, wenn man weiß, was diese Dinge in der sinnlichen Wahrnehmung sind. Deshalb ist auch »Haben« für Kant keine Kategorie. Haben hat selbstverständlich immer zwei Stämme, einmal ist es eine stoffliche Substanz, eine Grundlage, ein *hypokeimenon,* und zugleich etwas, was eine Beziehung herstellt. In beiden Fällen, bei Aristoteles und bei Kant, sind diese Kategorien immer Beziehungsverhältnisse. Es ist etwas synthetisch Hergestelltes. Man stellt zwei Dinge auf das Haben, »Ich habe«, »das Gefäß hat«, »das Fieber hat« bedeutet immer die Herstellung einer in Sprache ausgedrückten Beziehung zwischen zwei Dingen. Insofern ist die Verstandestätigkeit eine Tätigkeit nach Regeln, eine Tätigkeit, die geregelte Beziehungen herstellt, so wie Kant sagt: Verstand ist das Vermögen, eine Verbindung herzustellen, natürlich der angemessenen Verbindung. Das wäre dann Urteilskraft, angemessene Verbindungen, wahrheitsbezogene Verbindungen und so weiter herzustellen.

Ich will noch einen Aspekt bei Aristoteles erläutern, der erstens mit seiner Biografie und zweitens mit der Rezeption des aristotelischen Denkens zu tun hat. Aristoteles gehört zu jenen europäischen Denkern – jedenfalls was die Entwicklungsgeschichte des Denkens betrifft –, die am wirkungsreichsten in den arabisch-islamischen Raum eingedrungen sind. Es gibt kaum einen anderen europäischen Philosophen, der einen solch intensiven Einfluss auf islamisch-arabische Denker gehabt hat, dass schließlich bestimmte, durch die arabischen Traditionen verwandelte Formen des aristotelischen Denkens wiederum auf den europäischen Raum zurückgewirkt haben. So waren Avicenna und Averroës (latinisiert) große arabische Philosophen, die das aristotelische Denken aufgenommen und assimiliert haben. Gleichermaßen ist ein Einfluss auf die jüdische Philosophie bei Maimonides zu erkennen. Diese drei Denker, Avicenna, Averroës und Maimonides, sind in hohem Maße von Aristoteles geprägt und nicht nur im arabischen Raum äußerst wirksam, sondern sie sind auch im europäischen Raum aufgenommen worden und haben dort große Bedeutung für das mittelalterliche Denken gehabt.

Avicenna, dieser arabische Arzt und Philosoph persischer Herkunft, 980 bis 1037, hat in der Atmosphäre der Kreuzzüge gelebt. Er verschmolz aristotelische mit neuplatonischer Philosophie und wirkte auch durch seine große Enzyklopädie stark auf das christliche Abendland, besonders auf Albertus Magnus und Thomas von Aquin. Avicenna hat eine Theorie der Seelenheilung entwickelt mit starken Einschlägen der ärztlichen Sichtweise, der Beobachtungen von Aristoteles, von der Heilkunst, der Heilkräuter und der Systematisierung der heilenden Kräfte, die auf die Seele wirken. Sein Werk »Das Buch von der Genesung der Seele« hat insbesondere auf Thomas von Aquin große Wirkung ausgeübt. Damit ist jedoch nur eine Linie beschrieben, in der antike Philosophie über den arabischen Raum ins christliche Mittelalter hineingewirkt hat. Dabei ist ein solcher Austausch so selten nicht gewesen. Der Stauferkaiser etwa, Friedrich II., der in Sizilien saß, konnte auch arabisch sprechen und schreiben. Er hat nicht nur die arabische Architektur, sondern auch die arabische Philosophie studiert und geliebt. Es bestanden insgesamt enge Verbindungen zum arabischen Kulturkreis, und diese verliefen sehr stark über das aristotelische Denken.

Das Zweite war Averroës, der führende Philosoph des Westislam und ein einflussreicher Vertreter des Aristotelismus. Er verband systematisch die islamische Theologie mit Aristoteles und war dadurch einer derjenigen, die etwas wie eine Emanationslehre entwickelten. Eine solche Lehre ist aus Aristoteles leicht zu ziehen, wenn man gleichsam die Ideen zu Seelen der Dinge macht. Wenn man den Blick darauf wendet, was in den Dingen selbst arbeitet, kann man sehr leicht auf den Gedanken kommen, es gebe nur die belebte Welt und die Seele, und das Geistige stecke in den Dingen. Averroës entwickelt entsprechend eine solche Emanationslehre, in der die allgemeine Seele ewig ist, wogegen die individuellen Seelen sterblich sind. Diese Lehre ist natürlich vom Katholizismus verdammt worden. Der Austausch zwischen arabischer und westlicher Welt war dennoch durchaus beeindruckend, und es gibt Historiker, die meinen, das wäre eine Chance gewesen, die hermetische Entwicklung der westlichen Welt aufzubrechen.

Die dritte Wirkungslinie ist die des Maimonides, eines jüdischen Philosophen, eines Rabbis, Arztes, Philosophen und Theologen, der wie Averroës aus Cordoba stammte. Dort herrschte vor der »Reconquista«, der Wiedereroberung, ein ungeheuer vielfältiges, reichhaltiges geistiges Leben, in dem Juden, Christen und Araber sehr friedlich zusammenlebten. Solche Territorien hat es verschiedentlich gegeben, so, wie gesagt, auch im sizilianischen Raum, wo die kulturellen Verbindungen zur arabischen Welt, gefördert durch Friedrich II., sehr eng waren. Hier wie im spanischen Raum fand über ein bis zwei Jahrhunderte eine intensive Rezeption der antiken Philosophie statt, nicht im Sinne der bloßen Übernahme, sondern der Umgestaltung der aristotelischen und platonischen Philosophie. Maimonides war die größte rabbinische Autorität des Mittelalters, weil er die bis dahin unübersichtliche Talmud-Überlieferung in ein begriffliches System ordnete. Die jüdische Gesetzesreligion enthält nach ihm die obersten Sätze aller Wahrheit, die aber deshalb streng rational begründbar sein müssen. Mit dieser Lehre erregte er den Zorn und den Vorwurf des Atheismus. Sein Hauptwerk ist auf Arabisch erschienen, als Jude hat er arabisch geschrieben, und seine ganzen Schriften stützen sich auf Aristoteles und hatten großen Einfluss auf Thomas von Aquin und viel später noch auf Spinoza. In seinem sehr interessanten Schriftwerk verbinden sich drei Elemente: Aristoteles, die arabische und die jüdische Denkweise. Damit steht Maimonides stärker als alle anderen mir bekannten Philosophen für diese Verbindungslinien zwischen den verschiedenen Kulturen. Wobei Aristoteles selbst natürlich auch sehr intensiv die persische Kultur aufgenommen hat dadurch, dass er von Alexander mit Informationen und Materialien aus Persien beliefert wurde. Er gehört zu den großen antiken Philosophen, die etwas wie eine multikulturelle Dimension aufweisen.

Ich möchte noch einige Bemerkungen zur politischen Geografie des Zeitalters von Aristoteles machen. Dass Athen zum Zeitpunkt der Hinrichtung von Sokrates am Ende einer sehr erfolgreichen Stadtgeschichte steht, wurde bereits betont. Fünf oder sechs Jahre zuvor hatte Athen einen fast dreißigjährigen Krieg verloren und kapituliert. 384 v. Chr. wird Aristoteles geboren, der also immerhin über vierzig Jahre jünger ist als der 427 oder 429 v. Chr. geborene Plato. 367 v. Chr. wird Aristoteles in die von Plato gegründete Akademie aufgenommen. Diese Akademie ist die erste große Philosophenschule und existierte über tausend Jahre unter wechselnden Einflüssen. Soweit ich sehe, ist sie erst 470 n. Chr. geschlossen, allerdings in der Renaissance wiedergegründet worden, ohne jedoch erneut zu ihrer früheren Bedeutung zu gelangen. In ihrer Blütezeit jedoch wurde die Philosophenschule von bedeutenden

Denkern jedweder Herkunft besucht. Wie sie genau ausgesehen hat, ist unbekannt. Es gibt nur einen bezeichnenderweise 1968 gefundenen Stein, einen Wegweiser. Das ist der einzige Ausgrabungsüberrest. Natürlich hat man Beschreibungen und allerlei Hinweise, die eindeutig belegen, dass es sie gegeben hat. Aber ob die Schüler und Lehrer in der Akademie gelebt haben und unterrichtet wurden oder ob es nur Versammlungen waren oder Tagungen, das weiß man nicht. Gewiss ist nur, dass sich immer wieder Menschen auf diese Akademie bezogen haben. »Akademie« ist also ursprünglich nur eine Ortsbezeichnung, und aus dieser Ortsbezeichnung ist etwas wie »Schule« geworden; was man heute Akademie nennt, war ursprünglich nur eine Bezeichnung des Hains, wo sich die Philosophenschule befand. Dorthin geht also auch Aristoteles und legt sich mit den Schülern Platos an, die natürlich auch ihre Sitzplätze in der Akademie haben. Immerhin fast zwanzig Jahre gehört er dieser Akademie an, bevor er sie wieder verlässt. In den biografischen Notizen heißt es, er sei 367 v. Chr. aufgenommen worden und habe sich 347 v. Chr. zurückgezogen, als er die Gastfreundschaft des Eunuchen Hermias von Atarneus an der kleinasiatischen Küste der Akademie vorzog.

Damit ist der Zeitraum benannt, in dem die kritischen Auseinandersetzungen, auch mit der platonischen Ideenlehre, stattfanden, denn es ist klar, dass Aristoteles und Plato im Denken nicht nebeneinander existieren konnten. 342 v. Chr. wird Aristoteles dann von Philipp von Makedonien aufgefordert, als Hauslehrer Alexander zu erziehen. Er nimmt das an und zieht an den makedonischen Hof. Anders als Plato ist Aristoteles in unserem Sinne kein Staatsphilosoph, aber sehr nah an den vorherrschenden Machtverhältnissen der Zeit, die er entsprechend eingehend studiert. Diese Nähe zur Macht ist sehr zwiespältig für Aristoteles. Er übernimmt das Amt des Erziehers Alexanders, als dieser 16 Jahre alt ist. Daraus entwickelt sich eine prägende Beziehung, ein Lehrer-Schüler-Verhältnis, das einigermaßen gespannt ist und keineswegs problemlos; warum sollte es das auch sein, Lehrer-Schüler-Verhältnisse sind nie problemlos.

Der 18-jährige Alexander bewährt sich als großer Feldherr, und der Widerstand der griechischen Stadtstaaten gegen eine geschlossene Frontstellung der persischen Großmacht bricht zusammen. Nun formiert sich eine griechische Großmacht, die Grundlage des riesigen Heeres von Alexander, mit dem er in den vorderasiatischen und persischen Raum eindringt. 336 v. Chr. wird Philipp von Makedonien bei einer Hochzeit ermordet, und Alexander tritt seine Nachfolge an. Diese Schlachten und Ereignisse sind bekannt, und sie prägen natürlich auch Aristoteles, der in unmittelbarer Nähe zur Macht seine Vorstellung davon entwickelt, was eine stabile Konstruktion von Verfassung ist.

Jenes Griechenland, für das Plato und Aristoteles gedacht haben, in den Formen der Polis, des Stadtstaates, existierte zu diesem Zeitpunkt eigentlich nicht mehr, obwohl der Begriff der Politik, wie wir noch sehen werden, auch von Aristoteles sehr stark an die Einheit eines Stadtstaates gebunden ist. Seine Idee von Mitte ist nach wie vor bezogen auf eine innere Struktur, auf eine Ausgleichsstruktur der Machtverhältnisse in einem übersichtlichen und nicht in einem unübersichtlichen Ganzen. Insofern kann man hier sehen, wie sehr das Imperium Aristoteles irritiert hat. Er wird sich gefragt haben: »Was will der in Persien? Was sollen die Griechen in Persien, in diesem despotischen System, das praktisch nicht beherrschbar ist, oder wenn beherrschbar, nur durch Privilegierung der dortigen Fürsten?« Man kann sagen, dass Alexander der Erste war, der etwas einführte, wovon viel später dann auch der englische Kolonialismus lebte, diese *indirect rule*. Entsprechend hat er keineswegs als Erstes die regionalen Fürsten abgesetzt, sondern diese mobilisiert, ihnen Orden verliehen, sie mit Privilegien ausgestattet und so weiter. Das Herrschaftssystem gründete sich in diesem Großreich eigentlich darauf, das auszuhebeln, was Aristoteles grundsätzlich unter Politik verstand, nämlich die Gestaltung eines Gemeinwesens durch Freie. Nichts dergleichen hatte im makedonischen Großreich Bestand. Aristoteles' Enttäuschung über seinen Schüler bestand darin, dass dieser nichts von dem gelernt oder angenommen hatte, was er unter Verfassung verstand. Die Makedonier sind von den Athenern als Randbarbaren betrachtet worden. Dass Philipp von Makedonien Aristoteles gebeten hat, Erzieher zu werden, ist jedoch bezeichnend. Bei allen Verbindungen ist das makedonische Territorialsystem aber kein demokratisches gewesen, und mit dem, was die Herrschaft der Freien in Athen bedeutete, hatte es nichts zu tun.

Der politische Ursprungscharakter der (aristotelischen) Philosophie

Vorlesung vom 4. Juli 2001

Dass die Entwicklung von philosophischen Kategorien und Erkenntnisweisen zutiefst verknüpft ist mit Politik, war einer der Schwerpunkte unserer Betrachtung über die Ursprünge des europäischen Denkens. *Philosophie als solche ist gleichsam politisch,* nicht nur die politische Philosophie als Subdisziplin, der wir uns nun zuwenden. Dieser politische Ursprungscharakter der europäischen Philosophie ist später in den philosophischen Traditionen nicht mehr in dem Maße erkennbar, was mit der akademischen Arbeitsteilung in einzelne Gebiete zu tun hat. Das griechische Denken ist in dem Sinne politischer als das moderne. Man kann nicht sagen, dass Kant ein unpolitischer Denker gewesen wäre. Eine ganze Zahl seiner Schriften sind durchaus politisch. Aber eine so enge Verbindung wie bei Aristoteles, Plato, Sokrates und zum Teil sogar bei den Vorsokratikern zwischen Stadt, Stadtstaat und Denkweise ist in den späteren europäischen philosophischen Zusammenhängen nicht mehr zu finden. Deshalb ist es wichtig, sich dessen bewusst zu sein, dass hier Politik nicht als ein gesonderter Bereich betrachtet wird, sondern dass das, was unter dem Politischen verstanden wird, auf das Gemeinwesen bezogene Angelegenheiten, zentral und übergreifend ist. Es bezeichnet die Tätigkeit des Handelns und gleichzeitig das Objekt des Handelns. *Politeia* ist der Staat, und Politik ist gleichzeitig auch das, was man im Staat und spezifisch auf den Staat bezogen macht.

Es gilt noch einmal auf die Beziehung von Aristoteles und Alexander zurückzukommen. Aristoteles hat ihm klargemacht, er solle Dichter und Philosophen immer besonders achten. Das zeigte sich auch in den persischen Kriegen, in denen Alexander immer wieder seinen Lehrer zitierte und sich von ihm Rat holen wollte, den er allerdings nicht bekam oder nur derart, dass er ihn nicht befolgen wollte. Es ist also von vornherein ein zwiespältiges Verhältnis, ein ambivalentes Verhältnis zwischen Lehrer und Schüler gewesen. Das hat auch objektive Gründe. Aristoteles ist ein athenischer Denker, das heißt ein Denker in Kategorien, die noch vom Athen eines Perikles, den großen Figuren, natürlich von Sokrates und Plato geprägt sind. Er ist eigentlich Athener, wird jedoch in Athen als Erzieher eines makedonischen Königssohns zwiespältig gesehen, gilt als Verräter. Er muss ständig auf der Hut sein, und eine Anklage gegen ihn ist bereits in Vorbereitung, als die Nachricht eintrifft, Alexander sei tot. Aristoteles riskiert nichts, sondern flieht und erleidet daher nicht dasselbe Schicksal wie Sokrates. Es herrscht folglich Gespaltenheit auch innerhalb des Athener Zusammenhangs, nicht nur im Zusammenhang des makedonischen Hofes.

Merkwürdig ist aber, dass Aristoteles, was die Philosophie betrifft, absolut in diesem Stadtstaat aufgeht und, wie wir sehen werden, auch seine »Politik«, sein politisches Hauptwerk, praktisch orientiert ist am Stadtstaat und nicht am großen Imperium Alexanders. Das Großreich hat überhaupt keine analytische Schärfe für Aristoteles und ist in der Tat nur mit despotischen, asiatischen Mitteln zu regieren. Nichts von dem, was Alexander macht, ist begründet in den Schriften des Aristoteles, sondern diesem geht es wirklich um den inneren Konstitutionsprozess des Stadtstaates Athen, um ein Stadtstaatensystem, das Alexander gerade einebnet.

Denn nicht nur die Zerstörung Thebens bleibt als eine Schande für die Griechen der großen Stadtstaaten in Erinnerung: Als die Nachricht von Alexanders Tod eintrifft, machen die Athener einen Aufstand gegen die Makedonen, wobei in deren Heer auch sehr viele Griechen dienten, setzten sich Heere damals doch aus Menschen ganz verschiedener Herkunft zusammen. Dieser Aufstand der Griechen gegen die Makedonen wird fürchterlich niedergeschlagen, und was sich damals im griechisch-makedonischen Reich vollzieht, spiegelt sich auch ein bisschen in der aristotelischen Philosophie. Sie ist eine Art Reaktion auf alles, was verloren geht. Man kann die »Politik« von Aristoteles, dieses ungeheuer folgenreiche Buch, als eine Art Rettung der Konstruktion, der Idee einer griechischen Polis betrachten, zu einem Zeitpunkt als diese in der Realität bereits keine Entsprechung mehr hatte. Die »Politik« von Aristoteles hält noch einmal Grundzüge des perikleischen Stadtstaates fest. Sie befestigt und formuliert damit einen Begriff des Politischen, der über Jahrtausende immer wieder aktualisiert wird und Renaissancen erlebt, aber die Abbildung eines tatsächlich noch existierenden Stadtstaates ist es nicht mehr.

Es mag sein, dass die Philosophie immer zu spät kommt, dass, wie Hegel sagt, die Eule der Minerva tatsächlich erst mit der Dämmerung ihren Flug beginnt – ein schöner Satz aus Hegels Rechtsphilosophie. Wenn die Philosophie anfängt, die Verhältnisse zu begreifen, haben sie möglicherweise ihre lebendige Gestalt schon verloren und sind abgestorben. So in etwa verhält es sich im Fall der »Politik« von Aristoteles: Die lebendige Gestalt der Polis ist schon zu Ende. Deshalb versucht Aristoteles gar nicht, diesen Stadtstaat, die Staatszwecke und die Staatsformeln aus einem Jenseitigen abzuleiten, sondern er bezieht sich darauf, was Haltepunkte sind, was das Nachhaltige ist bei verschiedenen empirischen Verfassungsgebilden. Deshalb vergleicht er empirisch die Verfassungen und untersucht sie auf ihre Haltbarkeit, ihre Flexibilität hin, ob sie etwas wie eine Mitte ausdrücken oder extrem sind. Wenn sie extrem sind, sieht Aristoteles immer die Gefahr, dass sie ins andere Extrem umschlagen. Das Extreme ist bei Aristoteles am unbeständigsten, während die Mitte Haltbarkeit sichert. *Mesotes,* die Mitte ist nicht der bloße Ausgleich, sondern das Wesen eines Dinges, das auf Dauer gestellt wird. Dauerhaftigkeit ist mit dem Wesen verknüpft. Doch welcher Staat ist der stabilste, worauf kann man sich verlassen?

Aristoteles geht empirisch vor, auch in dem Sinne, dass er fragt, wie es denn mit den Durchschnittsfähigkeiten und den Durchschnittsdefekten der Menschen aussieht. Damit hebt er auf etwas ähnliches ab wie Max Weber später in seiner Rede »Politik als Beruf«: Politik hat es immer mit den Durchschnittsschwächen der Menschen zu tun. Ein Politiker, der darauf nicht reflektiert, wird zu einem Gesinnungsmenschen, nimmt nur die Guten in Betracht und muss scheitern, weil im politischen Geschäft das Einkalkulieren von Korruption notwendig ist. Der Politiker muss wissen, dass die Menschen korruptionsfähig, schwach sind, dass sie niedere Wünsche hegen und all diese gewöhnlichen Dinge. Aristoteles ist der Erste, der in etwa ausdrückt, Politik habe es nicht nur mit den guten Menschen zu tun, was wesentlich für den Begriff des Politischen ist. Das bedeutet nicht, dass Aristoteles' Politik ganz aus dem Reich der Zwecke herausführt, das ganz und gar nicht, aber die politischen Tugenden, die auf die Haltbarkeit des Gemeinwesens zielen, setzen sich ihm zufolge aus extremen Energien zusammen, die auf einen Punkt der Mitte gelenkt werden müssen. Nur diese Mitte ist verlässlich für ein politisches Gemeinwesen. Deshalb unterscheidet Aristoteles ganz deutlich den Bereich des Politischen vom Bereich des Ethischen und der Erkenntnis. Der Bereich des Politischen ist ein Zwischenbereich, in dem ethische Normen und so weiter zweifellos eine Rolle spielen, aber eben nicht allein leitend für das Handeln sind.

Das erste Buch der »Politik« handelt von der Hausverwaltung und der Herrschaft der Herren über den Sklaven. Hier wird der Oikos analysiert, wobei es nicht darum geht, wie die Verfassung der Freien aussieht, sondern was das Herrschaftsgefüge des Hauses bestimmt. Laut Aristoteles haben Sklaven, Frauen und Hausgesinde im Grunde den Status von Unfreien. Im Haus könne es etwas wie eine Polis nicht geben, denn dieser Stadtstaat gründe darauf, dass die Menschen befreit sind von der Selbsterhaltung. Selbst wenn sie es objektiv nicht sind, treten sie so in den Staatszusammenhang ein, als ob sie frei wären. Man findet hier, wie bereits erwähnt, die erste Vorform der Unterscheidung zwischen Citoyen und Bourgeois. Der Bourgeois ist derjenige, der sein Haus, seinen

Betrieb nach Prinzipien verwaltet, die selbstverständlich Über- und Unterordnung enthalten. Der Citoyen tritt aus dem Haus heraus als ein freier Bürger, der jetzt das Ganze, die Bedingungen des Ganzen gestaltet. Diesen Unterschied hat auch die Französische Revolution gemacht: Der Bourgeois kämpft um das Leben, der Citoyen um das Gemeinwesen.

Zu Beginn der »Politik« sagt Aristoteles, »daß jeder Staat eine Gemeinschaft ist und jede Gemeinschaft um eines Gutes willen besteht (denn alle Wesen tun alles um dessentwillen, was sie für gut halten), so ist es klar, daß zwar alle Gemeinschaften auf irgendein Gut zielen, am meisten aber und auf das unter allen bedeutendste Gut jene, die von allen Gemeinschaften die bedeutendste ist und alle übrigen in sich umschließt. Diese ist der sogenannte Staat und die staatliche Gemeinschaft.«[115] Eine staatliche Gemeinschaft ist also klar definitorisch unterschieden von allen anderen Formen der Gemeinschaft. Insofern, das zeigt Hannah Arendt sehr gut auf, ist die mittelalterliche Transformation des *zôon politikón*, des politischen Lebewesens, in den *homo socialis* eine Verkehrung des aristotelischen Gedankens. Der *homo socialis* ist der soziale Mensch, der Vergemeinschaftungsmensch, das kann auch der Familienmensch sein, und der hat laut Aristoteles gar nichts mit Politik zu tun, sondern ist ihr Gegenteil. Auch bei Tieren sind Vergesellschaftungsbedürfnisse zu beobachten, auch sie bilden kleine Gemeinschaften, und im Oikos sieht Aristoteles lediglich eine Verlängerung solcher tierischen Gemeinschaft in den menschlichen Zusammenhang, insofern als die Gemeinschaft im Oikos gleichsam für Nahrung und für die Selbsterhaltung sorgt. Das ist nur eine Verlängerung der Tiernatur des Menschen. Erst in dem Augenblick, da er es nicht mehr nötig hat, für sich selbst die Nahrung zu beschaffen, sondern andere das, möglicherweise auch andernorts, übernehmen, beginnt der Mensch als freies Lebewesen. Nahrungsbeschaffung und Selbsterhaltung dürfen daher nicht konstitutives Element des staatlichen Handelns sein. Übertragen auf moderne Verhältnisse hieße das beispielsweise, Interessenverbände haben im Parlament überhaupt nichts zu suchen. Es gab aber, wie man berechnet hat, im Bonner Parlament 323 akkreditierte Lobbyisten, die in den Gängen und in den Restaurants herumlungerten. Aristoteles hätte das als furchtbar verurteilt und gesagt, das habe nichts mit Politik zu tun. Das ist eine Vermischung von tierischen Angelegenheiten mit dem, was die Polis eigentlich sein soll, nämlich ein Gestaltungsraum freier Menschen.

Hannah Arendt hat ganz richtig gesehen, dass diese Vermischung von *zôon politikón* und sozialem Wesen oder Vergesellschaftungstrieb der Menschen schon im Mittelalter eine unzulässige war, eine unzulässige Transformation des aristotelischen Gedankens, bei dem Politik klar abgegrenzt ist von den Gesetzen des Oikos. Nicht zufällig waren, wie wir bereits gesehen haben, die Gesetze des Oikos, die Gesetze des Stammes durch die Entfaltung der athenischen Demokratie in ihrer Bedeutung für das Gemeinwesen zugunsten *politischer* Verwaltungseinheiten entmachtet worden. Damit wurde bewusst dieses Eindringen der Stammesinteressen in den politischen Zusammenhang zurückgedrängt. Der Kampf gegen die Stämme ist gleichzeitig ein Kampf für das Gemeinwesen Stadtstaat. Entsprechend betont auch Aristoteles in der »Politik«:

> Alle diejenigen nun, die meinen, daß ein Staatsmann, ein Fürst, ein Hausverwalter und ein Herr dasselbe seien, irren sich; sie meinen nämlich, der Unterschied bestünde nur in der größeren und geringeren Zahl und nicht in der Art jedes einzelnen, so daß etwa, wer über wenige regiert, ein Herr sei, wer über mehrere, ein Hausverwalter, und wer über noch mehrere, ein Staatsmann oder Fürst; denn zwischen einem großen Hause und einem kleinen Staate sei kein Unterschied vorhanden.[116]

Selbst ein großer Privathaushalt ist strukturell also etwas anderes und muss sich auch anders verstehen als ein öffentlicher Haushalt. Der Staat hat und ist eine eigene Struktur, hat eigene Gesetze, und zum ersten Mal in der Geschichte des Denkens formuliert ein Philosoph diesen Begriff des Politischen so, dass er nicht verwechselbar ist mit irgendwelchen anderen Herrschaftsformen. Politik ist die Gestaltung von Verhältnissen, von Institutionen, von Gesetzen durch die in freier Rede sich verständigenden Bürger – und nichts anderes. Deshalb ist die Rhetorik ein wesentliches Mittel dieses gemeinsamen Handelns für das, was sich als Staat versteht. Das bedeutet für Aristoteles allerdings auch, dass sich der Zweck unterscheidet von Zwecken, die im Haushalt oder in anderen Zusammenhängen formuliert werden.

Aristoteles ist der Erste, der einen Staatszweck formuliert und diesen Staatszweck als etwas versteht, worauf Handeln gerichtet ist:

> Offensichtlich ist also der Staat nicht bloß eine Gemeinschaft des Ortes und um einander nicht zu schädigen und um des Handels willen. Sondern dies sind nur notwendige Voraussetzungen, wenn es einen Staat geben soll; aber auch wenn all das vorhanden ist, ist noch kein Staat vorhanden, sondern dieser beruht auf der Gemeinschaft des edlen Lebens in Häusern und Familien um eines vollkommenen und selbständigen Lebens willen. [...] Ziel des Staates ist also das edle Leben, und jenes andere ist um dieses Zieles willen da. Und der Staat ist die Gemeinschaft der Geschlechter und Dorfgemeinden um des vollkommenen Lebens willen. Dieses endlich ist, wie wir betonen, das glückselige und edle Leben. Man muß also die politischen Gemeinschaften auf die edlen Handlungen hin einrichten und nicht bloß auf das Beisammenleben.[117]

Der Staat ist kein bloß institutionelles Gerüst, keine bloße Schutzgemeinschaft und auch kein Ort, der nur zum Schutze wider gegenseitige Beeinträchtigung und zur Pflege des Tauschverkehrs da ist, also zur Sicherung des Handels. Aristoteles nimmt diese Elemente auf, indem er sagt, Vergesellschaftungszusammenhänge, die etwas sichern, gibt es auch unabhängig vom Staat. Die Pflege des Tauschverkehrs gehört dazu, die Sicherung des Marktes, etwa die Regelungen oder Gesetze, die Betrug verhindern oder unter

Strafe stellen. Nun sagt er aber, das reiche nicht aus, das seien bloß Mittel. Der Staat aber sei die Gemeinschaft von Geschlechtern und Ortschaften in einem vollkommenen und sich selbst genügenden Dasein, das in einem glücklichen und tugendhaften Leben bestehe. Mithin muss man behaupten, dass die staatliche Gemeinschaft der tugendhaften Handlungen wegen besteht, des Zusammenlebens wegen. Also ist die Tugend etwas wie ein Staatszweck. Aber wie ist das mit der Tugendbildung zu verstehen? Für was ist der Staat da? Muss die Tugend geschützt werden?

Aristoteles geht von einer notwendigen Korrespondenz zwischen staatlichen Institutionen und Tugend aus. Doch welcher Art ist die? Wie sieht ein Staat aus, der die Tugend der Gerechtigkeit fördert? Man wird daraus entnehmen können, dass solche Tugenden wie Gerechtigkeit, Tapferkeit, Großzügigkeit vielleicht, Hilfsbereitschaft und so weiter die Vorstellung eines Staates voraussetzen, in dem diese Tugenden nicht unterdrückt werden, sondern sich entwickeln können. Nicht dass der Staat die Tugenden repräsentiert, sondern der Staat ist ein Gebilde, ein Institutionengebilde von Rechten, von Beteiligungen, von Zugangsmöglichkeiten, von Institutionen und institutionellen Regeln, in denen das, was individuelle Tugenden sind, gefördert werden und sich entfalten können. Er würde sagen, wenn das alles abgeschafft ist, sagen wir mal die Tugend der Gerechtigkeit behindert wird, verliert der Staat den Staatscharakter, geht das Wesen des Staates verloren. Das ist eine sehr interessante Definition: Nicht ein Staatsgebiet und ein Staatsvolk, eine Staatsbürgerschaft und ein Staatszweck machen einen Staat aus, sondern dieser besteht darin, dass er bestimmte, als tragend zu betrachtende Tugenden stützt und fördert. Insofern ist der Staatszweck nicht formalisiert, hat nicht nur etwas mit dem Tatbestand von Gesetzen zu tun, sondern er geht darüber hinaus.

Aristoteles ist, glaube ich, der Auffassung, dass in der Tat ein freies Klima des philosophischen Reflektierens wichtig ist. Deshalb haben alle Philosophen Schwierigkeiten mit autoritären Verhältnissen gehabt. Auch Plato, dessen Staatskonstruktion eher autoritär ist, hat mit Dionysios in Sizilien die Erfahrung gemacht, dass es nicht so einfach ist, sich gegenüber despotischen Verhältnissen durchzusetzen. Aristoteles, Sokrates und all diese Philosophen, ihr Denken und der produktive Fantasiereichtum ihres Denkens sind gebunden an eine Polis, die ein freies Gemeinwesen ist, auch in Hinblick auf die Entfaltung des Denkens und der Tugenden. Das ist eine rückgekoppelte Angelegenheit: Aristoteles würde sagen, wo ein Gemeinwesen den Staatscharakter verliert, hört man auch auf, über die Tugenden nachzudenken. Nicht nur, dass sie nicht mehr da sind, man hört auch auf, über sie nachzudenken, obwohl sie nur als Reflektierte ihre eigentümliche Dignität haben. Oder aber sie verlieren ihren öffentlichen Charakter. Aber Tugenden dieser Art sind alle öffentlich, auf die Öffentlichkeit bezogen, denn es geht, das betont Aristoteles ausdrücklich, nicht um *private* Freundschaftstugenden. Freundschaft hat für ihn vielmehr eine sehr große Bedeutung für die Politik, eine öffentliche Funktion und Seite: »Freilich kann dies nicht zustande kommen, wo man nicht an demselben Orte wohnt und keine Ehegemeinschaften hat. Und so gibt es in den Staaten Verschwägerungen und Brüderschaften und Opferfeste und Formen des geselligen Lebens. Das ist das Werk der Freundschaft. Denn der Wille, zusammenzuleben, ist Freundschaft.«[118]

Aristoteles sagt im Übrigen nicht, der Oikos sei unwesentlich. Der Staat ist bei ihm jedoch ein anderer Zusammenschluss der Gemeinschaft im guten Leben, also als Zweck. Häuser und Geschlechter sind dabei gleichsam die Naturgrundlage, machen aber den Staat nicht aus, wenn er sie auch als im Staat bedeutungsvolle Medienmittel anerkennt. Hier geht es aber vor allem darum, Staat und Politik nicht als bloße Fortsetzung der Vergesellschaftungsbedürfnisse zu verstehen, sondern mit Aristoteles den klaren Unterschied zwischen beidem zu sehen. Der Staat, die staatliche Gemeinschaft ist etwas in der Struktur völlig anderes als das, was im Haushalt geschieht. Das *zôon politikón,* der als politisches Lebewesen titulierte Mensch, ist deshalb nicht der vollendete, sondern der *eigentliche* Mensch, weil mit der Politik das wirkliche Menschsein erst beginnt. Vorher krabbelt er noch im Tierreich herum, vergesellschaftet sich und ist Stammesangehöriger, ist Naturwesen. Das *zôon politikón* ist die erste, nicht aber die höchste Lebensform, auch nicht für Aristoteles. Der *bios politikós,* die Lebensform des Politischen, hat die Gestaltung des gebrochenen natürlichen Menschen zum Sinngehalt, und zwar über die Entwicklung der Tugenden. Ein Mensch aber, der als Naturwesen in der Polis auftritt, der kann diese politische Gemeinschaft nicht gestalten, sondern der zerstört sie. Nur der Mensch wird ein politisches Wesen, der gleichsam die erste Stufe der Existenz hinter sich gebracht hat, jene Stufe innerhalb der Vergesellschaftungen des Oikos, die gleichsam die Basis ist. Das setzt immer Freiheit voraus: Man ist verwickelt in die Materie, wenn man nach Nahrung sucht, sich Nahrung beschafft oder arbeitet; deshalb auch ein Arbeitsbegriff, der lokalisiert ist in den Naturverhältnissen. Erst im politischen Gemeinwesen, da beginnt Politik, erst dort kann ein Mensch zum *bios theoretikós* werden, das heißt, das Leben eines Philosophen führen, obwohl das eben bei Aristoteles schon niedrigerrangig ist als bei Plato.

Diese Entwicklung ist an Bedingungen gebunden: Für Aristoteles ist die Gestaltung des Staates, eines guten Lebens verknüpft mit einer vernünftigen Einrichtung des Rechts, mit Institutionen. Das ist keine Gnade, das ist nichts, was einem zukommt, ohne dass man selbst etwas dafür tut. Nach Aristoteles müssen die Menschen für alles, was Würde herstellt, etwas tun; und deshalb ist es ein sehr diesseitiges Denken. Darum kämpft Luther auch gegen die Aristoteliker und Thomas von Aquin, die weltlicher sind als Luther. Dass der Katholizismus dann gewissermaßen weltlicher gewesen ist als das Luthertum und die Puritaner, ist eine kuriose Wende.

Das politische Denken des Aristoteles beinhaltet ein Element der Angstfreiheit, das auch in der Idee des Citoyen steckt. Nur die Menschen gestalten ihr Gemeinwesen, die angstfrei sind. Daher käme es einer so reichen Gesellschaft wie der unseren wahrscheinlich nicht viel teurer, möglicherweise sogar billiger zu stehen, jedem Menschen eine Grundsicherung zu geben, als die derzeitigen Verteilungen und Ängste um Arbeitsplätze. Die dadurch frei werdende Zeit könnte nämlich durchaus eine politische Zeit im Sinne der antiken Philosophen sein, denen noch Sklaverei die Grundversorgung sicherte. Heute hätten wir keine Sklaven mehr nötig, um einen ungeheuren Reichtum zu produzieren. Nötig ist es auch nicht, dass manche Menschen 80 Stunden die Woche arbeiten, weil eben die Steigerung der Produktivität ein Maß erreicht hat, in dem jede Kategorie der Mangelwirtschaft abgeschafft ist. Wie verteilt wird, ist heute nicht mehr ein Problem der Produktion, der Produktivität, sondern gleichsam ein Problem der Gliederung und der Gesellschaftsstruktur.

Mit Blick auf die Angstfreiheit wird eine Aktualität von Aristoteles deutlich. Ängste nehmen in der Arbeitslosigkeit zu; alle Untersuchungen zeigen, dass die Angstreaktionen dadurch verschärft werden, dass Gewalteinflüsse jemanden vom Arbeitsplatz drängen. Dabei wird ihm etwas zugefügt, denn das ist kein freiwilliger Akt. Doch überall dort, und das ist in der Tat mein Argument, wo die Angst, der Angstrohstoff in unserer Gesellschaft wächst, sind die politischen Gemeinwesen gefährdet und bewegen sich in extreme Tendenzen. Dort werden Lösungen der rechtsradikalen Art, also Gewaltlösungen attraktiv. Und das hat Aristoteles schon gesehen: Er hat gesagt, zu viel Reichtum und zu viel Armut gefährden das Gemeinwesen, wobei Ersteres gefährlicher ist als Letzteres. Zu viel Reichtum gefährdet das Gemeinwesen mehr als zu viel Armut, weil die Reichen ohnehin kein Interesse am Gemeinwesen haben. Die Armen sind wenigstens bemüht, das Gemeinwesen zu benutzen, um ihre Situation zu verändern. Die Reichen tun gar nichts.

Natürlich beschreibt Aristoteles damit nicht einfach eine Realität, sondern Ideen, wie Realität zu gestalten wäre. Und es ist doch erstaunlich, dass sich der politische Gestaltungsraum so früh schon derart mit Ideen und Projekten auflädt, dass es für zwei Jahrtausende politischer und philosophischer Auseinandersetzung genügt.

Polis und Politik, Erziehung und Tugenden bei Aristoteles

Vorlesung vom 10. Juli 2001

Wir haben gesehen, dass sich Aristoteles die Welt mithilfe von universalistischen Begriffen aneignet, die notwendig sind, um Dinge zu erkennen. Alles, was mit Reflexion auf Erkenntnis zu tun hat, ist bei ihm auf eine gewisse Ordnung der Dinge gerichtet, auf Klassifikationen und Bestimmungen, die Voraussetzungen dafür sind, sich in der Welt zu bewegen. Dieses Denken, diese Philosophie bei Aristoteles und in der ganzen antiken Tradition ist in einem Projekt verankert, das man vielleicht die große Erfindung im europäischen Denken nennen kann: *die politisch konstituierte Stadt* als Objekt des Nachdenkens in Kategorien, die genauso verbindlich sind wie die Kategorien des Denkens selbst.

Die Konstitution im Denken und die Konstitution als Verfassung der Stadt sind nämlich zwei sich bedingende Erkenntnisbereiche der Kultur. Das ist gewiss eine Vereinfachung, verdeutlicht aber die enge Verbindung von Erkenntnislehren, von Erkenntnistheorien, Kategorienlehre einerseits und der Art des menschlichen Zusammenlebens andererseits. Immer wieder taucht im europäischen Denken die damit verbundene Frage auf, ob nicht das Denken die Grundlage des gesellschaftlichen Zusammenlebens sei. Kant spricht von einer Architektonik der Vernunft und vom Hausbau der Vernunft. So wie man ein Haus baut, nach Prinzipien, nach Regeln, so stellt man sich das Denken vor, und erst dieser Kant'sche Hausbau der Vernunft sichert den innergesellschaftlichen Frieden. Er sagt, nur wenn das Denken systematisch auf sicheren Boden gebracht ist, gibt es etwas wie eine friedensfähige Regelung. Der Bürgerkrieg im Denken ist bei Kant ein Grundmotiv seiner Klassifikation. Er sagt nicht, alles ist Denken und alles ist Erkenntnis, aber man muss wissen, was Erkenntnis ist und was nicht. Denken kann man viel, aber erkennen kann man nur unter bestimmten Bedingungen. Der Verpflichtungsgrad des Denkens, soweit es Erkenntnis ist, ist ein anderer als die bloße Spekulation. Also das Nachdenken über Gott, Freiheit und Unsterblichkeit ist zulässig und manchmal auch verdienstvoll, aber es hat einen anderen Status, als etwas zu erkennen. Und Erkennen ist wiederum etwas ganz anderes als Fühlen, was eine rein subjektive, unmittelbar weder falsche noch wahre Angelegenheit ist.

Bei Aristoteles beginnt diese Form des Denkens. Das ist sicher schon in der platonischen und vorsokratischen Philosophie angelegt, aber systematisch wird es erst bei Aristoteles. Das ist eine Art Landnahme des Denkens mit entsprechenden Begrenzungen, Grenzpfählen. Herauszufinden, wo ein Baum einzuordnen ist, welche Gattungen und welche Klassifikation es gibt, wo also die Einzeldinge einzuordnen sind, ist ein wesentliches Motiv dieser flächendeckenden Landnahme im Denken, die, wie ich das ausgedrückt habe, ein Netz mit Kategorien auswirft, um das Einzelne benennbar und wiedererkennbar zu machen.

Ein ähnlicher Vorgang vollzieht sich jetzt im Zusammenhang seiner »Politik«. Was ist eine Polis? Wann verändert sie sich? Was sind die Veränderungsprinzipien? Was ist stabil? Was ist instabil? Was ist der Zweck eines solchen Gebildes des diesseitigen Zusammenlebens der Menschen? Dass sie damit in dieser Welt ihre höchsten Zwecke realisieren? Denn es geht um diese Welt! Die Stadt ist für Aristoteles und für die antiken Denker das diesseitige Jenseits des individuellen Lebens. Das diesseitige Jenseits deshalb, weil es gleichsam den Lebenszusammenhang organisiert, solange man lebt, wobei es aber auf Dauer gestellt ist und nicht vom Einzelnen abhängt. Die Fragen der Polis stellen sich unabhängig von den einzelnen Tugenden und Charaktereigenschaften der Menschen, aber die Polis ist nicht frei von der Beziehung zu den Menschen, wie sie erzogen sind, wie sie gebildet sind. Deshalb ist das Schlusskapitel, so ähnlich wie im Höhlengleichnis, ein Erziehungsprogramm. Wie wird ein Mensch körperlich gebildet und wie entwickeln sich Tugenden? Auch Aristoteles blickt auf die Lernprozesse, auf die Erziehung, und diese Lernprozesse haben den Sinn, durch die Individuen hindurch etwas Überindividuelles zu schaffen, das bedeutet, eine Kontinuität von Charakteren herzustellen, die sich durch Überlieferung und durch Übung von Generation zu Generation tradiert. Ich möchte das an einzelnen Beispielen erläutern und vielleicht einmal einen kurzen Überblick über die Gesamtverfassung dieses ersten großen empirisch und historisch abgesicherten Entwurfs einer Polis geben.

Aristoteles hat existierende Verfassungen studiert, also eine Art empirische Verfassungslehre entwickelt, indem er auf bestimmte frühere Verfassungen verweist. Das zweite Buch enthält dann seine Kritik der platonischen Schriften über die Verfassung. Plato war nicht so sehr am empirischen Vergleich interessiert, weil er sich der Idee viel mehr verpflichtet fühlte, der sich die empirischen Verfassungen ohnehin nur wenig nähern. Was die beste Verfassung ausmacht, entwickelt er nicht in Anschauung existierender Verfassungen, sondern aus der Ideenlehre. Aristoteles hingegen legt im zweiten Buch eine empirische Verfassungslehre vor, wobei er die konstitutionellen Verhältnisse einzelner Stadtstaaten bis hin zu Karthago, das immer etwas griechisch geprägt war, analysiert. Teilweise haben die Griechen in der Zeit Hannibals sogar versucht, sich mit Karthago gegen die Römer zu verbünden. Dafür jedoch haben sie später gebüßt, weil sich die Römer als die wirklichen Erben der Griechen verstanden, die gebildeten Römer alle Griechisch konnten und selbstverständlich Plato und Aristoteles und diese Werke gelesen hatten. Das Zusammengehen mit Karthago erschien ihnen daher wie Verrat. Doch blicken wir zunächst noch einmal auf den Inhalt der einzelnen Bücher der »Politik« des Aristoteles.

Im ersten Kapitel oder Buch geht es – wie ausgeführt – um das Wesen der staatlichen Gemeinschaft. Aristoteles macht hier den ersten großen Schnitt, die erste große Aufteilung. Der Oikos ist eben ein ganz anderes Herrschaftsgebilde als das, was unter der Stadt verstanden wird. Deshalb hat der Oikos nichts mit Politik zu tun, sondern es ist ein despotisches natürliches Gefüge der Vergesellschaftung durch Familien und Hausgemeinschaften, wobei auch Sklaven und Frauen Bestandteil dieser Hauswirtschaft sind. Der Oikos ist die Voraussetzung für die Polis, aber die Regeln des Oikos sind nicht bestimmend für die Regeln des gesellschaftlichen Zusammenlebens, sobald sie den Staat betreffen.

Im zweiten Buch mustert Aristoteles dann die verschiedenen Verfassungen. So betrachtet er zum Beispiel die spartanische, die immer viel hierarchischer, herrschaftsbestimmter, härter und, man kann fast sagen, etwas geistfeindlich gewesen ist. Es gab keine großen spartanischen Denker. Das ist immer der Stolz von Athen gewesen im Vergleich zur spartanischen Zwangsgemeinschaft, die auf bloße körperliche Ertüchtigung, Disziplin und gemeinsame Rituale setzte. Es gab zwar eine Menge Leute wie zum Beispiel Xenophon, die die spartanische Verfassung bewunderten, weil sie natürlich eine verlässliche Eindeutigkeit hatte. Dem Begriff von Politik eines Aristoteles entsprach sie aber nicht.

Im dritten Buch kommt dann die Frage auf: Was ist ein Staatsbürger, was ist demgemäß ein Staat? Wie lange bleibt ein Staat derselbe? Welche Tugenden hat der Bürger im Vergleich zum Mann? Die Schwierigkeit, die Verfassungsunterschiede zu bestimmen, ist dann Thema im nächsten, im vierten Buch. Hier findet man die Überprüfung der Einzelverfassungen, der Mechanismen, die in den einzelnen Verfassungen zum Umschlagen führen können, und welche Bedeutung dabei die einzelnen Stände haben. Sehr wichtig ist das fünfte Buch, weil hier systematisch abgehandelt wird, was noch für die Verfassungsgebung der modernen Welt entscheidend ist, nämlich die Frage, wie haltbar Verfassungen sind.

Man wusste schon sehr früh, seitdem es solche Grundregeln des Staatsaufbaus gibt, dass Verfassungen das tatsächlich bestehende Machtgefüge widerspiegeln müssen. Verfassungen, die das bestehende Machtgefüge in Frage stellen, sind nicht haltbar. Dieser

Gedanke taucht bereits hier bei Aristoteles auf und ist dann bei Montesquieu, bei Rousseau bis hin zu den *Federalists* den Verfassungsgebern der Vereinigten Staaten, wichtig. Es geht Aristoteles im fünften Buch darum, die Ursachen des Sturzes und der Erhaltung von Verfassungen darzustellen. Das sechste Buch handelt dann von der Errichtung der Demokratien und Oligarchien und ist eine Nachlese zum vierten Buch. Das siebente Buch berichtet von der Herstellung und Einrichtung des schlechten Staates, und das achte ist der Erziehung gewidmet. Die Erziehung ist im besten Staat eine öffentliche Sache und sollte gemeinsam sein.

Man hat also diese acht Bücher, durch die sich die aristotelischen Grundideen ziehen. Eine solche Grundidee der Politik von Aristoteles ist es, Verfassungen im Hinblick auf ihre Haltbarkeit zu überprüfen. Zweitens sie bezüglich der möglichst genauen Realisierung des Staatszwecks zu überprüfen, der, wie wir gesehen haben, im Glück, im Allgemeinwohl besteht. Und die dritte Grundidee ist, zu prüfen, welche Tugenden dem Erhalt der Grundsubstanz eines solchen Staates dienen. Welche sind förderlich oder hinderlich? Der Schluss ist wiederum eine Frage des Lernens und der Erziehung.

Kommen wir noch einmal auf diesen Staatszweck zurück. Zweck des Staates ist also, dass man gut lebe. Das ist noch einmal eine sehr deutliche Abgrenzung zum vorstaatlichen Leben im Oikos, im bloß geselligen Zusammenleben. Ein solcher Staatszweck des guten Lebens wird in der Moderne nicht immer im selben Maße verfolgt. So gibt es im bundesdeutschen Grundgesetz nicht mehr, was die amerikanische Verfassung noch kennt: Einen *pursuit of happiness*, das Verfolgen des Glücks, gibt es im Grundgesetz nicht, und das ist auch gut so, weil das eine Generalklausel ist, eine schwammige Formulierung, die im Grunde nur durch völlig verschiedene Konstellationen deutbar ist. Das Grundgesetz ist aber vorsichtig im Definieren dessen, was Allgemeinwohl ist. Es bindet das Wohl des Allgemeinen immer sehr stark an zwei Grundartikel, an die Würde des Menschen und an die Demokratie- und Sozialstaatsformel. Der soziale Rechtsstaat ist für diese

Verfassung zentral, und beide Artikel sind unabänderlich und in ihrem Wesensgehalt unantastbar. Der Würde-Artikel ist meines Wissens, ich weiß das juristisch nicht genau, unter keinen Umständen einzuschränken, sodass auch der Gefangene seine Würde behält. Andere Artikel können freiheitsrechtlich eingeschränkt werden, aber nicht so jener Artikel 1 von der Würde des Menschen. Wie verhielt sich das in der Weimarer Verfassung? Die Grundrechte galten dort als Anhang. Jedenfalls sind sie nicht verpflichtend für die Rechtsprechung gewesen. Sie bilden einen Appendix, und ohnehin sind die Grundrechte in der Weimarer Verfassung sehr weit handhabbar und manipulierbar gewesen. Das gilt für die *amendments* der amerikanischen Verfassung nicht, die dieselbe Art der Bestandssicherung darstellen wie die Grundgesetzartikel der bundesdeutschen Verfassung.

Doch zurück zu Aristoteles und noch einmal zu einzelne Facetten dieses philosophischen Entwurfs der durch weitgehende Autarkie und durch weitgehendes Wohlergehen definierten Polis. Autarkie bedeutet, dass sie im Grunde aus sich selbst existieren kann. Das hatte einen guten, praktischen Sinn, da eine Stadt immer belagert werden konnte. Wer am längsten aushält, bewahrt auch die Stadt vor Plünderung und Zerstörung. Es entsteht also etwas wie ein Kosmos im Kleinen, wobei Kenner der griechischen Philosophie immer wieder darauf hingewiesen haben, dass die Stadt auch unter ästhetischen Gesichtspunkten diskutiert wurde. Wie sie aufgebaut ist, was für ein Gefüge sie darstellt, spielte für die antiken Denker eine große Rolle.

Auch der Ostrakismos, dieses sehr merkwürdige Verfahren eines Scherbengericht, spielt bei Aristoteles und bis heute noch in unserer Symbolsprache eine große Rolle. Es war eine verfassungsrechtliche Institution, und Aristoteles beschreibt sie im dritten Buch ausgehend von der Gefährdung der Isonomia, der politisch-rechtlichen Gleichheit aller Vollbürger der Polis:

> Darum kann man auf die Frage, die einige stellen und verfolgen, in diesem Sinne antworten. Es wird nämlich gefragt, ob der Gesetzgeber bei

> seiner Arbeit und im Bestreben, die richtigsten Gesetze zu geben, auf den Nutzen der Besseren oder der Mehrzahl zu achten hat, wenn die angegebene Situation vorliegt. Das »richtig« ist da als »gleichmäßig« zu verstehen. Das gleichmäßig Richtige bezieht sich auf den Nutzen des ganzen Staates und auf die Gemeinschaft der Bürger. Bürger ist im allgemeinen der, der am Regieren und Regiertwerden beteiligt ist, in jeder Verfassung ein anderer, in der besten aber derjenige, der fähig und willens ist, zu regieren und sich regieren zu lassen im Sinne des Tugendhaften Lebens.[119]

Man findet auch die Idee der Selbstgesetzgebung. Nur der freie Bürger gibt Gesetze, die er dann auch befolgen muss, und nur die Gesetze sind verpflichtend, die er sich selbst gegeben hat. Das kommt in der kantischen Philosophie wieder, in der praktischen Vernunft. Der Einzelne muss wollen können, dass das Gesetz oder die Maxime seines Wollens allgemeines Gesetz wird. In Übereinstimmung mit seiner Vernunft gibt er die Zustimmung, dass dieses Gesetz für alle gilt und deshalb auch für ihn selbst.

> Wenn nun ein Einzelner oder Mehrere, die aber für sich doch nicht einen ganzen Staat ausmachen können, sich in der Tugend so sehr auszeichnen, daß die Tugend aller andern zusammen sich mit der ihrigen nicht vergleichen läßt und auch nicht die politische Fähigkeit mit derjenigen jener ersten, wenn es Mehrere sind, oder des Einen, wenn es Einer ist, so darf man diese nicht mehr als Teil des Staates auffassen.[120]

Es ist also die Idee Balancestörung, die nicht nur durch die Bösartigen zustande kommt, sondern auch durch diejenigen, die Leistungshelden sind und sich über die Gesetze stellen könnten. Diese werden zum Schutz des Gemeinwesens gehen müssen, werden nach draußen befördert. Ein Gemeinwesen kann demnach nur mit Menschen existierten, die gewöhnliche Tugenden haben. Die Furcht vor der Verletzung des Gemeinwesens, die sich hier artikuliert, ist natürlich immer die Furcht vor der Wiederkehr des Königtums und der Alleinherrschaft, dass sich einzelne Gruppen die Macht unter den Nagel reißen und das Gleichheitsgebot der Freien verletzen könnten.

> Denn es geschähe ihnen Unrecht, wenn sie andern gleichgestellt würden, obschon sie an Tugend und an politischer Fähigkeit dermaßen hervorragen. Ein solcher wird wohl wie ein Gott unter Menschen wirken müsse. So wird sich offenbar auch die Gesetzgebung mit den an Herkunft und Fähigkeit Gleichen zu befassen haben. Für die andern dagegen gibt es kein Gesetz. Denn sie sind selbst Gesetz, und wer versuchte, ihnen Gesetze zu geben, würde sich lächerlich machen. Sie würden etwa sagen, was Antisthenes die Löwen sagen ließ, als die Hasen Volksversammlung hielten und für alle gleiches Recht verlangten. Aus eben dieser Ursache haben auch die demokratischen Staaten den Ostrakismos eingeführt. Denn sie scheinen von allen am meisten auf Gleichheit Wert zu legen, so daß jene, die übermäßige Macht zu haben schienen (durch Reichtum, viele Freunde oder einen sonstigen politischen Einfluß), ostrakisierten und für bestimmte Zeiten aus dem Staate entfernten.[121]

Der Ostrakismos läuft gewissermaßen darauf hinaus, dass man die Macht der hervorragenden Männer bricht und diese vertreibt. Das ist doch eine sehr merkwürdige These: Das stabilste Gemeinwesen besteht darin, wenn alle Menschen ungefähr durchschnittlich sind. Durchschnittliche Fähigkeiten, durchschnittliche Krankheiten, durchschnittliche Defekte. Politik hat es mit den Durchschnittsmenschen zu tun. Wenn da einer auftritt, der hervorragend ist, ein Cäsar, was macht man mit dem? Welche Folgen hat das für das Gemeinwesen? Was macht man mit solchen Menschen? Verbannt man sie? Macht man sie sich zu Feinden außerhalb?

Es ist der Versuch, die innere Stabilität der Verfassung zu wahren, und ein ebensolcher Versuch ist auch die Demokratie oder die Herrschaft des Volkes. Das ist für Aristoteles keine ideale Verfassung, weil sie aus sich heraus den Tyrannen produziere. Das Volk in einem nicht-konstituierten Zustand ist für Aristoteles leicht verführbar. Es ist zwar die Grundlage dieser Polis, aber nur eine sinnvolle Grundlage, wenn es abgegrenzte Kompetenzen gibt. Er hat die Idee, dass eine Verfassung klare Grenzziehungen benötigt, dass bestimmte Befehlsgewalten rotieren müssen; das Rotationsprinzip von heute ist also uralt. Man findet es bereits in der Feldherrnstrategie der Antike, und Rom praktiziert es mit den Konsuln, wo die Befehlsgewalt wirklich um Mitternacht oder bei einem bestimmten Stand der Sonne auf den anderen Konsul wechselte. Das Austarieren von Gleichgewichten ist ein sehr verbreitetes Element der antiken politischen Philosophie, nicht nur bei Aristoteles, bei dem es um eine Mitte geht. Die Frage ist, welche politischen Tugenden sind mittefähig und deshalb im politischen Sinne vergesellschaftungsfähig? Das muss kein Mittelmaß in unserem Sinne, muss nicht schlecht sein, aber es muss vergesellschaftungsfähig im politischen Sinne sein. Und das heißt für diese antike Philosophie auch: Nicht die Überredungskunst des Rhetors darf im Vordergrund stehen, sondern wie weit er die richtigen Worte, die richtigen Sachverhalte trifft, macht seine Kompetenz aus. Deshalb ist der öffentliche Raum für ein stabiles Gemeinwesen so wichtig.

Solche Balancearbeit ist in der Antike immer wieder in politischen Zusammenhängen diskutiert worden und spielt auch in der römischen Zeit eine zentrale Rolle, wo sie sich, wie angedeutet, im Prinzip der Kollegialität politischer Ämter niederschlägt. Und wenn sich wirklich ein Mensch im Gemeinwesen derart hervortut, dass es ungerecht wäre, ihn denselben Gesetzen zu unterwerfen wie die übrigen Menschen, dann soll er gehen. Geht er nicht freiwillig, muss ein Verfahren angestrengt werden. Das ist schon eine Form der Balance von Gewalten, eine gewisse Form der Gewaltenteilung, die hier im aristotelischen Konzept eine Rolle spielt. Deshalb zielt es auch nicht auf Philosophenkönige, die alles definieren und alles bestimmen, sondern es geht eigentlich um eine Aufteilung der Gewalten. Diese Gewalten werden von Einzelnen gestört, wie übrigens immer der Versuch gemacht worden ist, die Gesetze so zu formulieren, dass sie für alle gelten.

Aristoteles schreibt in der Zeit des Alexanderreiches. Er verteidigt im Grunde eine Polis, eine konstruierte Polis, die schon zerbrochen ist. Er selbst muss Athen verlassen, als berichtet wird, Alexander sei gestorben, und die Anklage gegen ihn bereits vorbereitet ist. Er hat es, wie gesagt, mit einer untergehenden Polis zu tun und einem Entstehen von Großreichen. Diese Großreiche übernehmen das, was im Polis-Zusammenhang noch definiert ist. Aber trotzdem ist es interessant, dass gerade an diesen kleinen Zusammenhängen die Prinzipien von Verfassungen, stabilen Verfassungen sehr eingehend begründet worden sind und nicht an Großreichen. Die politische Lebensfähigkeit und das, was Politik überhaupt darstellt, ist, wenn man so will, immer auf eine bestimmte Gefäßgröße bezogen gewesen. Zu große Gefäße sind politisch nur noch in einem autoritären Sinn beherrschbar und zu kleine Gefäße, die Familien und Stämme, nach anderen Herrschaftsprinzipien organisiert. Die Polis aber ist zwischen dem Großreich, der Familie und dem Stamm verortet, und eben darin liegt die Bedeutung der aristotelischen Politik, dass sie weder erweiterter Stamm noch Modell für das Großreich Alexanders ist. Alexander hat, soweit ich sehe, mit der Politik von Aristoteles, wenn er sie überhaupt wahrgenommen hat, gar nichts anfangen können, weil darin ein ganz anderer Begriff von Politik erläutert wird. Dieser Politikbegriff ist aber meines Erachtens in Teilen, nicht als Ganzes, sehr viel moderner, als er erscheint. Er bindet Institutionen an bestimmte Dinge und erkennt, dass die Stabilität von Verfassungen tatsächlich auch abhängig ist davon, mit welchen Charakterstrukturen sie es zu tun haben. Nicht nur dass bestimmte Verfassungen bestimmte Charakterstrukturen produzieren, sondern es ist auch umgekehrt so, dass bestimmte Charakterstrukturen, Einstellungen, Denkweisen entscheidend dafür sind, dass sich solche Systeme halten.

Es gibt eine Untersuchung von Kurt Levin nach 1945. Er hat verschiedene Schülergruppen experimentell aufgeteilt und über eine längere Zeit nach verschiedenen Verfassungsprinzipien unterrichtet. Zwei Gruppen standen sich im Lernen sozusagen gegenüber, die autoritär verfügende Gruppe und die demokratisch-liberale Gruppe. Das Ergebnis dieses Experiments ist, dass die demokratische Gruppe sehr viele Anfangsschwierigkeiten hatte, also sehr viel langsamer in die Lernprozesse hineinkam und die Aufgaben viel schwerfälliger und umständlicher aufnahm. Die Lösungsresultate der autoritären Gruppe lagen viel schneller vor, wobei diese Gruppe sich dann nicht weiterentwickelte. Das sind Ergebnisse, die uns heute geläufig sind, nach 1945 waren es aber wichtige Erkenntnisse, dass die autoritäre Gruppe sich schneller die Aufgaben aneignete, auch Lösungen zustande brachte, aber nicht imstande war, sich eigene Aufgaben zu stellen. Das Gefälle zwischen den Anweisenden und den Lösenden blieb erhalten. Kurt Levin hat dann die Gruppen gemischt, gewechselt und umgetauscht und dann festgestellt, dass Demokratie ein Ziel im Vergesellschaftungsraum ist, das wirklich gelernt werden muss. Selbst Aufgaben zu identifizieren, entsprechende Materialien zu sortieren, die Lösungen zu diskutieren – all das sind Dinge, die gelernt werden müssen. Insofern ist das sehr wichtig, was Plato und Aristoteles immer wieder anfügen: Die Staatsform, die sie für die beste halten, ist ein Resultat von Lernprozessen und ergibt sich nicht von allein. Autoritäre Verhältnisse, despotische Verhältnisse, demagogische Verhältnisse – all das liegt gleichsam im Rohstoffbereich gewöhnlicher Menschen. Daran kann man arbeiten, daran können die Demagogen und Tyrannen arbeiten. Demokratie, eben diese Staatsform oder diese Lernform, in der die Menschen über ihr eigenes Schicksal mitbestimmen, definieren, ist umständlicher, aber langfristig sehr viel haltbarer als alle anderen Staats- und Lernformen. Levin stellte als letztes Resultat dieses Gruppenvergleichs auch fest, dass bei der demokratischen Gruppe die ursprüngliche Befangenheit und Aggressionsneigung abnahm, während sie bei der autoritären Gruppe in dem Maße zunimmt, wie die eindeutigen Befehle wegfallen. Das Aggressionspotential wächst.

Ich führe das deshalb so gründlich aus, weil man sonst in Anbetracht eines demokratischen Institutionensystems zu dem Schluss kommen könnte, da das alles, mit einigen Ausnahmen von Korruption und so, funktioniere, sei alles in bester Ordnung und auch stabil. Plato und Aristoteles würden jedoch erwidern, das reiche nicht aus, sondern es sind gerade in einem solchen System politische Bildung und politische Erziehung genauso wichtig wie die Institutionen, die sie stützen. Und wenn dieser Bereich der Charakterbildung, der demokratischen Charakterbildung oder der demokratischen Urteilsbildung unterbleibt, dann haben wir etwas wie eine Demokratie ohne Demokraten. Das nämlich ist die Weimarer Republik gewesen: ein einigermaßen funktionierendes System ohne Demokraten, ohne Menschen, die wirklich existenziell diese Verfassung verteidigt hätten.

Das ist ein aristotelischer und platonischer Gedanke. Tugenden sind immer verarbeitete Triebenergien und Neigungen, gewissermaßen zivilisierte Triebe. Ein Mensch, der als tugendhafter Mensch geboren wird, ist sehr selten. Er wird als ein vernunftfähiges Naturwesen geboren, das gestaltet werden muss, und Einflüsse sind sicherlich sehr früh prägend. Aber es sind Erziehung und Bildung entscheidend, nicht nur im Sinne des Belehrens, sondern des Sichtbarmachens der Wahrnehmungsweise. Zu begreifen, wie die Menschen sich selbst sehen, zu lernen und zu sehen, dass andere sie anders sehen, ist ein Prozess, den Sokrates vorführt. Er sagt nicht »du lügst«, sondern »du täuschst dich. Du siehst dich in einem Lichte, das eben von woanders herkommt, das nicht du ausstrahlst.«

Dieser Prozess der Bildung und der Kommunikation ist eine Denaturierung des Menschen. Tugenden haben es immer mit einer Denaturierung zu tun. Ein Stück Natur muss verloren gehen, und die Menschen müssen einsehen, dass sie nicht sagen können, »so bin ich eben, tut mir leid«; in den 1970er-Jahren waren selbstverständlich die Eltern an allem Schuld... Doch diese Denaturierung gilt genauso für Aristoteles wie für Rousseau. Der politische Mensch ist ein denaturierter Mensch. Das ist ein

Mensch, der die bloße Natur, die vernunftlose Natur überwunden hat. Ein vernunftbegabter und vernunftfähiger Mensch ist nicht der Naturbursche, der irgendwo auftaucht. Zurück zur Natur bedeutet für Rousseau nicht, dass wir wieder anfangen, auf allen Vieren zu kriechen, sondern dass wir vernunftfähig werden. Die Vernunft der Natur ist es, zu der wir zurückkehren sollen. Auch das ist ein Erziehungsprogramm. Das ist hart, aus der Geburtsnatur herauszukommen und zu einem Vernunftwesen zu werden. Ein *zôon politikón* zu werden ist nach Aristoteles auch eine Frage der Bildung und der Erziehung. Zwar sagt er, außerhalb der Polis, außerhalb der Stadt kann nur ein Gott oder ein Tier leben, aber die Stadt selbst ist keine Natur, und der Mensch, der darin lebt, ist kein Naturwesen, sondern ein Wesen, dass sich gerade aus dem Oikos und aus der Natur, aus diesen Verwicklungen mit Dingen herausgearbeitet hat und trotzdem nicht zu einem geistigen Wesen geworden ist, sondern zu einem diesseitigen endlichen Leben berufen ist. Deshalb ist die Stadt gleichsam die Dauer, die sie repräsentiert, gegenüber dem endlichen Leben des Einzelnen. Und deshalb sind natürlich die Generationenfolge in der Stadt und die Sorgfalt, mit der die Stadt, die Stadtmauern und viele Dinge behandelt werden, ein wichtiger Punkt. Militärische Überlegenheit jedoch, sagt Aristoteles, sichert nicht die Dauer der Stadt. Das kann ein Element sein, aber das ist nicht das entscheidende. Militärische Überlegenheit ist etwas Akzidentielles. Das kann sich morgen leicht wieder ändern, und dann ist die Stadt dem Erdboden gleichgemacht. Die Stadt lebt von einer Vielzahl von Elementen, die der Mensch selbst produziert, für die er selbst Verantwortung übernehmen kann, und das Zusammenleben ist nicht nur eines unter Gesichtspunkten der Befriedigung und des individuellen Glücks, sondern es ist mehr und ein anderes gegenüber dem Individuum. Damit sind Prinzipien festgeschrieben, die für die ganze europäische Verfassungsgeschichte später Bedeutung haben.

Schlussbetrachtung*

Vorlesung vom 11. Juli 2001

Wir sind ausgegangen von bestimmten geografischen, also räumlichen Gegebenheiten des Mittelmeerraumes, der Küstenkulturen, um zu zeigen, wie sehr die Entstehung von Denkformen konkrete menschliche Lebensbedingungen voraussetzt. Das heißt, dass es nicht ein Akt individueller Denkkraft ist, der sich irgendwo ereignet, sondern solche Denkformen entstehen in einem gesellschaftlichen Vorgang, müssen eine gesellschaftliche Grundlage haben. Die vielfältigen menschlichen Ausdrucksformen wie der Handel, der Krieg oder der Bau und die Gründung einer Stadt – all das sind Facetten eines materiellen Bodens, auf dem bestimmte Vorstellungen und Denkformen entstehen. Vor diesem Hintergrund haben wir uns mit Max Weber die Ausgangsfrage gestellt, warum der okzidentale Rationalismus, diese spezifische Form der Rationalität, nur hier in diesem geschichtlichen Raum entsteht und sich später im 16. Jahrhundert zu einer bestimmten Form des Kapitalismus entwickelt, der auf einer langen Tradition dieser Denkformen und dieser Vorstellungswelt gründet.

Wir haben zum Schluss noch etwas von Aristoteles gehört, der etwas wie eine Bilanz des Denkens der griechischen Antike vorlegt. Das ist eine enzyklopädische Ausbreitung des Wissens, mit der man sich über zwei Jahrtausende immer wieder auseinandersetzt. In dieser Philosophie drückt sich eine ganze Epoche aus, und

* Den Rest der Vorlesung widmete Negt Fragen der Hörerschaft und der Vorstellung seiner Vorlesungen im kommenden Semester.

diese Epoche ist ganz zweifellos verknüpft mit dem, was wir unter Stadtstaat verstehen, mit der Polis. Diese Stadtstaatkonstruktion steht im Mittelpunkt des antiken Denkens, soweit es sich um die innerweltlichen Beziehungen, die materiellen Befestigungen von Gesellschaft dreht. Vielleicht ist diese Konstruktion der politisch konstituierten Stadt sogar eine der wesentlichen Voraussetzungen für das Entstehen des okzidentalen Rationalismus: die Erfindung der Stadt, nicht als bloße Agglomeration, sondern als konstituierte Stadt, eine verfassungsmäßige Stadt, ein verfassungsmäßiges Leben. Vergleichbares gibt es in anderen Hochkulturen nicht. Deren Städte, etwa die japanischen oder chinesischen Städte, sind natürlich auch große Stadtkulturen, und trotzdem gab es in der dortigen Zivilisationsgeschichte kein vergleichbares auf der Freiheit der Bürger begründetes verfassungsmäßiges Leben mit Gewaltenabgrenzung, Gewaltenteilung, allem, was sich schon bei Aristoteles' andeutet und sich in den europäischen Zusammenhängen weiterentwickelt.

Das Wesen der Stadt ist in vieler Hinsicht bestimmend für das antike Denken und die Entstehung bestimmter antiker Denkformen, weil auch deren Gattungen und Definitionen, was ich anhand von Aristoteles' Kategorienlehre zu zeigen versucht habe, verknüpft sind mit Kompetenzabgrenzungen. Das ist nicht eins zu eins aus der Gesellschaft auf das Denken zu übertragen, aber wenn ich eine Kategorie habe, die zuständig ist für das Begreifen eines bestimmten Sachverhaltes, dann kann ich auch sagen, diese Kategorie hat die Kompetenz, diesen Sachverhalt offensichtlich erkennbar zu machen. Zu klären, wer welche Kompetenzen hat und welche Zuständigkeitsbereiche innerhalb eines stadtstaatlichen Ganzen bestehen, bedeutet auch, Klarheit in der Definition und in den Kategorien zu erlangen. Entsprechend gibt es keine Allzuständigkeit mehr für Aristoteles, und das gilt für die Gliederung eines Stadtstaates genauso wie für die Denkformen. Auch einen Baum kann man nicht mehr beliebig irgendeiner Gattung unterordnen, sondern der gehört fortan zu einer ganz bestimmten Gattung und Art. Man hat einen Begriff, eine Kategorie, der man dieses Einzelne unterordnet. Genauso verhält es sich mit der Erziehung der staatlichen Gemeinschaft.

Das ist ein wesentlicher Rationalisierungsprozess, und damit entsteht auch etwas wie eine Verfahrensrationalität. Der Richter und der Staatsmann oder der Philosoph – die haben alle ihre Rationalität als Verfahren, ihre Untersuchungsfelder und ihre Untersuchungsmethoden. Das bedeutet, es existieren spezifische Verfahren, sodass die Rationalität und die Strategie des Kriegsherrn zum Beispiel in der Volksversammlung unsinnig sind. Dort darf er seine Truppen nicht einsetzen. Immer wieder haben Leute versucht, dort ihre Truppen aufmarschieren zu lassen, aber das ist verboten oder ist nicht zulässig aufgrund fehlender Kompetenz. So haben zum Beispiel die Römer immer große Vorbehalte gehabt, Truppen in Rom einmarschieren zu lassen. Die hatten sich vor den Toren aufzuhalten, und es kamen nur Repräsentanten herein. Im republikanischen Rom war es klugerweise verboten, dass ein Sieger mit seinen ganzen Truppen nach Rom kam. Denn das waren Räuberbanden, hochtechnisierte Soldaten; die hätten Rom gleich ausgeplündert.

Diese Frage von Rationalität ist nicht einfach nur eine Denkgeschichte, sondern es ist eine Lebensgeschichte von Gesellschaften. Nur deshalb überträgt sich das und wird tradiert in Bildungsprozessen, weil es auch etwas wie Lebensformen ausdrückt. Insoweit ist es für unser Selbstverständnis wichtig, einmal zurückzugehen auf solche Ursprünge des Denkens, die sich auf Vergesellschaftungsprozesse und auf die Entstehung ganz bestimmter Formen des politischen Denkens beziehen. Auch der Begriff des Politischen und was damit verknüpft ist, hat diesen Ursprung und ist immer bezogen auf ein Gemeinwesen, das sich eben als ein *konstituiertes* Gemeinwesen versteht. Die Rationalität ist nicht nur eine des Denkens, sondern auch der Verfassung der Gesellschaft selbst: Vernunft, die sich in der Philosophie selbst erkennt und im politischen konstituiert, das heißt im durch seine Bürger frei und selbst gestalteten Gemeinwesen praktische Realität erhält. Die Vernunft im Geist und in der Lebenswelt verweist aufeinander. Beides hängt zusammen, bedingt sich, ohne aufeinander reduzierbar zu sein. Theorie und Praxis sind zwei verschiedene Erscheinungen einer Gestalt: der Einheit der Vernunft, deren Selbsterkenntnis und praktische Realisierung sich in den großen philosophischen und politischen Zeugnissen der griechischen Antike erstmals historisch kundgetan hat.

Nachwort

Von Hendrik Wallat

Die akademische Vorlesung hat eine lange, in die mittelalterlichen Anfänge der Universität zurückreichende Geschichte, die in der digital-multimedialen Gegenwart an ihr Ende zu kommen scheint.[1] Ob als »Sternstunde des Geistes [...] gefeiert« oder als »Kathederpredigt verworfen«,[2] galt die Vorlesung bis in jüngste Zeit unbestritten als spezifisch universitäre Form der Lehre. Ihre letzte Hochzeit, in der zugleich am Abbau ihres hierarchischen Überhangs gearbeitet wurde, waren die politisierten 1960er und 1970er-Jahre. In diese Zeit fallen, mit Ausnahme der in diesem ersten Band publizierten Vorträge, auch die jüngst für ein lesendes Publikum überarbeiteten Vorlesungen von Oskar Negt; ein Projekt, das allein durch eine großzügige Finanzierung der Hans-Böckler-Stiftung realisiert werden konnte.

Negt nahm seinen Vorlesungsbetrieb an der Universität Hannover im Wintersemester 1970/71 auf.[3] Die Veranstaltungen waren als Großvorlesungen angelegt, die in der Regel einen Umfang von vier Semesterwochenstunden hatten. Der Diskussion wurde dabei entsprechend breiter Raum gelassen. Zum Teil schloss sich an die Vorlesungen noch ein Blockseminar an, in dem studentische Beiträge im Mittelpunkt standen. Während Negts Publizistik einen stark soziologischen und politischen Charakter aufweist, zeugen die Vorlesungen primär von seinen philosophischen Interessen. Diese rühren vor allem von Negts Annahme her, dass das »Fortwirken« der Kritischen Theorie »ohne eine Renaissance der Philosophie und des Denkens in der Traditionslinie von Kant und Marx, von Hegel und Freud nur schwer vorstellbar ist. Eine Erneuerung der Kritischen Theorie steht vor der paradoxen Aufgabe, Bestandteile traditionell gewordenen Wissens mobilisieren zu müssen, um Kritik erneuern zu können.«[4]

Das dem Negt'schen Publikationsprojekt zu einer »Politischen Philosophie des Gemeinsinns« zugrunde liegende Vorlesungsmaterial, welches Mitschnitte im Umfang von mehreren hundert Stunden umfasst, wurde von mir nicht im Sinne wissenschaftlicher Philologie bearbeitet.[5] Das gesprochene lebendige Wort war, ohne es in seinem Geist zu töten, nicht fotografisch und philologisch kommentiert auf Papier abbildbar; den bellenden Hund im Auditorium muss man gehört haben, wenn es denn um die Erfassung der Vorlesungen als lebendigen sozialen Vorgang selbst ginge. Dies ist aber nicht das primäre Ziel des Projekts, welches vielmehr darin besteht, jenen substanziellen Gehalt der Vorlesungen zu eruieren, der sich als eine spezifische Form der politischen Philosophie in der Tradition der Kritischen Theorie versteht. Als solche ist sie Denken in weltbürgerlicher Absicht, zu der die (didaktische) Kunst gehört, das philosophische Denken zu veranschaulichen, ohne es zu trivialisieren. Die Vorlesungen sind ihrem Selbstverständnis nach ein wissenschaftlicher Beitrag zur politischen Aufklärung und umfassenden Bildung der Hörerschaft.[6] Traditionelle disziplinäre Grenzen sind ihnen ihrem genuin politischen Charakter nach fremd. Sie richten sich in Anlehnung an den von Negt ausführlich interpretierten sowjetischen Dichter Wladimir Majakowski »An Alle!« – die bereit sind, den häufig anstrengenden, bisweilen aber auch heiteren Weg der Reflexion mitzugehen.

Im Grunde folgt Negt mit seinen Vorlesungen Kants Bestimmung der Philosophie. Kant unterscheidet den Weltbegriff *(in sensu cosmico)* der Philosophie von ihrem Schulbegriff dadurch, dass jener über diesen dahingehend hinausweist, als er das System der »Vernunfterkenntnisse aus Begriffen« auf die (praktischen) »letzten Zwecke der Vernunft«[7] bezieht. Diese Zweckbestimmung allein verleihe der philosophischen Erkenntnis überhaupt erst ihren »Wert« und begründe die »Würde« der Philosophie als einen »absoluten Wert«, nämlich die »Lehre der Weisheit«[8]

zu sein. In dieser »weltbürgerlichen Bedeutung«[9] bezieht sich die Philosophie ihrem Weltbegriff nach auf das, »was jedermann notwendig interessiert«.[10] Ein solcher weltbürgerlicher Begriff von Philosophie, wie ihn Negt in seinen Vorlesungen vertritt, sprengt den engen Rahmen einer akademischen Spezialdisziplin in zweifacher Hinsicht. Zum einen geht es der Philosophie (schon ihrem Schulbegriffe) nach um die Stiftung der Einheit in der Erkenntnis durch das produktive Rückgängigmachen der wissenschaftlichen Arbeitsteilung. Die immer weiter fortschreitende Ausdifferenzierung und Spezialisierung des wissenschaftlichen Betriebs ist fraglos der Motor des Wissensfortschritts, der sich von Faktenhuberei und verselbstständigter Selbstbespiegelung aber erst unterscheidet, wenn er sich rückbezieht auf das Ganze der Erkenntnis. Zum anderen aber gewinnt auch das philosophische System der Erkenntnis erst seine Daseinsberechtigung, sofern es sich auf die letzten Zwecke der Vernunft bezieht, die praktischer, im emphatischen Sinne politischer Natur sind: die Herstellung von gesellschaftlichen Bedingungen, die der Würde des Menschen angemessen sind, indem sie die Autonomie und die Glückseligkeit aller Individuen zu fördern vermögen. In diesem Sinne wird politische Philosophie im vorliegenden Projekt nicht als Teildisziplin einer Teildisziplin verstanden, sondern sowohl als Kern dessen, was Philosophie überhaupt wesensmäßig ist, als auch als etwas, was im elementarsten Sinne jedermann, und nicht allein den akademischen Spezialisten, notwendig interessiert. Damit ist keinesfalls eine Position bezogen, die sich über das Schul- beziehungsweise Fachwissen der (politischen) Philosophie erhaben dünkt und mit selbstherrlichem Gestus darüber hinwegschreitet. Im Gegenteil: Jede Philosophie in weltbürgerlicher Absicht muss, soweit es ihr angesichts der ins Unermessliche fortschreitenden Ausdifferenzierung des Spezialwissens möglich ist, auf dem schulphilosophischen Wissen aufbauen, wenn sie nicht im Geschwätz verenden will. Sie will und muss aber mehr sein als ein Beitrag zur Wissensakkumulation der Schulphilosophie: der Rückbezug dieser auf die *politisch* vermittelte Zweckbestimmung des menschlichen Daseins.

Selbst wenn explizite politische Diskussionen mit Studierenden immer wieder den Vorlesungsbetrieb von Negt unterbrochen haben, so ist die politische Dimension der Vorlesungen demnach nicht primär in den, bis auf Ausnahmen wie den RAF-Terror, zurückhaltenden Statements von Negt zu verorten; bei aller Kritik an Max Weber folgt ihm Negt darin, die Autorität des wissenschaftlich Lehrenden nicht politisch zu instrumentalisieren. Auch ist die politische Philosophie von Platon bis in die Gegenwart als eigenständige klassische Disziplin nicht das vorrangige Thema der Vorlesungen. Diese umfassen vielmehr ein sehr breites inhaltliches und epochenübergreifendes Spektrum, welches von der Epistemologie über die Gesellschaftstheorie bis in die Ästhetik reicht und einen Zeitraum von der Antike bis in die Gegenwart umfasst. Politische Philosophie stellen die Vorlesungen Negts vielmehr in einem ganz spezifischen Sinne dar: Sie gehen dem gesellschaftlichen Gehalt und dem politischen Erfahrungszusammenhang nach, die sich nicht nur naheliegenderweise in politischer Philosophie und Gesellschaftstheorie, sondern auch in Erkenntnis- und Wissenschaftstheorie sowie ästhetischer Produktion und Reflexion nachweisen lassen.

Das dialektische, nicht-reduktive Verhältnis von geschichtlich-sozialer Genesis und objektiver Geltung geistiger Produkte ist dementsprechend eine, vielleicht sogar *die* zentrale systematische Fragestellung Negts, die themen- und epochenübergreifend in den Vorlesungen verfolgt wird. Die historisch-gesellschaftliche Erfahrung und ihr politischer Kern, die den philosophischen, wissenschaftlichen und ästhetischen Erzeugnissen zugrunde liegen, werden von Negt, die beiderseitige Vermittlung des Allgemeinen und des Besonderen reflektierend, bis in das Biografische hinein analysiert, ohne sie hierauf zu reduzieren. Das Gegenteil ist vielmehr der Fall: Der Objektivität der Geltung entspricht eine Objektivität historischer Erfahrung, die sich im Subjekt und seinen

Produkten reflektiert und deren Substanz politisch ist. Das wissenschaftstheoretische Werk Poppers oder die Dichtungen von Novalis sind für Negt, um nur zwei ausführlich von ihm behandelte Denker anzuführen, selbstredend weder insgeheim politische Schriften noch bloßes Abbild einer bestimmten historischen Situation, was ihren Wahrheitsgehalt schon vor aller kritischen Prüfung relativierte. Die immanente Vermittlung ihrer geistigen Arbeit mit der Erfahrung ihrer gesellschaftlichen Wirklichkeit lässt sich allerdings bis in jene Bereiche geistiger Erkenntnis und Produktion verfolgen, die gemeinhin als unpolitisch verstanden werden. Negts Anliegen ist es hierbei, den implizit politischen Charakter aller Erkenntnis herauszuarbeiten, nicht um diese auf Politik zu reduzieren, sondern um ihre Objektivität – ihre Geltung – gerade aus ihrer spezifisch historischen Dimension – ihrer Genesis – zu erklären.

Aber nicht nur dieses zentrale systematische Anliegen der Vorlesungen Negts bestimmt diese genuin politische Philosophie. Es sind auch die den Inhalt der Vorlesungen prägenden Epochen selbst, die sie als eminent politisch auszeichnen. Das alte Athen und das Zeitalter des Perikles, die Französische Revolution und ihr Nachhall im deutschen Geist und nicht zuletzt die Gegenwart der Vorlesungen selbst[11] – sie alle waren Sattel- und Hochzeiten des Politischen. Negt blickt gleichsam aus der Perspektive des zumindest in Westeuropa letzten Zeitraums einer politisierten Öffentlichkeit zurück auf die politische Erfahrung der Französischen, stellenweise auch der Russischen Revolution und ihre geistigen Verarbeitungen. Die Geschichte wird, mit anderen Worten, im Erkenntnisinteresse der historisch vermittelten Gegenwart bemüht. In der Chronologie der Vorlesungen spiegelt sich dementsprechend folgerichtig die eigene politische Erfahrung. Das Zentrum von Negts Vorlesungstätigkeit in den 1970er-Jahren bildet der, durch eine große zweisemestrige literatursoziologische Vorlesung unterbrochene, am Ende, am ursprünglich formulierten Erkenntnisinteresse gemessen, als abgebrochen einzustufende Vorlesungszyklus über »Philosophie und Gesellschaft« (Beginn

WS 1974/75). Was den Zuhörenden angekündigt wurde – eine neue Interpretation von Kant, Hegel, Marx und Freud –, konnte nicht mehr in dem Maße eingelöst werden, wie Negt es sich vermutlich ursprünglich erhofft hatte. Der politischen Erfahrung der ausgehenden 1970er-Jahre entsprechend – und Negt ging es in der Tat stets darum, das »politische Defizit der Kritischen Theorie wettzumachen«[12] –, steht statt einer umfassenden Synthesis eine Vorlesung »Zur Diskussion von Marx und Marxismus heute I–II« (WS 1978/79 bis SS 1979). Mit ihr fängt Negt nicht von Neuem an, holt keineswegs zur Revision aus, stellt aber als politischer Mensch doch die geistige Erfahrung der Zeit, die tiefe Krise des Marxismus, über die orthodoxe Tradierung eines gesicherten Wissensbestandes.

Mit dieser Entwicklung ist ein allgemeines Merkmal der Vorlesungen dokumentiert, die nicht einer schnellen Wissensvermittlung eines passiven Auditoriums dienten, sondern eine breite, öffentliche Entwicklung des Gedankens sein sollten. Ein solches Vorhaben ist, wenn denn nicht ein bereits abgeschlossenes System nur mündlich reproduziert werden soll, notwendig offen, somit aber auch zugleich angreifbar und lebendig. Es werden nicht immer schon bewiesene Thesen aufgestellt, nicht immer – wohl wissend, dass Erkenntnis ihr eigenes Zeitmaß hat – die direkten Wege genommen und immer wieder zur mal glückenden, mal im Sande verlaufenden Diskussion aufgefordert. Als solch eigensinnige Unternehmen sind die Vorlesungen Negts nicht nur eine Erinnerung an ein vermutlich irreversibel zugrunde gegangenes Ideal akademischer Bildung, sondern weit hierüber hinausgehend ein substanziell politisches Dokument öffentlicher Wahrheitssuche in der Tradition der Aufklärung, die dem Interesse der menschlichen Emanzipation dient.

Die Vorlesung: Die Ursprünge der europäischen Denkweise

In einer seiner letzten Vorlesungen aus dem Sommersemester 2001 nimmt Negt Max Webers Fragestellung nach den historischen Ursprüngen okzidentaler Rationalität auf. Im Zentrum steht der Zusammenhang von der kulturspezifischen Genesis europäischer Philosophie und ihrer universellen Geltung. Politische Ursprungsmotive wie der genuin politische Charakter der sich in der griechischen Philosophie erstmals autonom artikulierenden und reflektierenden Vernunft bilden den Mittelpunkt der Vorlesung, die sich philosophiegeschichtlich primär auf die Vorsokratik, Sokrates und sodann selbstredend auf Platon und Aristoteles konzentriert. Eingebettet ist die systematische philosophische Reflexion, was für die meisten Vorlesungen Negts konstitutiv ist, in ausführliche Erörterungen über das geschichtlich-kulturelle Milieu, in dem sich die europäische Philosophie als gleichermaßen autonome wie gesellschaftlich bedingte Gestalt des menschlichen Geistes bildete.

Negt verfolgt die Anfänge des philosophischen Denkens in Europa den Voraussetzungen nach bis in die Geografie der hellenischen Welt und ihrem Inhalt nach bis in die Gestalten der griechischen Mythologie. Weder tritt Negt mit einer monokausalen Erklärungsthese für die Entstehung okzidentaler Rationalität auf, noch ergeht er sich in eurozentrisch-graecophilen Hymnen auf den ›abendländischen Geist‹. Mit Bedacht lehnt sich Negt vielmehr an Max Webers Begriff der Konstellation an, in welche die Entstehung der Philosophie eingebettet ist: jene berühmte »Verkettung von Umständen«,[13] die den abendländischen Prozess der Rationalisierung beflügelten. Mit diesem Vorgehen ist die begründete Vorsicht verbunden, die Genesis der Philosophie reduktiv und deterministisch zu fassen, können doch die verschiedenen philosophischen, geschichtswissenschaftlichen und soziologischen Erklärungsversuche für das ›griechische Wunder‹

des ›Erwachens‹ der Vernunft allesamt nicht vollends überzeugen; dies umso weniger, je monokausaler das jeweilige Modell ausgerichtet ist.[14]

Obgleich dementsprechend zurückhaltend mit einseitigen ethnozentrischen Wertungen, die andere außereuropäische Wege kultureller Entwicklung als defizitär abtun, wie auch mit Erklärungen, die die Anfänge des europäischen Denkens aus einzelnen, besonders hervorgehobenen Momenten eines komplexen Prozesses deduzieren, findet sich in Negts Vorlesung dennoch eine deutlich formulierte Grundthese, die den roten Faden seiner Ausführungen spinnt: Die Philosophie als Inbegriff der Selbstreflexion der Vernunft hat nicht nur einen politischen Kern, sondern ihre Genesis selbst ist nicht zuletzt in der historisch spezifischen Konstellation der politischen Konstitution der Polis zu verorten. Ernst Cassirer hat diesen für Negt grundlegenden Sachverhalt wie folgt ausgedrückt:

> Für den Griechen der klassischen Zeit bleibt die Verbundenheit mit der Polis ein Höchstes, das er nicht missen kann oder will. Aber eben aus ihr ergibt sich die Tatsache, daß auch jeder Schritt zur geistigen Selbstbefreiung, den die Wissenschaft, die Kunst, die Philosophie tut, sofort auf das Idealbild der Polis zurückwirkt und ihm einen neuen Gehalt gibt. Die neue Freiheit löst die Bindung nicht auf; sie gibt ihr vielmehr eine andere Form und eine andere Begründung.[15]

Mit dieser Konstellation ist jedoch kein Ableitungsverhältnis bezeichnet, in dem Sinne, dass etwa die antike Metaphysik nichts anderes sei als ein verklausulierter Ausdruck politischer Erfahrung. Die Geltung dessen, was die Philosophie durch die Selbstreflexion der Vernunft erkennt, wird von Negt an keiner Stelle auf ihre Genesis reduziert. Gleichwohl wird den gesellschaftlichen und politischen Voraussetzungen autonomen Denkens kein bloß akzidentelles, sondern substanzielles Gewicht beigemessen; es geht um mehr als Begleitumstände. Die Vernunft selbst hat vielmehr einen konstitutiv politischen Charakter, der immanent mit gesellschaftlichen Entwicklungsprozessen vermittelt ist.

Was immer die Prozesse der Poliskonstitution im Einzelnen – auch hier ist von einem Bündel von interdependenten Ursachen auszugehen[16] – angestoßen und bewirkt haben mögen, am Ende steht mit der klassischen Polis eine neue Form der *politischen* Synthesis der Gesellschaft, die sich grundlegend sowohl von der homerischen Welt als auch von den alten außereuropäischen Hochkulturen unterscheidet. Zwei ihrer Merkmale scheinen dabei für die Entstehung der Philosophie als Ausdruck des kritischen autonomen, sich aus traditionellen mythisch-religiösen Fesseln befreiten Denkens von grundlegender Bedeutung gewesen zu sein: Auf der einen Seite ist dies, wie Negt in seiner Vorlesung wiederholt betont, die städtische Kultur des antiken Griechenlands,[17] ihr Handel mit Waren und Ideen, der hiermit einhergehende interkulturelle Austausch, aber auch die innergriechische Konkurrenz, die bis zu Alexander der Reichsgründung widerstand und somit ein spezifisches Freiheitsmoment aufwies. Auch wenn es historisch wie systematisch in die Irre führt, die philosophische Denkform aus der Warenform abzuleiten – Negt kommt in einer Vorlesung kurz auf Alfred Sohn-Rethel zu sprechen –,[18] wird man die Rationalisierungsprozesse in der altgriechischen Gesellschaft nicht zuletzt auch mit dem weitverzweigten Handel, der städtischer Natur war, in Verbindung bringen müssen. Auf der anderen Seite ist es die Rationalisierung der Herrschaft, welche der Entstehung der Philosophie korrespondierte. Auch hier ist schon allein das Offensichtliche unbestreitbar: Die vorsokratische Naturphilosophie ist durchsetzt von einer juridisch-forensischen Terminologie, die deutlich ihre Kontextualisierung in der Poliswelt verrät.[19] Aber das Argument reicht tiefer. Es ist der Wandel der Herrschaft hin zu indirekteren, politisch-rechtlich vermittelten Formen, der es ermöglichte (nicht verursachte), dass sich der autonome, aber an soziale Voraussetzungen gebundene Geist entwickelte. Die Überwindung direkter persönlicher Herrschafts- und Knechtschaftsverhältnisse in der rechtlich vermittelten Polis bedingte eine doppelte Erfahrung, die sich in der philosophischen Spekulation reflektiert: unpersönlicher Zwang einerseits, die Differenz von Gesellschaft und Natur andererseits. Beide gesellschaftlichen Entwicklungs- und Erfahrungsprozesse stellten gleichermaßen einen Schub säkularisierender Rationalisierung dar. Auf der einen Seite herrscht bei den von Negt ausführlich betrachteten Vorsokratikern nicht mehr göttliche Willkür, sondern die Notwendigkeit von abstrakten Prinzipien: *Gesetzmäßigkeit*. Auf der anderen Seite wird in der Sophistik erkannt, dass die Menschen selbst Urheber ihrer sozialen Lebensverhältnisse sind: die Trennung von *Physis* und *Nomos,* die sowohl die Befreiung von der Übermacht der Natur als auch, noch entscheidender, die demokratische Erfahrung der Selbstregierung widerspiegelt. Dieser These muss nicht widersprechen, dass Milet als Ursprungsort der Philosophie nicht in politischer, wohl aber in ökonomischer Hinsicht aus seiner Umwelt herausragte.[20] Von Demokratie kann noch keine Rede sein, was sie als *Entstehungsgrund* philosophischer Reflexion ausschließt. Und schließlich war auch die attische Demokratie bekanntlich kein ungefährlicher Ort für Philosophen und eine sich historisch erstmals entfesselnde Subjektivität, wie Negt in seiner Interpretation von Sokrates' »Apologie« veranschaulicht. Für die *Entwicklung* der Philosophie als eines systematisch aufeinander sich verweisenden Diskussionszusammenhangs ist für Negt, eines seiner wissenschaftlichen Lebensthemen aufnehmend, die spezifische Form der Polis-Öffentlichkeit auf Dauer aber allemal zentral, da diese das eigentliche Fortschrittsmoment in der Philosophie förderte: das kritische Argumentieren, das in der Form der platonischen Dialoge seinen schönsten Ausdruck gefunden hat, dem die Vorlesungen entsprechend viel Raum lassen.

Die antike Philosophie erweist sich für Negt als Bestandteil des europäischen Kulturerbes, wie auch die politische und soziale Geschichte der Antike Moment der weiteren europäischen Geschichte ist, und zwar nicht nur als chronologische Bedingung derselben, sondern auch als deren Weichenstellung;[21] ein Erbe, das allerdings nicht in affirmativer Weise zur Sinnstiftung des gegenwärtigen Europas zu rezipieren ist. Dieses beliebte Verfahren unterschlägt nicht nur die substanziellen Epochendifferenzen zwischen der Moderne und der Antike, sondern zieht auch die Dialektik ein, die für den europäischen Prozess der Rationalisierung konstitutiv ist. Es gibt keine gradlinige Entwicklung, womöglich noch als kumulierender Fortschritt von Humanität und Freiheit gedeutet, die vom antiken Griechenland in die Gegenwart eines vereinten Europas führt. Eine solche Konstruktion tilgt nicht allein die Brüche und Kontingenzen der Geschichte, sondern auch die andere Seite des Prozesses, die, wie es der von Negt geschätzte Althistoriker Christian Meier formuliert, von »Athen bis Auschwitz«[22] reicht. Negt ist entsprechend zurückhaltend gegenüber einem Abendlandtriumphalismus, der auf außereuropäische Kulturen bis heute nur von oben herab zu schauen fähig ist. Freilich verfolgt Negt dennoch weder eine postmoderne oder -koloniale Europa- und Vernunftkritik noch eine archaisierende Negation der sich in der griechischen Philosophie von den Vorsokratikern bis hin zu Aristoteles entfaltenden Rationalität. Der Kritik an Heideggers Heraklitinterpretation widmet Negt folgerichtig eine eigene Vorlesung. Der bei Platon fraglos verstellte, nicht aber, wie Negt in seiner Interpretation des Höhlengleichnisses herausstellt, negierte egalitäre Grundzug der Metaphysik motivierte ganz wesentlich die Metaphysikkritik von Denkern wie Nietzsche oder Heidegger. Heidegger wittert in seiner gleichermaßen subtilen wie reaktionären Deutung des Höhlengleichnisses nicht zu Unrecht den »Beginn des ›Humanismus‹«, der mit dem »Beginn der Metaphysik« koinzidiere: »Immer gilt es [...] das animal rationale, zur Befreiung seiner Möglichkeiten und in die Gewißheit seiner Bestimmung und in die Sicherung seines ›Lebens‹ zu bringen.«[23] Negt hingegen betont und verteidigt den aufklärerischen Gehalt von Platons Gleichnis, das die Wahrheit im Prinzip als *allen* Menschen durch ihre Vernunftnatur *erkenn- und verfügbar* ausweist. Er folgt in seiner

Deutung der antiken Metaphysik daher implizit seinem Lehrer Adorno, der das Wesen der Metaphysik nicht als verstaubtes Unternehmen, sondern, ähnlich wie vor ihm bereits Kant, als jene von Heidegger perhorreszierte rationale Kritik bestimmt, der es um die Rettung der Wahrheit und ihrer verbindlichen Objektivität geht:

> Die Metaphysik ist auf der einen Seite [...] immer rationalistisch als *Kritik* einer Ansicht von dem Ansichseienden, Wahren und Wesentlichen, sofern es vor der Vernunft nicht sich rechtfertigt; sie ist auf der anderen Seite aber auch immer und ebenso ein Versuch, das, was das Ingenium der Philosophen verblassen und entschwinden fühlt, zu *retten*.[24]

Einen negativen Post-festum-Fatalismus, der *eine* Geschichte von der homerischen Welt des archaischen Griechenlands bis zum Faschismus konstruiert, wird man folglich ebenfalls vergeblich in Negts Vorlesung suchen. Die geschichtsphilosophische Spekulation der »Dialektik der Aufklärung« von Horkheimer und Adorno über ein verhängnisvolles, transepochales und spezifisch okzidentales gesellschaftliches Naturverhältnis, das durch universalisierte Herrschaft von Grund auf beschädigt sei, findet keinen Eingang in seine Überlegungen. Stattdessen insistiert Negt auf die immanente Verbindung von kritischem Denken und politischer Freiheit, die für ihn die bleibende Botschaft der griechischen Erfahrung ist,[25] die auf die Gegenwart gemünzt heißt: keine Vernunft ohne ein demokratisches Gemeinwesen, dessen Substanz die Freiheit und Partizipationsmöglichkeit jedes Einzelnen ist. Zentrale Voraussetzung für diese ist nicht zuletzt die (politische) Bildung, die mündige Menschen zum Ziel hat. Nicht zufällig kommt Negt, ein weiteres Lebensthema seiner Version kritischer Theorie ansprechend, am Ende seiner Vorlesung auf Platons und Aristoteles' Wertschätzung der Erziehung zu sprechen.

Negts Ausführungen zur Antike dienen nicht dem bildungsbürgerlichen Pomp, dem allerdings zugutegehalten werden muss, dass er wenigstens dem »Schreckbild einer Menschheit ohne Erinnerung«,[26] was immer auch eine ohne Zukunftsperspektive ist, entgegenarbeitet. Die Antike ist ihm weder ein politisch-legitimatorisch instrumentalisierbarer Supermarkt der Ideen zur politischen Traditionsstiftung, in dem sich die Gegenwart beliebig bedienen kann, noch Gegenstand klassizistischer, philhellenistischer Vergötzung, die ihre »edle Einfalt und stille Größe« (J. J. Winckelmann) feiert(e). Vielmehr geht es Negt bei seiner Interpretation der antiken Philosophie um das Begreifen der Gegenwart im Lichte ihrer Geschichte. Für ein solches Begreifen ist die antike griechische Philosophie ein Moment der Geschichte, an das weder unvermittelt angeschlossen werden kann, noch das vergessen oder gar negiert gehört. Die direkte Wiederaufwärmung antiker Philosophie ist nicht nur nach der modernen erkenntnistheoretischen Wende auf das Subjekt unmöglich oder wenigstens naiv. Sie unterschlägt auch, dass die Metaphysik des Guten, die bei aller Differenz Platon und Aristoteles teilen, nicht nur der Erkenntniskritik ausgeliefert werden muss, sondern auch geschichtlich substanziellen Schaden genommen hat. Spätestens nach Auschwitz ist die Fortführung dieser Form der Philosophie ein Verrat an der Philosophie. Diese hat in der Antike jenen emphatischen Begriff von Wahrheit artikuliert, der nur aufrechtzuerhalten ist, wenn er sich zugleich gegen seine klassischen Gestalten wendet:

> Durch Auschwitz, und damit meine ich nicht Auschwitz allein, sondern die Welt der Tortur, die weitergeht nach Auschwitz [...] – durch die hat tatsächlich der Begriff der Metaphysik bis ins Innerste sich verändert. Und wer weiter Metaphysik alten Stils betreibt, ohne sich darum zu kümmern [...], der zeigt sich dadurch als ein Unmensch; und die Unmenschlichkeit, die in einer solchen Haltung notwendig steckt, die muß allerdings dann den Begriff der Metaphysik selbst, der so verfährt, auch anstecken.[27]

Damit ist keine Absage an die Vernunft, sondern Treue zu ihr intendiert, deren griechische Ursprünge nicht dazu berechtigen, diese als eurozentrisch zu denunzieren. Das Potenzial des Geistes, das im antiken Griechenland historisch sich erstmals offenbarte, wäre gleichsam in emanzipatorischer Absicht global zu entfesseln. Für Negt ist der europäische Rationalismus nicht bloß imperialistischer Natur, was er fraglos allzu häufig auch war. Der Vernunft, die im antiken Griechenland zum ersten Mal autonome Gestalt in Form der Philosophie annahm, ist vielmehr ein Universalismus eigen, der ihre partikuläre (kulturelle und geografische) Genesis genauso transzendiert wie ihre sozialen Voraussetzungen, die brutalen Herrschaftsverhältnisse der alten Welt.

Die Vernunft, so ließen sich Negts Überlegungen systematisch zuspitzen, hat an und für sich selbst einen politischen Charakter. Sie muss nicht erst von außen politisiert werden, was, wie Max Weber richtig gesehen hat, die Rationalität wissenschaftlicher Erkenntnis zerstört, indem diese durch partikulare politische Urteile und Meinungen mit beliebiger Weltanschauung vergiftet wird. Die Vernunft, die sich in der Geschichte der Philosophie reflexiv selbst erkennt, ist aber nicht wertfrei im Sinne einer instrumentellen Zweck-Mittel-Rationalität, die das bloße Geschicklichkeitsvermögen bezeichnet, die richtigen Mittel für beliebige Zwecke zu wählen und anzuwenden. Die Vernunft erkennt vielmehr bereits in der Antike ihren universellen Charakter – wenn auch historisch begründet in gebrochener Form. Dieser bezeugt die Wesensgleichheit *aller* Menschen, die sich theologisch im jüdisch-christlichen Kontext als Seelengleichheit aller vor Gott ausdrückt. Das Wesen der Vernunft verträgt sich daher mit keiner substanziellen gesellschaftlichen Ungleichheit zwischen Menschen. Herrschaftsverhältnisse müssen sich vor der Vernunft rechtfertigen und verlieren ihren angestammten Status des von jeher Selbstverständlichen. Die Vernunft, wie sie sich historisch erstmals insbesondere in der von Negt ausführlich dargestellten Denkpraxis des Sokrates ausdrückt, hat einen antiautoritären, das bloß Bestehende untergrabenden Charakter. Alles, nicht zuletzt die Ordnung der Gesellschaft, muss sich vor ihr rechtfertigen; Herkunft und Alter gelten ihr nichts. An

Sokrates lässt Negt deutlich werden, was das wahrhaft politische Denken der Vernunft auszeichnet: Es ist der *sensus communis*,[28] der das Besondere mit dem Allgemeinen, das Individuum mit der Gesellschaft, den Menschen mit der Menschheit vermittelt. Er bezeichnet nicht eine bei Platon und Aristoteles noch oder wieder unhinterfragte Priorität des Allgemeinen, welches das Besondere unter sich subsumiert. Die von Sokrates offensiv verteidigte Maxime des konsequenten Selbstdenkens verträgt sich mit keiner autoritären Unterweisung, und die erweiterte Denkungsart transzendiert das bornierte Privatinteresse im Interesse autonomer Subjektivität, nicht aber zugunsten eines verselbstständigten Allgemeinen. Dies setzt freilich gesellschaftliche Verhältnisse voraus, die wahrhaft plural, nicht aber antagonistisch gespalten sind, was jegliche Erweiterung der Denkungsart strukturell blockiert. Echter Gemeinsinn, so ließe sich dialektisch zuspitzen, resultiert vielmehr aus unbotmäßigem Eigensinn, nicht aber aus dem autoritären Charakter, der sich dem bestehenden Gemeinwesen bewusstlos unterordnet:

> Die Geschlossenheit von Kulturen, die kollektive Verbindlichkeit metaphysischer Anschauungen, ihre Macht übers Leben, garantiert nicht ihre Wahrheit. Eher ist die Möglichkeit von metaphysischer Erfahrung verschwistert der von Freiheit, und ihrer ist erst das entfaltete Subjekt fähig, das die als heilsam angepriesenen Bindungen zerrissen hat.[29]

Ad personam und vom Metaphysischen ins Politische gewendet war es der unbestechlich eigensinnige, allein seiner Vernunft und ihrem Urteilsvermögen vertrauende Sokrates, der alles Selbstverständliche untergrub – und zwar nicht aus Lust an der Zerstörung, sondern um der vernünftigen Ordnung des Gemeinwesens willen, dessen angegangene Unvernunft mit ihrem wesensgemäßen Mittel antwortete: Gewalt, die die Stimme der Vernunft zum Schweigen bringen sollte.[30]

Die Erkenntnisse der Vernunft, die sich in der Geschichte der Philosophie artikulieren, sind universell und allgemeingültig. Sie sind nicht nur dem Prinzip nach für jeden Menschen zugänglich, sondern sie gelten virtuell auch für alle Menschen ohne Ausnahme gleichermaßen; niemand steht über oder unter ihnen. Das politische Wesen der menschlichen Vernunft ist folglich ihre Allgemeinheit und Universalität, die mit keiner bloß gegebenen Autorität oder keinen partikularen Herrschaftsverhältnissen vereinbar sind, welche die Würde des Einzelnen beschädigen und die Menschheit antagonistisch in Herren und Knechte spalten. Diese politische Substanz der Vernunft kommt bereits, wie Negt herausstellt, in Platons Philosophie zum Vorschein, die, obgleich aristokratischer Natur, das Vermögen zum vernünftigen Denken allen Menschen zuspricht. Dass Platon dennoch ein bekennender Gegner der Demokratie war, verweist auf die historisch bedingten systematischen Grenzen antiker Philosophie. Das zentrale historisch begründete Spezifikum der klassischen antiken Philosophie ist die Spaltung der theoretischen und der praktischen Vernunft. Das mag verwunderlich klingen, ist es doch gerade die Einheit von theoretischer und praktischer Vernunft, welche das Denken Platons charakterisiert. Gemeint ist hiermit jedoch ein Sachverhalt, der auch bei Platon, am evidentesten aber aufscheint in der Philosophie des Aristoteles, die stärker die empirische gesellschaftliche Wirklichkeit aufnimmt: Was die theoretische Vernunft an sich bereits reflektiert, ihr universelles und allgemeines Wesen, das allen Menschen gleichermaßen zukommt, wird im Politischen widerrufen. Aristoteles muss, um die herrschenden Verhältnisse dem Prinzip nach als vernunftgemäß und legitimierbar bestimmen zu können, die mannigfaltigen, die Polis fundierenden und durchziehenden Herrschaftsverhältnisse naturalisieren und ontologisieren. Da Voraussetzung für die *Isonomia,* die Verfassung der freien und gleichen Männer, die Unfreiheit der Sklaven und Frauen ist, muss diesen eine nur verminderte Vernunftbegabung zugesprochen werden, während jene gleich ganz aus der Menschheit exkludiert werden.

In dieser von Negt in seiner Vorlesung nicht unterschlagenen Brutalität des Aristoteles drücken sich Wahrheit und historische

Grenze antiker Philosophie gleichermaßen aus. Die bereits theoretisch antizipierte Einheit der Vernunft, die praktisch die klassenlose Einheit der Menschheit in der Vielfalt ihrer individuellen Erscheinungen wäre, wird von den herrschenden sozialen Verhältnissen gespalten, die der Philosophie zugrunde liegen; Aristoteles plaudert dies noch recht unverblümt aus. Die Vernunft kann sich noch nicht voll entfalten, da ihr die materiellen Reproduktionsbedingungen der antiken Gesellschaft in die Parade fahren. Damit ist die bis auf den heutigen Tag sich forterbende Ur-Schuld der Philosophie benannt. Sie basiert als virtuelle Humanität auf der Unmenschlichkeit der Herrschaft, die doch nur von derjenigen Vernunft abgeschafft werden kann, die zugleich vom Unwesen ihrer materiellen Voraussetzung kontaminiert ist. Aristoteles' »Muße«[31] als Bedingung des autonomen Gedankens ist das Produkt der »namenlosen Fron«[32] derjenigen, die jene Kultur stiften, die sie zum Dank dafür von sich ausschließt. Die »Barbarei«,[33] die, wie Walter Benjamin pointiert hat, jeder Kultur *auch* zugrunde liegt, reflektiert sich somit in der antiken Philosophie als ihrem herausragenden Produkt. Die Wirklichkeit bleibt hinter dem Gedanken zurück, der diesem Widerspruch zu entkommen versucht, indem er sich zugunsten des Bestehenden selbst verkürzt.

Negts Vorlesungen im Allgemeinen und seine Vorlesung zur Antike im Besonderen können als Versuch verstanden werden, einen wie klein auch immer sich gestaltenden Teil von dieser Schuld der Philosophie abzutragen, indem sie sich nicht als bloße Wissensvermittlung, sondern sich selbst als Bestandteil der theoretischen Vermittlung jener politischen Praxis begreifen, die allein die fortwaltende Inhumanität des gesellschaftlichen Daseins der Menschen aufzuheben imstande wäre. Der autonome Geist wird hierzu nicht den Direktiven aus der politischen Praxis unterworfen, was beide beschädigt, wie die Geschichte sozialer Emanzipationsbewegungen hinlänglich bewiesen hat. Die sich selbst reflektierende Vernunft erkennt vielmehr ihren genuin politischen Charakter, der sie auf praktische Verwirklichung drängt, ohne diese selbst sein zu können. Der konstitutive Widerspruch von Theorie und Praxis, den Negt in vielen seiner Veröffentlichungen und Vorlesungen austrägt, ist nicht per Dekret aufhebbar. Das einheitliche Telos von kritischer Theorie und Praxis, welches systematisch auf jene Vernunft verwiesen ist, deren Geschichte bis in die Anfänge der Philosophie in der griechischen Antike zurückreicht, lässt sich jedoch mit Negt programmatisch benennen: keine Demokratie ohne Sozialismus, kein Sozialismus ohne Demokratie.[34] Auch wenn dieses Programm momentan nicht mehr auf der Agenda der Geschichte zu stehen scheint, wäre es doch nach wie vor allein dazu imstande, die von Negt in seiner Vorlesung herausgestellte immanente und konstitutive Verbindung von Vernunft und politischer Freiheit materiell im gesellschaftlichen Leben der Menschen zu verankern.

Anmerkungen

Haupttext

1 Negt, Oskar: Modernisierung im Zeichen des Drachen. China und der europäische Mythos der Moderne, 2. Aufl. Göttingen 2016.

2 Weber, Max: Vorbemerkung. In: ders.: Gesammelte Aufsätze zur Religionssoziologie I, 9. Aufl. Tübingen 1988, S. 1.

3 Polanyi, Karl: The Great Transformation: Politische und ökonomische Ursprünge von Gesellschaften und Wirtschaftssystemen. Dt. Übersetzung von Heinrich Jelinek, 13. Aufl. Frankfurt 1973.

4 Vgl. Weber, Max: Die Wirtschaftsethik der Weltreligionen II. Hinduismus und Buddhismus. In: ders.: Gesammelte Aufsätze zur Religionssoziologie, 7. Aufl. Tübingen 1988, S. 300.

5 Vgl. Weber, Max: Die rationalen und soziologischen Grundlagen der Musik, Tübingen 1972.

6 Vgl. Horkheimer, Max / Adorno, Theodor W.: Dialektik der Aufklärung. Philosophische Fragmente. In: Max Horkheimer Gesammelte Schriften Bd. 5, 3. Aufl. Frankfurt/M. 2003.

7 Hier und im Folgenden zitiert aus Ranke-Graves, Robert von: Griechische Mythologie. Quellen und Deutung, 18. Aufl. Reinbek bei Hamburg 2011, S. 110.

8 Thales: Frag. 2. In: Die Vorsokratiker I. Milesier, Phytagoreer, Xenophanes, Heraklit, Parmenides, Stuttgart 1999, S. 45.

9 Aristoteles: Metaphysik, 3. Aufl. Reinbek bei Hamburg 2002, 983b.

10 Ebd., 983b.

11 Aristoteles: Über die Seele. In: Aristoteles Werke. Bd. 13, Darmstadt 1959, 405a.

12 Anaximander: Fragment 15. In: Die Vorsokratiker, S. 73.

13 Xenophanes: Fragment 25. In: Die Vorsokratiker, S. 221.

14 Xenophanes: Fragment 28. In: Die Vorsokratiker, S. 223.

15 Xenophanes: Fragment 27. In: Die Vorsokratiker, S. 223.

16 Xenophanes: Fragment 29. In: Die Vorsokratiker, S. 223.

17 Xenophanes: Fragment 34. In: Die Vorsokratiker, S. 225.

18 Anaximenes: Fragment 2. In: Die Vorsokratiker, S. 89.

19 Anaximenes: Fragment 7. In: Die Vorsokratiker, S. 93.

20 Anaximenes: Fragment 13. In: Die Vorsokratiker, S. 97.

21 Vgl. Lassalle, Ferdinand: Die Philosophie Herakleitos des Dunklen von Ephesos, Berlin 1858.

22 Heraklit: Fragment 77. In: Die Vorsokratiker, S. 267.

23 Heraklit: Fragment 76. In: Die Vorsokratiker, S. 267.

24 Heraklit: Fragment 93. In: Die Vorsokratiker, S. 273.

25 Heraklit: Fragment 106. In: Die Vorsokratiker, S. 277.

26 Heraklit: Fragment 34. In: Die Vorsokratiker, S. 255.

27 Heraklit: Fragment 117. In: Die Vorsokratiker, S. 279.

28 Heraklit: Fragment 118. In: Die Vorsokratiker, S. 279.

29 Heraklit: Fragment 91. In: Die Vorsokratiker, S. 271–273.

30 Heraklit: Fragment 121. In: Die Vorsokratiker, S. 281.

31 Heraklit: Fragment 62. In: Die Vorsokratiker, S. 263.

32 Heraklit: Fragment 64. In: Die Vorsokratiker, S. 263.

33 Heraklit: Fragment 111. In: Die Vorsokratiker, S. 277.

34 Heraklit: Fragment 95. In: Die Vorsokratiker, S. 273.

35 Vgl. Sohn-Rethel, Alfred: Geistige und körperliche Arbeit. Zur Theorie gesellschaftlicher Synthesis, Frankfurt/M. 1970. Zu Sohn-Rethel vgl. auch Negt, Oskar: Alfred Sohn-Rethel. Das Apriori in der empirischen Welt. In: ders.: Unbotmäßige Zeitgenossen. Annäherungen und Erinnerungen, Frankfurt/M. 1994, S. 47–69.

36 Heraklit: Fragment 2. In: Die Vorsokratiker, S. 245.

37 Heidegger, Martin: Heraklit. In: ders.: Gesamtausgabe Bd. 55, 3. Aufl. Frankfurt/M. 1994, S. 38.

38 Ebd., S. 38 f.

39 Ebd., S. 39.

40 Ebd., S. 39.

41 Ebd., S. 39.

42 Ebd., S. 160.

43 Ebd., S. 160.

44 Ebd., S. 161.

45 Ebd., S. 161.

46 Ebd., S. 180.

47 Ebd., S. 180.

48 Ebd., S. 180.

49 Ebd., S. 180.

50 Ebd., S. 180 f.

51 Ebd., S. 181.

52 Ebd., S. 181.

53 Ebd., S. 181.

54 Vgl. Xenophon: Die Verfassung der Spartaner. Hrsg., übers. und erl. von Stefan Rebenich. Darmstadt 1998.

55 Arendt, Hannah: Vita activa oder Vom tätigen Leben, München 1967.

56 Thukydides: Der Peloponnesische Krieg, Stuttgart 2000, S. 138 f.

57 Ebd., S. 139.

58 Ebd., S. 140.

59 Ebd., S. 140.

60 Ebd., S. 140.

61 Ebd., S. 141.

62 Ebd., S. 141–143.

63 Hegel, Georg Wilhelm Friedrich: Vorlesungen über die Philosophie der Geschichte, 11. Aufl. Frankfurt/M. 2015, S. 326.

64 Ebd., S. 328 f.

65 Thukydides: Der Peloponnesische Krieg, S. 137.

66 Hegel: Philosophie der Geschichte, S. 329.

67 Ebd., S. 329.

68 Ebd., S. 329.

69 Negt zitiert in der Vorlesung Platon: Euthyphron 2a–3a. Im Folgenden sind Negts streckenweise ausführliche Zitate in den Vorlesungen auf das Wesentliche beschränkt; es stehen seine Deutungen im Vordergrund.

70 Platon: Eutyphyron. In: Platon in acht Bänden. Griechisch und Deutsch. Erster Band, Darmstadt 1977, 3b–c. Die Übersetzung dieser Ausgabe stammt von Friedrich Schleiermacher. Sie wurde gewählt, weil sie auch der weit verbreiteten Platon-Ausgabe des Rowohlt Verlags zugrunde liegt. Negt selbst hat in seinen Vorlesungen Wert darauf gelegt, mit Ausgaben von philosophischen Klassikern zu arbeiten, die auch für die Hörerschaft leicht zugänglich sind. Diesem Anliegen wird hier gefolgt.

71 Ebd., 4a–4c.

72 Ebd., 9c–d.

73 An dieser Stelle zitiert Negt ausführlich 12e–14d; auf eine Wiedergabe wird verzichtet.

74 Ebd., 14e–15b.

75 Ebd., 15b–16a.

76 Vgl. Mauss, Marcel: Die Gabe: Form und Funktion des Austauschs in archaischen Gesellschaften, Frankfurt/M. 1990.

77 Platon: Des Sokrates Verteidigung. In: Platon Werke in acht Bänden, Griechisch und Deutsch, Zweiter Band, Darmstadt 1973, 23b–c.

78 Ebd., 20d.

79 Ebd., 20d.

80 Ebd., 21b–21d.

81 Ebd., 21d–e.

82 Ebd., 22a und 22e–23a. In der Vorlesung zitiert Negt die ganze Passage ohne Auslassung.

83 Ebd., 36d–37a.

84 Ebd., 37a.

85 Ebd., 37c–d.

86 Ebd., 40b–42a.

87 Platon: Des Sokrates Verteidigung, 29c–30a.

88 Platon: Phaidon. In: Platon Werke in acht Bänden. Griechisch und Deutsch. Dritter Band, Darmstadt 1974, 78c–79a. Das Zitat ist gegenüber Negts Wiedergabe in der Vorlesung gekürzt.

89 Ebd., 81a–82a.

90 Ebd., 82b–83b.

91 Ebd., 114b–d. Dieses Zitat ist gegenüber Negts Wiedergabe in der Vorlesung ebenfalls gekürzt.

92 Ebd., 114d–115a.

93 Vgl. Gomperz, Theodor: Griechische Denker: Eine Geschichte der antiken Philosophie. Band 2, Sokrates und Platon, Leipzig 1902.

94 Arendt, Hannah: Tradition und Neuzeit. In: Zwischen Vergangenheit und Zukunft. Übungen im politischen Denken I, 2. Aufl. München 2000, S. 23.

95 Negt zitiert im Folgenden das Höhlengleichnis aus »Politeia« 514a–517d. Auf eine Wiedergabe des Textes wird hier verzichtet, da die einzelnen Teile im Zusammenhang der Interpretation folgen.

96 Platon: Der Staat. In: Platon Werke in acht Bänden. Griechisch und Deutsch. Vierter Band, Darmstadt 1971, 517b–c.

97 Ebd., 386a–387b. Gegenüber Negts Ausführungen in der Vorlesung gekürztes Zitat.

98 Negt zitiert in der Vorlesung hier nochmals Platon: Politeia, 514a–516a. Auf eine Wiedergabe wird verzichtet.

99 Ebd., 515c–516a.

100 Ebd., 516b–e.

101 Ebd., 519e–520d.

102 Ebd., 520e–521a.

103 Ebd., 518b–d.

104 Ebd., 518d–519a.

105 Ebd., 519a–b.

106 Ebd., 531d–532a.

107 Ebd., 536d–537a.

108 Platon: Sophistes. In: Platon Werke in acht Bänden. Band 6, Darmstadt 1970, 251a–b.

109 Aristoteles: Nikomachische Ethik, 4. Aufl. München 2000, 1094a.

110 Ebd., 1094a.

111 Ebd., 1096a.

112 Aristoteles: Kategorien. In: Aristoteles Werke. Band 1, Teil I, Darmstadt 1984, 1b.

113 Ebd., 15a.

114 Aristoteles: Metaphysik, 3. Aufl. Hamburg 2002, 1023a.

115 Aristoteles: Politik, 8. Aufl. München 1998, 1252a.

116 Ebd., 1252a.

117 Ebd., 1280b–1281a.

118 Ebd., 1280b.

119 Ebd., 1283b–1284a.

120 Ebd., 1284a.

121 Ebd., 1284a.

Nachwort

1 Vgl. Bender, Christiane: Die Vorlesung: Ein Auslaufmodell? In: Deutscher Hochschulverband (Hg.): Sternstunden der Wissenschaft – Ein Almanach 2016, Heidelberg 2016, S. 11–24.

2 Ebd., S. 13.

3 Über die ersten Vorlesungen Negts ist keine gesicherte Angabe möglich, da das kommentierte Vorlesungsverzeichnis nur bis 1975 zurückreicht und das Gesamtvorlesungsverzeichnis der Universität Hannover belegbar falsche Angaben macht und somit nur begrenzt als zuverlässige Quelle gelten kann; dies betrifft die Zeit vom WS 1972 bis SS 1974. Demnach hielt Negt folgende Vorlesungen: Einführung in die soziologische Denkweise (WS 1970/71); Soziologie des Forschungs- und Bildungssystems (WS 1971/72); Rechts- und Staatssoziologie (SS 1972); Die Theorie der Frankfurter Schule I–III (WS 1972/73 bis WS 1973/74); Karl Popper (SS 1974); Philosophie und Gesellschaft I–III (WS 1974/75 bis SS 1975 und SS 1976); Literatursoziologie I–II (WS 1976 bis SS 1977); Die Gesellschaftstheorie von Marx und Engels I–II (WS 1977/78 bis SS 1978); Zur Diskussion von Marx und Marxismus heute I–II (WS 1978/79 bis S. 1979); Was heißt Lernen I–II? (gemeinsam mit Ziehe; WS 1979/80 bis SS 1980); Soziologische Aspekte der Krise (WS 1980/81); Kant und Freud I–II (WS 1981/82 bis SS 1982 oder WS 1982/83); Zur Zivilisationsgeschichte der Denkformen – am Beispiel Chinas (SS 1983); Kindheit und Lernen I–II (WS 1983/84 bis SS 1984); Kindheit und Lernen – Elemente einer emanzipatorischen Erziehungslehre (WS 1986/87); Hegel und Marx (SS 1987); Nietzsche und die bürgerliche Gesellschaft (SS 1988); Geschichte der Soziologie I–II (WS 1988/89 bis SS 1989); Marxismus und Kritische Theorie (WS 1989/90); Neue Technologien und menschliche Würde. Zur politischen Philosophie der Technik (WS 1990/91); Kindheit und Lernen (SS 1991); Moderne, Postmoderne: Zum kulturellen Selbstverständnis der Gegenwart

(WS 1991/92); Utopien in der Wirklichkeit. Marx – Kant – Aristoteles I–II (SS 1992 bis WS 1992/93); Einführung in das sozialwissenschaftliche Denken. Soziologische Grundbegriffe: Klasse, Schicht, Gruppe, Vorurteil, Individuum (SS 1993); Literatursoziologie: Zu Goethes Faust I–II (WS 1993/94 bis SS 1994); Karl Marx – Was bleibt?! (SS 1995); Was ist Dialektisches Denken? Zur Philosophie Hegels (WS 1995/96); Utopie und Lernen – Kindheit und Schule in einer Welt des Umbruchs (SS 1996); Neue Technologien und das Problem der Verantwortungsethik (WS 1996/97); Vorlesung zum Thema Staat und Gesellschaft (SS 1997); Einführung in das Soziologische Denken Karl Marx' (SS 1997); Kant als politischer Philosoph (WS 1997/98); Einführungsvorlesung zu den Beziehungen zwischen Rhetorik, Öffentlichkeit und politischer Bildung (WS 1997/98); Frankfurter Schule (S. 1998); Einführungsvorlesung (SS 1998); Sigmund Freud als Kulturphilosoph (WS 1998/99); Anfang und Ende des Nationalstaates (WS 1998/99); Hegel und die Postmoderne. Über den Wandel von Denkformen: Dialektik, Ambivalenzen, Paradoxien, Widersprüche (WS 1999/2000); Was ist westlicher Marxismus? (Georg Lukács, Karl Korsch, Maurice Merleau-Ponty, Sartre u.a.) (WS 1999/2000); Günter Grass – Schriftsteller und politischer Philosoph (SS 2000); Was ist Globalisierung (SS 2000); Die Idee des Gemeinwesens (SS 2000); Arbeit und menschliche Würde (WS 2000/1); Einführung in das soziologische Denken (WS 2000/1); Ursprünge des europäischen Denkens: Plato und Aristoteles (SS 2001); Kant (WS 2001/2); Hannah Arendt (WS 2001/2); Karl Marx (SS 2002); Wozu noch Soziologie? (SS 2002)

4 Negt, Oskar: Über Sinn und Unsinn philosophischer Schulbildungen. Zur Einleitung der Hannoverschen Schriften. In: Claussen, Detlev u.a. (Hg.): Keine kritische Theorie ohne Amerika. Hannoversche Schriften 1, Frankfurt/M. 1999, S. 26.

5 Neben der in diesem Band dokumentierten Vorlesung zur antiken Philosophie werden vier weitere Vorlesungen publiziert, die (1) die Philosophie Immanuel Kants, (2) den politischen Gehalt der (romantischen) Ästhetik, (3) das Erbe der Marx'schen Theorie und (4) die Wissenschaftsphilosophie von Karl R. Popper zum Inhalt haben.

6 Zum Selbstverständnis bezüglich des Charakters seiner Vorlesungen vgl. auch Negt, Oskar: Erfahrungsspuren. Eine autobiographische Denkreise, Göttingen 2019, S. 226–232.

7 Kant, Immanuel: Logik. In: Kant. Werke in zwölf Bänden, Band VI, Frankfurt/M. 1968, S. 446.

8 Ebd., S. 447.

9 Ebd., S. 447.

10 Kant, Immanuel: Kritik der reinen Vernunft, Hamburg 2003, A 840 / B 868.

11 Negts Einleitung »Die Misere der bürgerlichen Demokratie in Deutschland« zu seinem 1976 erschienenen Buch »Keine Demokratie ohne Sozialismus. Über den Zusammenhang von Politik, Geschichte und Moral« bringt auf wenigen Seiten jene politische Gegenwartserfahrung zum Ausdruck, die für seine gesamte Vorlesungstätigkeit in den 1970er-Jahren konstitutiv ist und ihre verschiedenen Inhalte miteinander verbindet. Vgl. Negt, Oskar: Einleitung – Die Misere der bürgerlichen Demokratie in Deutschland. In: ders.: Keine Demokratie ohne Sozialismus. Über den Zusammenhang von Politik, Geschichte und Moral. Oskar Negt Schriften Bd. 5, Göttingen 2016, S. 23–47.

12 Acikgöz, Muharrem: Die Permanenz der Kritischen Theorie. Die zweite Generation als zerstrittene Interpretationsgemeinschaft, Münster 2014, S. 206.

13 Weber, Max: Vorbemerkung zu den gesammelten Aufsätzen zur Religionssoziologie. In: ders.: Soziologie, universalgeschichtliche Analysen, Politik, 6. Aufl. Stuttgart 1992, S. 340.

14 Vgl. hierzu Heit, Helmut: Der Ursprungsmythos der Vernunft. Zur philosophiegeschichtlichen Genealogie des griechischen Wunders, Würzburg 2007.

15 Cassirer, Ernst: Logos, Dike, Kosmos in der Entwicklung der griechischen Philosophie. In: Ernst Cassirer. Gesammelte Werke. Hamburger Ausgabe Bd. 24. Aufsätze und kleine Schriften (1941–1946), Hamburg 2007, S. 26. Cassirers 1941 erschienene kleine Schrift ist ein gelehrtes Musterbeispiel für eine sehr gelungene Arbeit einer Philosophie im Geiste ihres Weltbegriffs: »[...] daß es kein bloß gelehrtes Interesse ist, das wir an der griechischen Philosophie nehmen. Wir geben uns dabei keinem bloßen Rückblick hin, sondern was uns treibt, ist die Sorge um unsere geistige Zukunft.« (Ebd., S. 27)

16 Vgl. zum Beispiel Fatheuer, Thomas: Ehre und Gerechtigkeit. Studien zur Entwicklung der gesellschaftlichen Ordnung im frühen Griechenland, Münster 1988, S. 103 ff.

17 In seinem Werk: Der politische Mensch. Demokratie als Lebensform, Göttingen 2010, S. 324 ff., führt Negt diesen wichtigen Sachverhalt weiter aus.

18 Vgl. klassisch Sohn-Rethel, Alfred: Geistige und körperliche Arbeit, Neuaufl. Weinheim 1989, und ders.: Das Geld, die bare Münze des Apriori, Berlin 1990. Zur Kritik an Sohn-Rethel vgl. Heit: Ursprungsmythos der Vernunft, S. 153 ff., und Reichardt, Tobias: Recht und Rationalität im frühen Griechenland, Würzburg 2003, S. 203 ff.

19 Vgl. Reichardt: Recht und Rationalität im frühen Griechenland, S. 162 ff.

20 Darauf verweist Seaford, Richard: Money and the early greek mind. Homer, Philosophy, Tragedy, Cambridge u.a. 2004, S. 175 ff., der nochmals die These zu untermauern versucht, dass die Entstehung des Geldes entscheidend für das frühe griechische Denken gewesen sei.

21 Vgl. zum Beispiel Breuer, Stefan: Max Weber und die evolutionäre Bedeutung

der Antike. In: Saeculum. Jahrbuch für Universalgeschichte 1982/32, S. 174–192. Ellen Meiksins Wood betont in ihrer gediegenen marxistischen Sozialgeschichte des abendländischen politischen Denkens besonders die historische Spezifik der sich bereits in der Antike anbahnenden Ausdifferenzierung von politischer und ökonomischer Herrschaft, die den Sonderweg Europas geprägt habe. Vgl. Wood, Ellen Meiksins: Citizens to Lords. A Social History of Western Political Thought from Antiquity to the Late Middle Ages, London/New York 2011, S. 17 ff. u. S. 28 ff. Vgl. auch die sich behutsam an das Problem herantastenden Überlegungen von Christian Meier, der, bei aller Kontinuitätsproblematik, »die Geschichte und Kultur der Griechen der europäischen als deren Frühgeschichte« zurechnet. Meier, Christian: Kultur, um der Freiheit willen. Griechische Anfänge – Anfang Europas?, Berlin 2009, S. 58 f. Meiers These, dass das antike Athen »die politische Revolution der Weltgeschichte« vollbracht habe (vgl. Meier, Christian: Die Griechen: die politische Revolution der Weltgeschichte. In: Saeculum. Jahrbuch für Universalgeschichte 1982/32, S. 133–147), indem es die als welthistorisch zu klassifizierende Erfahrung gemacht habe, dass gesellschaftliche Ordnungen weder statisch noch natürlich, sondern dynamisch und veränderbar sind, weil sie Resultat von menschlicher Praxis sind, hallt auch in Negts Vorlesung nach.

22 Vgl. Meier, Christian: Von Athen bis Auschwitz. Betrachtungen zur Lage der Geschichte, München 2002.

23 Heidegger, Martin: Platons Lehre von der Wahrheit. In: ders.: Wegmarken, Frankfurt/M. 2004, S. 236.

24 Adorno, Theodor W.: Metaphysik. Begriff und Probleme (1965), Frankfurt/M. 2006, S. 34.

25 Die klassische Antike ist, auch wenn das Marx'sche Werk ohne sie undenkbar wäre, bis in die Gegenwart eine Domäne der Konservativen. Einer der wenigen Linken, die ihr ein ihrer welthistorischen Bedeutung angemessenes Erkenntnisinteresse entgegengebracht haben, war der eigensinnige linkssozialistische Theoretiker Cornelius Castoriadis. Der politische Impetus seiner Aneignung des antiken Erbes ist demjenigen Negts verwandt: »Wenn ich sage, dass die Griechen für uns ein Keim sind, so meine ich damit, erstens, dass sie nie aufgehört haben, über die Frage nachzudenken: Was soll die Institution der Gesellschaft verwirklichen? Und zweitens, dass sie im paradigmatischen Fall Athens darauf eine Antwort gaben, nämlich: die Schöpfung von Menschen, die mit Schönheit und Weisheit leben und das Gemeinwohl lieben.« Castoriadis, Cornelius: Die griechische *polis* und die Schöpfung der Demokratie. In: ders.: Philosophie, Demokratie, Poiesis. Ausgewählte Schriften, Band 4, Lich 2011, S. 58.

26 Adorno, Theodor W.: Über Statik und Dynamik als soziologische Kategorien. In: ders.: Gesammelte Schriften Bd. 8, Frankfurt/M. 1997, S. 230.

27 Adorno: Metaphysik, S. 160.

28 Der bis in die antike Philosophie zurückreichende Begriff des *sensus communis* ist ein substanziell politischer Begriff. Er ist nicht jener sich ebenfalls aus ihm ableitende *common sense*, der insbesondere vom deutschen Idealismus, ob zu Recht oder Unrecht mag dahingestellt sein, abgewertete gesunde Menschenverstand. *Sensus communis* ist als der gemeinsame und allgemeine Sinn vielmehr der politische Gemeinsinn für das Gemeinwesen. Für das also, was alle notwendig angeht, ist doch der Mensch das wahrhaft politische Wesen, auch wenn er gegenwärtig womöglich in einem zunehmenden Maße hiervon kein Bewusstsein mehr hat. Kant hat bekanntlich in der *Kritik der Urteilskraft* den *sensus communis* als Vermögen des ästhetischen Urteils in einem für Negts politisches Denken richtungsweisenden Sinne bestimmt: »Unter dem sensus communis aber muß man die Idee eines *gemeinschaftlichen* Sinnes, d. i. eines Beurteilungsvermögens verstehen, welches in seiner Reflexion auf die Vorstellungsart jedes andern in Gedanken (a priori) Rücksicht nimmt, um *gleichsam* an die gesamte Menschenvernunft sein Urteil zu halten, und dadurch der Illusion zu entgehen, die aus subjektiven Privatbedingungen, welche leicht für objektiv gehalten werden könnten, auf das Urteil nachteiligen Einfluß haben würde. [...] Folgende Maximen des gemeinen Menschenverstandes gehören zwar nicht hierher, als Teile der Geschmackskritik, können aber doch zur Erläuterung ihrer Grundsätze dienen. Es sind folgende: 1. Selbstdenken; 2. An der Stelle jedes andern denken; 3. Jederzeit mit sich selbst einstimmig denken. Die erste ist die Maxime der *vorurteilfreien*, die zweite der *erweiterten*, die dritte der *konsequenten* Denkungsart.« Kant, Immanuel: Kritik der Urteilskraft, Hamburg 2003, B 157 f. (§ 40). Der politische Gehalt dieser kantschen Bestimmungen, den insbesondere Hannah Arendt pointiert hat, ist evident. Vgl. hierzu Negt: Der politische Mensch, S. 348 ff. u. 398 ff.

29 Adorno, Theodor W.: Negative Dialektik. In: ders.: Gesammelte Schriften Bd. 6, Frankfurt/M. 1997, S. 389.

30 Hans Heinz Holz spricht Sokrates in seiner monumentalen Problemgeschichte der Dialektik ab, einen Beitrag zur dialektischen Selbstaufklärung der Vernunft geleistet zu haben. Sokrates sei gar »kein Philosoph« gewesen (Holz, Hans Heinz: Dialektik. Problemgeschichte von der Antike bis zur Gegenwart. Band 1. Antike, Darmstadt 2011, S. 334). Seine Denkpraxis sei vielmehr »negative Dialektik reinsten Wassers« (S. 334), die eine dem »Dekonstruktivismus« vergleichbare »Auflösung des Begriffs überhaupt« (S. 347) betrieben habe. Dieses Unternehmen der Zerstörung der Vernunft sei letztlich direkt politisch motiviert gewesen. Zu Recht betont Holz die historischen Umstände der Verurteilung des Sokrates, seine anti-demokratische Haltung und sein Agieren in den Kreisen oligarchisch gesinnter Aristokraten. Trifft Holz' harsches, Hegels pointierte wie ausgewogene

Sokratesdeutung erstaunlicherweise nicht einmal erwähnendes Urteil aber wirklich (den ganzen) Sokrates? Ist dieser (nur) der Prototyp der anti-aufklärerischen Einheit von »Wertrelativismus und Wertkonservativismus« (S. 334), der im Interesse partikularer Herrschaft den absoluten Anspruch der Vernunft auf universelle Geltung mittels Wortklauberei hintertreibt? Unterschlägt Holz nicht jenes Moment aufkeimender Subjektivität bei Sokrates, das, wie Hegel es noch in seiner *Geschichte der Philosophie* herausgestrichen hatte, mit der Priorität des Allgemeinen und seiner Gewalt notwendig in Konflikt geraten muss? Was aus der Perspektive objektivistisch ausschlagender marxistischer Systemphilosophie allein als reaktionäres, pseudo-philosophisches Querulantentum erscheint, erweist sich für kritische Theorie (auch) als ein Anfang autonomer Subjektivität: Fundament und Telos der Emanzipation.

31 Aristoteles: Metaphysik, 3. Aufl. Hamburg 2002, 981b.

32 Benjamin, Walter: Geschichtsphilosophische Thesen. In: ders.: Zur Kritik der Gewalt und andere Aufsätze, Frankfurt/M. 1965, S. 83.

33 Ebd., S. 83.

34 Vgl. Negt, Oskar: Keine Demokratie ohne Sozialismus, kein Sozialismus ohne Demokratie. In: ders.: Keine Demokratie ohne Sozialismus, S. 461–491.

In Kooperation mit der Hans-Böckler-Stiftung

Hans **Böckler**
Stiftung

Mitbestimmung · Forschung · Stipendien

Erste Auflage 2019

Buchgestaltung: Holger Feroudj / Steidl Design
Umschlaggestaltung unter Verwendung des Gemäldes »Aspasie au milieu des philosophes de la Grèce« von Michel Corneille le Jeune (1642–1708), Versailles
Lektorat: Melanie Heusel, Freiburg
Gesamtherstellung und Druck: Steidl, Göttingen

Steidl
Düstere Str. 4 / 37073 Göttingen
Tel. +49 551 49 60 60 / Fax +49 551 49 60 649
mail@steidl.de
steidl.de

ISBN 978-3-95829-650-3
Printed in Germany by Steidl